XIANDAIGUANLIKUAIJI

普通高等教育“十二五”应用型本科系列规划教材

现代管理会计

（第二版）

主　编　王海民　唐云波

西安交通大学出版社
XI'AN JIAOTONG UNIVERSITY PRESS

内 容 提 要

本书的体系是根据管理会计内容的内在联系与学习的规律安排的。第一部分阐述管理会计的基础知识。在总论中介绍了管理会计的形成和发展，管理会计和财务会计的关系，管理会计的目标、基本假设、对象、基本原则、概念体系、职能和方法体系。接下来介绍成本性态与边际贡献、变动成本法、本量利分析法。第二部分阐述规划与决策会计的内容，包括经营预测分析、短期经营决策、确定型决策的基本方法、长期投资决策的基本方法。第三部分阐述控制与业绩评价会计的内容，具体包括全面预算、成本控制、责任会计和责任中心、内部转让价格和内部结算。本书从总体来说是以规划与决策会计为主，以控制与业绩评价会计为辅。

本书既可作为会计、财务管理、工商管理等专业的教学用书，也可作为会计实务工作者的参考读物。

第二版前言

管理会计之所以作为会计的两大领域之一,是因为管理会计符合会计的基本特征。其一,管理会计以货币作为主要计量单位,符合会计的计量单位特征。其二,管理会计对象符合会计的对象特征,管理会计的对象与财务会计的对象一样,都是企业经济活动过程中的资金及其运动,管理会计的对象是侧重于未来和局部的资金及其运动,财务会计的对象是侧重于过去和整体的资金及其运动。其三,管理会计的会计要素基本符合会计的要素特征,管理会计既有收入、费用、利润、资产、负债和所有者权益这些和财务会计相同的会计要素,也有剩余收益、边际贡献、变动成本等这些和财务会计不同的会计要素。其四,管理会计的信息来源主要是以财务会计信息为主,虽然不排除市场等其他相关信息,可以这样说,管理会计是财务会计的延伸和继续,管理会计和财务会计共同构成现代会计的两大领域。所以,"会计是管理的依据,管理是会计的方向",这是我们多年会计教学和会计实践取得的共识。会计信息不但是微观的企事业单位的经济管理的重要依据,为企事业单位的经济决策通过提供会计信息而服务,也是国家和地区宏观与中观经济管理的重要依据,为国家的宏观经济决策和中观经济决策通过提供会计信息而服务。

管理会计产生和形成于20世纪初至50年代,发展于20世纪50年代至80年代,受到挑战和不断深化与完善于20世纪80年代至今。管理会计在不同历史时期的不同阶段有着不同特点和发挥着不同的作用。在同一时期的不同国家由于管理会计环境的差异和受到的重视程度不同发挥的作用也不同,管理会计在发达国家比在不发达国家发挥的作用大。在同一国家的不同历史时期,由于经济体制的不同使管理会计发挥的作用不同,在同一国家的市场经济体制下比在计划经济体制下管理会计发挥的作用大。在同一国家同一时期的不同企业管理会计发挥的作用也不同,管理会计在现代企业制度建立完善的企业比在现代企业制度建立不完善的企业发挥的作用大,管理会计在管理阶层重视和员工素质高的企业比在管理阶层不重视和员工素质低的企业发挥的作用大。改革开放以来,我国引进西方的管理会计并和我国的国情相结合,在实践中推广和应用取得了较好的效果,邯钢经验就是管理会计在我国实际应用取得显著成效的典范。管理会计师提供的管理会计信息只是管理信息中的重要组成部分,即管理会计信息系统是管理信息系统的子系统。而且,管理会计信息的价值实现既取决于管理会计信息质量的高低,又取决于使用管理会计信息的管理者综合素质的高低,以及应用管理会计环境的优劣,故把管理会计定位于为企业内部管理提供决策支持的会计信息系统是恰当和科学的。

基于以上对管理会计的认识，为满足培养应用型财会人才的需要，我们共同编写了这本《现代管理会计》教材，本教材有以下四个特点：第一，系统性。本教材系统地介绍了管理会计的基本理论，管理会计的方法原理及其应用。本教材分为三个部分：第一个部分是管理会计的基础知识，包括第一、二、三、四章。第二部分是规划与决策会计，包括第五、六、七、八章。第三部分是控制与业绩评价会计，包括第九、十、十一、十二章。第二，兼容性。本教材兼容管理会计理论和实务，最大可能地在管理会计实务中融入和贯穿管理会计理论的内容，克服管理会计理论与实务油水分离的现象。第三，实用性。本教材充分地体现了管理会计的操作性和应用性的特点。为了突出实用性，还在每一章后附有复习思考题和练习题，以便读者巩固和加深理解所学的知识。第四，通俗简明性。本教材力求文字简明扼要，内容通俗易懂，并且运用了大量丰富的案例和图表来论述比较难懂的问题，以增强读者对本教材内容的理解性和可读性。

本教材自2009年5月第一版出版以来，基本得到了读者的认可。但在使用过程中也发现了一些问题，借第二版出版之际，进行了一些局部和个别地方的修改和补充，使本教材更进一步趋于完善。本书既可以作为会计、财务管理、工商管理等专业的教材，也可以作为会计实务工作者的参考读物。

本教材由王海民教授和唐云波副教授担任主编，并负责全书的总纂。编写人员分工如下：第一章和第八章由西安交通大学城市学院王海民教授执笔，第六、七、十、十一、十二章由西安交通大学城市学院唐云波副教授执笔，第九章由西安交通大学城市学院杨芳副教授执笔，第二章由西安交通大学城市学院冀祥副教授执笔，第三章由西安交通大学继续教育学院花莹副教授执笔，第四章由西北大学明德学院高级会计师赵艳岩执笔，第五章由延安大学创新学院邵敏讲师执笔。

尽管在本教材的编写过程中，我们付出了艰辛的努力，但是由于水平所限与广大读者对本书的期望还有一定的差距，书中难免还有一些疏忽、错误与不足之处，敬请各位专家学者及各方面的读者提出批评意见。

编　者

2013年8月

目 录

第一章 总 论

我国经济体制改革的深入与发展和社会主义市场经济体系的初步建立，迅速地推动了社会生产的全面发展。生产愈发展，管理愈重要。作为经济管理体系重要组成部分的会计科学，特别是管理会计就显得更为重要。通过管理会计的预测和决策，可为企业筹集资金与投资活动提出多种可行性方案，进而作出科学的决策，选择正确的筹集资金与投资活动方式；通过管理会计对企业供、产、销各个环节作出科学的计划与决策，保证经营和财务目标的实现；通过管理会计的控制与业绩评价，为促进企业加强内部经济管理提供依据，以便更好地为促进和提高企业全面的经济效益服务。因此，管理会计的内容体系也将随着社会主义大生产、大流通和大市场的发展而不断地丰富和发展。本章将阐述管理会计的形成与发展，管理会计与财务会计的关系，管理会计的对象、职能和目标，管理会计的基本假设和原则，管理会计的内容和概念体系，以及管理会计的程序和方法体系等内容。

第一节 管理会计的形成和发展

管理会计是把管理科学的一些方法吸收到会计科学中来，从而形成一门新兴的和综合性很强的边缘学科。它的形成和发展始终贯穿着这样两条线索：第一是商品经济或者市场经济的发展（这是管理会计形成与发展的动力），第二是管理科学理论的发展（为管理会计的形成与发展奠定了方法论的基础）。

一、管理会计的形成

第一次世界大战前后，西方资本主义国家从自由竞争向垄断过渡，大银行和大的工业企业通过相互占有对方的股份而不断融合，从而形成了金融资本和金融寡头，使企业的生产规模迅速扩大，随之企业的组织形式也由原来的独资、合伙企业发展到股份公司。股份公司虽然可以在社会上广泛地筹集资金，解决企业所需要的经营资金短缺问题，但是由于股东分散在各地，绝大多数股东不可能直接参与经营管理，而是委托具有经营管理经验的职业经理人来管理企业，全体股东虽然拥有对企业财产的所有权，但经理人拥有对企业的经营权，于是就出现了企业所有权与经营权相互分离的现象。企业的投资人十分关心企业管理当局对他们投入资产的使用与管理情况，十分关心企业的盈利水平和投资报酬；企业的债权人也更关心企业偿还债务的能力及自己债权的安全性；除此之外，还有证券管理机构、税务部门、政府部门等与企业有经济利益关系的团体和个人都要求企业会计部门（会计系统）提供企业的财务状况、经营成果和财务状况变动等方面客观而公正的资料，以便于他们进行有效的投资决策和信贷决策及其他方面的决策。企业的经营者承担着企业经营管理的重任，他们也需要掌握和运用客观公正的财务资料，但更重要的是需要了解未来的信息，为此就要求会计系统提供有关预测和决策方面的信息，以便加强经营管理。那么，过去那种在独资和合伙企业中为业主服务的传统会计就再也不能满足企业外部利益集团和内部经营者对会计信息的需求，这样，由于所有权和经营权的分离，企业本身出现了两种有差别的信息需求的组织和团体，他们对会计信息的要求不同，使会计的服务对象也发生了变化，出现了为企业外部利益集团提供财务信息的财务会计和为企业内部提供管理信息的管理会计，就是在这样的情况下，使传统会计划分为财务会计和管理会计这样两个相对独立的分支系统。

20 世纪 20 年代末期和 30 年代初期，泰罗的管理科学在美国得到了广泛的推行，也对管理会计的形成起到了极大的促进作用。泰罗管理科学的基本内容有：①通过对时间和动作研究，制定在一定的客观条件下可以实现同时又是最有效率的标准，诸如“标准工时”和“标准工资率”；②把计划职能和执行职能分开；③把费用进行详细分类。泰罗在《计件工资制》一书中，已经意识到各类费用在生产中所表现的性态是不同的，泰罗指出：“在大多数企业中，间接费用等于或者超过工人的直接工资，这些费用无论大小都是相对固定的。”会计为配合泰罗制的广泛实施，把“标准工时”和“标准工资率”相继引入会计系统中来，就形成了“人工标准成本”。此后，甘特把“人工标准成本”延伸推广到“材料标准成本”和“预算控制”领域，于是便形成了完整的标准成本体系。标准成本是产品投产前对其中的料、工、费的耗费水平提出的具体目标和要求，所以，它是在一定生产技术条件下和一定时期的目标成本。计划部门不但制定标准成本，而且在一定时期终了对工料耗费脱离标准成本、费用开支脱离预算所形成的偏差进行具体分析，即“差异分析”。这样，“标准成本”、“预算控制”和“差异分析”便是管理会计最早的内容之一。1922 年美国的会计工作者麦金西出版了第一部系统论述预算控制的专著，书名叫做《预算控制论》，同年著名的会计学家魁因斯坦出版了首次以管理会计命名的书籍——《管理会计：财务管理入门》。1924 年麦金西又出版了一本名为《管理会计》的书。同年，布利斯也出版了一本管理会计方面的书籍——《通过管理会计进行经营管理》。从此，会计历史学界就认为，以上这几本书的出版，标志着管理会计的诞生。

随着资本的不断集中和企业规模的日益扩大，企业的间接费用不断增加，加重了企业的经营负担。会计工作者对泰罗关于费用分类的思想进行了改进，把成本分为固定成本和变动成本，并且将固定成本视作期间成本，不再分摊计入产品成本，使成本计算和分析更有利于管理，这就是最初的变动成本计算方法。并且在固定成本和变动成本的基础上产生了损益平衡分析方法。1922 年，美国会计师约翰·威廉斯发明了能够说明各种产量水平的“弹性预算”方法，发展和充实了预算控制的内容。以上这些，再一次丰富了管理会计的内容。直到 20 世纪 50 年代，这一期间的管理会计是在市场稳定、许多已知条件成熟的情况下运行的，其主要目的是如何降低成本、提高产量、扩大利润，故又把这一时期的管理会计称为执行性的管理会计。

二、管理会计的发展

第二次世界大战以后，现代科学技术大规模地应用于生产领域，使生产力获得了十分迅猛的发展，企业的规模继续不断地扩大，跨国公司的出现，使市场经济在深度、广度和规模上已臻于完善。市场瞬息万变和产品更新换代的加快，企业的经营策略由原来的降低产品成本、提高产量、扩大利润到按照既定方针办事，转变为科学决策和规划未来，以适应市场变化的需要。这些新的条件和环境，对管理会计提出了新的要求：既强烈要求企业的内部管理更加合理化和科学化,还要求企业具有灵活反应和高度适应市场的能力;否则,就会在竞争中被淘汰。第二次世界大战后,资本主义经济发展的新情况,使泰罗的重局部、轻企业管理全局和企业同外界关系的弊端就暴露出来了;同时,泰罗制忽视了人的因素,把人当做赚钱的机器,极大地挫伤了工人的劳动积极性,已经起不到提高劳动生产率的作用。在这种情况下,现代决策理论、行为科学和运筹学等就应运而生,并且被引用到管理会计中来,使管理会计的科学内容得到了丰富和发展。

(一)现代决策理论对管理会计发展的影响

现代管理科学认为,要尽可能地提高企业内部的生产经营活动和各个环节的效率。提高工作效率固然很重要,但更重要的是应该把正确地进行经营决策放在首要地位。所以说,“管理的重心在经营,经营的重心在决策”,就是适应新的情况提出来的企业管理上的新的指导方针。

企业的经营管理者要进行正确的决策就必须要求会计工作者提供有关决策的信息,于是把现代决策理论吸收引用到管理会计中来,就构成了以服务于全面提高企业经济效益为核心的决策性的管理会计。它不同于以提高劳动生产率和经济效果为核心的执行性的管理会计,而使管理会计日趋成熟,进入其发展历程中的高级阶段。

(二)行为科学对管理会计发展的影响

行为科学主要运用心理学、生理学、社会学等学科的原理研究人的各种行为的规律性,目的是激发人的主观能动性和创造精神,协调人际关系。行为科学主要有马斯洛的需求层次论、赫茨伯格的双因素论和麦格雷戈的 X-Y 理论等。责任会计全面吸收了行为科学的理论和方法。责任会计中的首要内容就是划分责任中心,使每个责任中心的职工都承担一定的责任,符合人类自愿承担责任的天性;责任中心的责任是通过责任预算来实现的,工人要参与预算的编制,使工人感到企业对自己的重视和信任,产生一种归属感;工人利用责任中心赋予的权力,就有了实现自我价值的机会。责任会计对行为科学成功的运用,极大地推动了管理会计的发展。1962 年美国的贝克尔和小格林的《预算编制和职工行为》,20 世纪 70 年代卡普兰的《管理会计和行为科学》,霍普伍德的《会计系统和管理行为》等著作,反映了行为科学对管理会计发展的影响。

(三)运筹学在现代管理会计中的应用

运筹学主要是应用数学和数理统计学的原理和方法,建立许多固定的管理方法与模型,以协助管理人员对企业的生产经营活动按照最优的要求进行预测、决策、组织、安排和控制,促进企业生产经营实现最佳的效益,例如根据库存原理建立“经济订货批量”和“经济生产批量”模型,运用线性规划确定产品的最优组合,运用回归分析方法分解混合成本,运用概率进行风险性决策分析等。运筹学在管理会计中的应用,使管理会计的方法精密化,是保证现代管理会计能够卓有成效地全面提高企业生产经营效益的一个必要条件。

综上所述,我们可以从管理会计的历史演变中,把握管理会计形成和发展的主要规律,认识管理会计是适应商品经济和市场经济发展的需要,广泛地吸收、借鉴管理科学和其他相关科学的研究成果,而形成的一门旨在强化企业内部经营管理的综合性的边缘科学。

第二节　管理会计与财务会计的关系

管理会计与财务会计是现代企业会计的两个新领域，它们之间既相互独立，又相互联系，在企业的管理活动中发挥着相互不可取代的作用。

一、管理会计与财务会计的区别

管理会计与财务会计的区别主要表现在服务对象、职能、遵循原则、会计主体、工作重点、会计程序与方法、成本概念等方面。

（一）在服务对象方面的区别

管理会计是为企业内部各级管理者提供有效经营和最优化决策的管理信息系统。管理会计提供的这些信息有定期地提供，也有不定期地提供；有通过报表形式提供，也有通过其他方式提供；有的向最高管理当局提供，有的向其他各级基层管理部门提供；有的是提供过去的管理信息，有的是提供未来的管理信息。财务会计主要是通过传统的会计方法向企业外界和与企业有经济利益关系的组织或者个人提供企业的财务状况和盈利能力的信息。接受财务会计信息的外部单位和部门及个人主要有：国家税收机关和财经新闻报道机构、有关金融机构、债权单位、供应单位、工会、证券交易所、投资人等。但是，财务会计的对内和对外不是绝对的，它也定期地向企业内部的股东大会、董事会和企业最高领导人提供财务信息。

（二）在职能方面的区别

简单地说，管理会计的职能是规划未来，参与决策，控制现在，评价业绩；而财务会计的职能是对已经发生的经济活动进行全面、系统的反映和监督，是一种对过去的经济活动进行货币化的总结。

（三）在遵循原则方面的区别

管理会计由于信息的提供者与信息的使用者相对统一，它可以不遵循公认的会计原则或者统一的会计制度和法规。它遵循的是管理会计的一般原则和具体原则，这一点将在第四节中再加以详细阐述。而财务会计由于会计信息的提供者与使用者相互分离，这一点就决定了财务会计必须遵循一般公认的会计原则且受有关会计法规制度的约束。

（四）在会计主体方面的区别

管理会计的主体是兼顾企业生产经营的整体、全局与局部的班组、车间以及责任中心；而财务会计主要是以企业作为一个整体，提供集中的、概括性的资料来综合评价、考核企业财务状况和经营成果。

（五）在工作重点方面的区别

管理会计为了有效地服务于企业内部的经营管理，其工作重点在于面向未来，通过对过去历史资料的分析，为规划未来和控制现在服务。例如，“决策与计划会计”是现代管理会计的一个重要的组成部分，决策与计划都是以未来发生的经济活动作为对象。而财务会计一般只反映实际已经完成的事项，侧重于对企业的生产经营作历史性的描述，而对预期尚未发生的事项，一般不涉及。虽然财务会计的一些记录有时也会涉及对未来情况的估计，例如折旧计算涉及对固定资产使用年限的估计，坏账准备的计算涉及对应收账款可收回率的预计，但这并没有改变财务会计是为有关方面提供企业生产经营活动的历史记录的基本特征。

(六)在会计程序与方法方面的区别

管理会计的程序不涉及填制凭证和复式记账，报表的编制也无一定的期间和格式要求，而是视企业经营中心出现的问题而定，具体的业务处理也没有固定的格式，可以根据管理人员的需要而自行设计，具有比较大的自由选择度。管理会计的方法总的说来是具体、灵活、多样性的，例如有以预测和决策为主的规划方法，有编制预算的静态预算方法、弹性预算方法、零基预算方法和滚动预算方法，有以事前和事中控制为主的有效控制方法，也有合理的组织方法和科学的评价考核方法。财务会计从审核原始凭证、填制记账凭证、登记账簿，到编制报表的程序是不能前后颠倒的，具有一定的固定性和强制性。财务会计的方法主要就是针对会计主体实际已经发生的一切经济活动进行连续、系统、完整的记账、算账和报账所应用的各种方法，通常有填制和审核凭证、设置账户、复式记账、登记账簿、成本计算、财产清查和编制报表。

(七)在成本概念方面的区别

管理会计的成本概念是随着不同的目标、对象、时间、范围而有不同的多元化的表述方式，例如以成本规划、成本决策、成本控制为目标，就可以把成本分为许多不同的概念，这些成本概念都有其特定的内涵，一部分并不记录在账簿上，只是在决策过程中为了分析不同的备选方案的优劣才加以考虑；而财务会计运用的成本概念一般是实际成本，是根据过去实际已经发生的支出计算的，一般都要记录在账簿上，通过它来计算所费与所得之比，考核企业的经济效益。此外，管理会计与财务会计还有信息特征、计量单位和精确程度等方面的相对独立性。

二、管理会计与财务会计的联系

管理会计与财务会计的联系主要表现在研究对象和原始资料的基本相同，以及服务对象和职能的相互交叉与补充。

(一)在研究对象方面的联系

管理会计与财务会计同属于现代企业会计的两个子系统，它们的研究对象都是企业的资金及其运动，只不过是在时间和空间方面各有所侧重。管理会计的对象在时间上侧重于未来的资金及其运动，而财务会计的对象在时间上侧重于过去已经发生的资金及其运动。管理会计对象在空间上侧重于部门、车间、班组，即责任中心的经济活动所表现的资金及其运动，而财务会计必须以企业整体的经济活动所表现的资金及其运动作为其对象。

(二)在原始资料方面的联系

一个企业通常只有一个以财务会计为主体的信息收集、加工系统。管理会计尽管可以根据管理上的要求从财务会计系统之外取得一些诸如市场信息、统计信息等有关方面的信息，但是管理会计信息的主要来源仍然是财务会计系统中有关记账、算账的信息资料。管理会计经常直接引用财务会计的凭证、账簿和报表的资料进行分析研究和必要的加工、改制和延伸，从而更好地为企业内部管理服务。例如，对成本按其性态进行重新归纳、组合，把成本分为固定成本和变动成本两大类，在此基础上，进行成本预测，进行变动成本计算和本量利分析，进行差别成本分析，进行弹性预算的编制，等等。而财务会计所反映的企业经济活动是用管理会计提供的信息进行决策和控制的结果。

(三)在服务对象方面的交叉

不论管理会计还是财务会计,都同时为企业内部和外部的有关经济组织(集团)和人员服务,在这一点上是统一的,它们的对立方面只表现在侧重面不同。首先,财务会计服务于企业内部,它是管理会计的信息源泉,没有财务会计,管理会计就成为无源之水,无本之木;同时,财务会计也为企业高层的领导提供集中和概括的财务信息,以反映企业的财务状况与经营成果,这些综合性的指标正是企业生产经营各方面工作质量和效果的集中表现,是企业领导据以评价和考核企业各方面业绩的重要依据。其次,管理会计虽侧重于直接为企业内部的各级经理人员服务,实际上也同时为企业外部的投资人、债权人等服务。企业外部的投资人和债权人所关心的企业财务状况和经营成果,是以企业内部生产经营各方面工作质量和效果的改善和提高为其基础和条件的,而这些又有赖于管理会计为他们正确地进行经营决策和有效地改善生产经营管理提供有用的信息。故管理会计提供的变动成本计算法的收益表等诸如对内服务的报表,也对外公开发表,以满足潜在的投资人和债权人进行投资决策和贷款决策的需要,因为这些信息关系到企业未来的经济效益。

(四)在职能方面的相互补充

财务会计的职能是管理会计职能发挥的基础,而管理会计职能的很好发挥,又促进财务会计职能的实现。财务会计对历史状况及时、准确、全面地反映是管理会计科学地规划未来、积极地参与决策、有效地控制现在和客观地评价业绩的依据。只有管理会计科学地规划未来、正确地决策和有效地控制才能使财务会计反映的资金及运动更加理想。

通过对管理会计与财务会计区别与联系的分析,我们才能更好地把握管理会计的主要特征,为以后管理会计对象、职能、目标、原则、内容、方法的学习打下良好的基础。

综上所述:管理会计是管理会计师在一定的假设前提下,遵循管理会计原则,运用适当的观念和适当的技术方法,对充分收集的企业经济活动过程中的财务会计信息及相关信息进行加工处理,为企业内部的各级管理阶层提供协助规划未来、进行科学决策、有效控制现在、客观评价业绩的管理会计信息。管理会计信息是管理信息系统的子系统,也是为企业内部管理提供决策支持的会计信息系统。其目的是通过提高管理水平使企业的各项资源在时间空间和数量上得到最佳的配置,以提高企业的经济效益和社会效益。

第三节　管理会计的对象、职能和目标

一、管理会计的对象

我国学术界在管理会计对象研究方面的观点主要有以下三种。第一种观点的代表人物是余绪缨,他在《现代会计中的几个基本问题的探索》(见《财会探索》杂志 1985 年第 1 期)一文中认为:现代管理会计的对象是"现金流动"。他认为现金流入和现金流出在数量上的差别,制约着企业盈利的大小,而现金流入和现金流出在时间上的差别,则制约着企业的资金占用水平,故通过现金的流入、流出在时间和数量上的差别,可总括地对企业的资金、成本、利润等几个方面进行评价,为企业改善生产经营管理,提高经济效益,提供重要的、综合的经济信息。第二种观点的代表人物是青光源,他在《试论现代管理会计的对象》(见《会计研究》杂志 1985 年第

3期)一文中认为:现代管理会计的对象是"价值差量"。他认为现代管理会计是以"差量分析"贯彻始终的基本方法,而方法决定于对象,故管理会计的对象是"价值差量",并且这种差量不但有价值差量,而且有实物和劳动差量,各种差量经过一系列的加工转换,在一定程度上可以综合地体现在企业的盈利水平上。第三种观点的代表人物是李天民,他认为,管理会计和财务会计是现代会计的两个子系统,因此,管理会计和财务会计的对象从总体上来说是一致的,都是能够反映和控制的经济活动及其发出的信息。但是管理会计的对象在时间上侧重于现在以及未来的经济活动及其发出的信息,在空间上侧重于各级责任单位部分的、可供选择的或特定的经济活动及其发出的信息;而财务会计的对象在时间上侧重于过去的、已经发生的经济活动及其发出的信息,在空间上则侧重于整个经济主体的、连续的、综合的经济活动及其发出的信息。

对于以上三种观点进行分析就会发现:第一种观点,"现金流动"不能贯穿管理会计的所有内容,例如,各种预算的编制、对责任预算执行情况的业绩评价、收益的计量、标准成本的制订、价值工程的实施、对事前成本的控制、对质量成本的控制等,均不能用现金流动来概括。第二种观点,"价值差量"是在采用差量分析法的基础上对两种价值量相互比较的结果,而差量分析法只是管理会计决策分析方法体系中的一种专门方法。至于预测分析、预算的编制、标准成本的制订、成本的事前控制等都不需要采用差量分析法,因此也就不存在"价值差量"了。第三种观点,管理会计的对象是能够反映和控制的经济活动及其发出的信息,这个观点覆盖面太宽泛,基本能囊括所有会计学科和其他经济应用学科的研究对象,使管理会计的研究对象和其他学科的研究界限模糊,不能体现出管理会计作为一门学科的特色。

那么,管理会计的对象应该是什么呢?这就要从管理会计的服务对象开始研究,管理会计的服务对象在兼顾企业全局(整体)的情况下,主要侧重于企业内部的管理阶层,而企业内部管理的各层次由于不同层次需要的信息不同,而同一层次在不同阶段和不同时期所需要的信息也不同,这就决定了不能用局部的或部分的管理会计的内容的研究对象来覆盖整个管理会计内容的研究对象。于是便有了管理会计的一般对象和具体对象。管理会计的一般对象是贯穿整个会计内容始终的,它就是反映企业经济活动的资金及其运动。而管理会计的具体对象包括以下几个部分:在成本性态、变动成本法、本量利分析中,它主要是对财务会计的资料进行分类、加工、延伸和扩展,故其研究对象是已经发生的资金及其运动;在预测和短期经营决策中,其研究对象是已经发生的资金及其运动和未来的资金及其运动;在长期投资决策中,其研究对象是"现金流动";在预算编制中,由于预算是决策的具体化、数量化和货币化,故全面预算编制的对象也是未来的资金运动和现金流动;在成本控制中,事前的成本控制是尚未发生的资金及其运动,事中的成本控制是正在发生的资金及其运动;在责任会计中,其研究对象是责任中心可控制的资金及其运动。这样,整个管理会计对象就是一般对象和具体对象的统一。一般对象寓于具体对象之中,它是具体管理会计对象的本质属性的高度概括,即管理会计对象的内涵;管理会计的具体对象则是管理会计一般对象的外延,尽管有不同内容的具体对象,却没有超过资金及其运动这一本质属性的内涵。

二、管理会计的职能

管理会计的职能是管理会计本身固有的客观存在的功能,它随着经济的发展和企业经营管理的要求而发展,其基本职能有以下四个方面:

(一)规划职能

管理会计主要利用财务会计提供的历史资料以及其他有关信息,对企业计划期间的各项主要经济指标进行科学的预测分析;并帮助管理人员对生产经营、投资筹资等一次性的重大经济问题进行专门性的决策分析;然后,在此基础上编制出企业的整体计划和各级责任单位的责任预算,来确定各方面的主要目标,借以指导当前和未来的经济活动。

(二)组织职能

主要是根据某一个单位的人、财、物以及相关环境的具体情况和各级管理者的实际需要,设计并制定出合理的、有效的责任会计制度和各项具体会计事务的处理程序;同时,还要根据管理会计的一般原则和具体原则,特别是根据成本效益原则对人力、物力、财力等各项资源进行最优化的配置和使用。

(三)控制职能

主要是根据会计规划所确定的各项目标和任务,以及责任会计制度的各种规定,对预期可能发生或实际已经发生的各项经济活动及其发出的信息,进行收集、整理和比较,以便在事前和日常对各级责任单位的经济活动进行调节和控制,以保证计划、预算和目标的实现。

(四)考核与评价职能

主要是在事后根据各责任中心编制的成本业绩报告、利润业绩报告、投资业绩报告和其他责任业绩报告,把实际数和预算数进行对比和分析,并对发生差异的主观原因进行分析,用来评价和考核各类责任中心履行经营管理责任的情况,以便奖优罚劣、奖勤罚懒,正确处理分配关系,以便提高职工的积极性,保证经济责任制的贯彻执行。

三、管理会计的目标

管理会计目标通俗地讲,就是管理会计的任务,是人们根据不同时期的客观需要和可能,对管理会计工作提出的要求;是对管理会计职能的应用和发挥,但它不能超越管理会计的本身职能。管理会计的总目标一般是通过提供管理会计信息协助管理当局作出关于改进经营管理、提高经济效益和社会效益的决策。联系管理的职能,它具有以下四个具体目标:

(一)协助各层次的管理人员确定各项经济目标

管理会计为企业预测经营前景,帮助管理者当局确定经营目标,包括对目标利润、目标销售量、目标成本、目标资金需要量的预测和确定;在此基础上,通过短期经营决策和长期投资决策对计划期间重大的经济问题作出专门的决策;在此基础上,编制出资源的最佳配置和流动的全面预算和责任预算,可以协调各环节的关系,调动各层次的积极性,争取达到企业的经营目标。

(二)协助企业各层次的管理人员履行组织职能,合理地使用经济资源

管理会计要在责、权、利相结合的基础上,制定适合本企业具体情况的责任会计制度;并且协助企业管理人员根据企业组织形式和环境的变化,不断改进组织机构的设计,将业务部门的经营目标和企业的总体目标结合起来,建立一套上下左右连贯的有效的信息传递系统;并且利用行为科学的原理和激励策略,充分调动全体职工的主观能动性和生产积极性,促使他们自觉自愿地以最少的人力、物力、财力的消耗和占用来完成预算所规定的各项目标和任务。

(三)协助企业各层次管理人员履行控制职能,调节和控制经济活动

要使决策按预先的目标运行,必须对经济活动施加一定的影响,使它按预定的目标运行。其中,包括事前制定成本控制制度和开展价值工程活动进行预防性和反馈性的控制和调节;日常根据各级责任单位定期编制的业绩报告所反映的实际数和预算数的关键性差异进行反馈性的控制和调节,借以保证各项经济目标的顺利实现。

(四)协助各业务部门的管理人员履行管理职能,评价和考核经营业绩

各责任中心结合目标成本对日常发生的各项经济活动进行追踪、计算和记录,并编制业绩报告;通过业绩报告的实际数和预算数之间的对比,来确定各责任中心履行经济责任制的情况和应受到的奖惩。同时,分析差异产生的原因,及时提出改进经营管理的意见,以提高企业的全面经济效益。

第四节 管理会计的基本假设和基本原则

一、管理会计的基本假设

管理会计的基本假设是指管理会计人员面对变化不定的社会经济环境,对管理会计工作的先决条件所作出的推断。管理会计的基本假设与财务会计的基本假设既有联系,又有区别。具体来讲,主要有以下五个方面:

(一)会计主体假设

管理会计的主体假设是指管理会计职能发挥的空间范围是一个特定的企业或特定企业中的具体责任单位。如果财务会计的会计主体假设是指会计所反映的是一个特定企业的整体经营活动,那么,管理会计的主体既可以是整个企业,但更多更为主要的是各级责任单位。这是因为管理会计主要是向企业各级责任单位的管理人员提供有选择的、部分的、特定的管理会计信息。

(二)持续经营假设

管理会计的持续经营假设是指管理会计主体的生产经营活动和筹资投资活动基本上以现有的组织形式和现有的目标无限期地经营下去。只有这样,才能保证管理会计的规划与决策、控制与业绩评价等各项经营活动所使用的专门方法保持稳定和有效。之所以加"基本"二字,是因为管理会计的责任单位在具体的短期经营决策中,对某些亏损产品要通过边际贡献的分析进行停产和转产。

(三)会计分期假设

管理会计的会计分期假设是把企业或责任单位的生产经营活动和筹资投资活动,划分为一定的期间,以便及时提供有用的管理信息。由于管理会计的工作重点是为企业内部管理阶层服务,因此,管理会计的分期假设不像财务会计那样只局限于对外的月、季、年,而应根据企业或责任单位的具体情况和管理要求,灵活地分期,短可以一天、一周、一旬,长可以十年、二十年,来编制对内报告,用来控制和评价企业或责任单位的经济活动。

(四)货币计量为主和币值变化的假设

货币计量和币值不变是财务会计的一个重要的基本假设。但是,在现代管理会计中,规划、控制和评价企业经济活动时,在以货币计量为主的同时,还要广泛地采用其他非货币单位。例如,标准实物计量单位、质量综合计量单位、市场占有率等等。另外,在现代管理会计的长期投资决策中,必须以货币价值的变动为前提,即货币在不同时间的价值是不相等的为基本假设。只有这样才能使决策的结论更科学和更合理。

(五)委托代理关系假设

由于所有权和经营权相分离,所有权者相当于委托人,而经营者相当于代理人。委托人通过一定的形式雇佣企业中最高层次的管理者作为代理人管理企业,而代理人同时又雇佣了各个分部门的低层次管理者来管理各个分部门的经济活动。代理者受托使用各种经济资源,并且有支配的权力,同时代理人要对委托人在可控制的权力范围内承担一定的责任,而委托人必须给代理者相应的物质利益。这样,委托人与代理者之间就形成一种委托代理关系,这便是管理会计假设的又一种重要内容,它的意义在于通过委托代理关系中的经济责任机制和风险机制,使企业各责任单位的会计信息影响本部门的经济行为,从而达到局部与整体的统一,协调企业各责任单位之间的关系,以提高经济效益。

二、管理会计的基本原则

管理会计原则是管理会计需要遵循的独有的规矩,由于管理会计是向企业内部提供管理方面的会计信息,而企业内部各责任单位由于不同的经济业务,所需要的管理方面的会计信息的内容不同,整个企业和各责任单位在不同时期由于经济业务的变化,所需要的管理方面的会计信息有所不同。故管理会计的原则既有贯穿整个管理会计内容始终的一般原则,也有管理会计在某一部分或者某一阶段主要遵循的原则。

(一)管理会计的一般原则

1. 全面效益原则

全面效益包括社会效益和企业的微观经济效益。社会效益是指管理会计通过其职能的发挥来改变或诱导管理者当局的经济行为,使企业的经济目标和决策建立在维护社会的经济、政治、生态环境等良性发展的前提下。在此基础上,企业以最小的资源消耗取得最大的收益,这便是企业的微观经济效益。

2. 成本效益原则

管理会计在信息的输入输出和加工中要消耗一定的活劳动和物化劳动,即信息的成本,而具体的使用价值的信息输出以后会产生一定的效益,即信息收益。管理会计必须遵循信息收益大于信息成本的原则,否则就不能提供信息或遵循重要性原则,只是提供概略性的信息。

3. 系统分析原则

每个企业的内部是由许多相互关联又相互独立的子系统构成,企业的部门、车间、班组等责任中心就是企业子系统。系统分析原则要求每个责任中心的目标、决策、计划既要实现本责任中心的效益,也要协调与相关的责任中心有关指标的关系,更要与企业的总体目标相一致,最终保证企业总体目标的实现。

4.客观性和及时性原则

管理会计的客观性原则要求要客观地预测或预计企业生产经营活动发展的方向和趋势，而不能凭主观想象任意地估计和猜测。及时性原则要求，根据市场信息的变化，及时地加工和传输各种管理信息，以便及时地把握市场机遇，为企业作出明智的决策，这一点比财务会计的及时反映更为重要。

(二)管理会计的具体原则

任何事物除具有共性外，在同一发展过程的每一阶段都有其特殊的个性。管理会计的一般原则是事物共性的反映，具体原则是事物个性的反映。管理会计的具体原则是指管理会计整个内容的某一部分主要遵循的原则。

1.“费用与收益相配合”的原则及价值实现原则

变动成本法就遵循了“费用与收益相配合”的会计原则，变动成本法把当期的销售收入同销售产品的变动成本相配比，形成本期的贡献总额，然后再把固定成本同本期的边际贡献总额相配比，形成本期的净利润。同时，变动成本法还遵循了价值实现原则。管理会计不但要为企业提供如何提高内部生产效率和生产更多更好产品的会计信息，而且更重要的是要提供如何实现这些产品价值的会计信息。变动成本法计算的税前利润同产品的销售同向变动，促使管理者当局重视销售环节，防止盲目生产，有利于产品价值的实现。

2.目标利润最大化原则

目标利润最大化原则，在本量利分析中得到了最集中的体现，本量利分析的所有内容都是围绕目标利润最大化展开的。盈亏平衡不是企业的最终目的，只是经营的最低要求，企业经营的最终目标是为获得最大化的利润。短期经营决策和长期经营决策都是以短期利润和长期利润最大化为目标的；执行和控制只不过是保证计划所确定的最大利润得以实现的措施而已。

3.成本相关性原则

在短期经营的决策中主要遵循成本相关性原则。把成本划分为相关成本和非相关成本。在决策时只考虑与决策方案有直接联系的能导致不同方案差异的相关成本，而不考虑与决策方案无直接关系的不能导致不同方案差异的非相关成本。

4.稳健性原则和货币时间价值原则

长期投资决策由于资金量大、时间长，为了避免企业遭受不必要的损失和冒不必要的风险，就必须充分、合理、科学地预测估计未来的不确定性和风险性，使企业的长期投资决策建立在稳妥可靠的基础上，这就是长期投资决策要遵循的稳健性原则。为了达到稳健的目的，长期投资决策还要把不同时间发生的资金收支放在同一时点上进行比较，以科学地计算不同方案的真实收益，来选择最优方案，这就是长期投资决策所要遵循的货币时间价值原则。为了科学地计算货币的时间价值，就必须以现金流量作为计算货币时间价值的对象，以资本成本作为计算货币时间价值的依据。

5.可控性原则和责权利相结合的原则

在责任会计中首先要遵循可控性原则，即只考虑各责任中心有权决定业务发生的数量、性质和可以计量的可控部分，而不考虑不可控部分，这样才能贯彻责权利相结合的原则。责权利相结合的责是指必须明确各责任单位的各项费用的责任归属，同时赋予责任者相应的权限，并规定出相应的实绩考核标准和奖惩制度。这样才能达到提高经济效益的目的。

综上所述，管理会计内容的每一部分应遵循的原则是管理会计的一般原则加上其具体原则，这样既体现了管理会计原则的统一性，又体现了其原则的灵活性。

第五节　管理会计的基本内容和概念体系

一、管理会计的基本内容

在本章第三节中我们阐述了管理会计的职能和目标，管理会计的基本职能可以概括为规划职能、组织职能、控制职能及考核与评价职能，对管理会计职能的发挥和运用便能为企业内部管理服务。根据企业内部管理对会计信息的需要，管理会计应及时积极地用各种各样的方法进行计算对比、分析和论证，提供管理所需要的会计信息。根据管理会计的职能和目标，管理会计的基本内容可以概括为决策与规划会计以及控制与业绩评价会计。

决策就是在经营业务和投资活动中，从诸多的备选方案中选择最优方案的过程。规划就是把决策的结果确定为经济活动的具体目标的过程。一般管理会计教材中，把"决策与规划会计"描述为"规划与决策会计"；其实，规划进行之前必须进行决策，不存在没有决策的规划。决策与规划会计是为企业管理中的预测前景、参与决策和规划未来服务的。它首先利用财务会计资料以及相关的信息，对企业计划期间的利润、销售、成本与资金等重要的经济指标进行预测分析；并在此基础上进行短期经营决策分析和长期投资决策分析；然后，把通过预测和决策所确定的各项目标和任务，用数量的形式加以汇总、协调，编制成企业的全面预算；再按照经济责任制的要求，把综合指标层层加以分解，形成各个责任中心的责任预算，用来规划和把握它们未来的经济活动。

控制是通过一定的手段对实际经济活动施加影响，使之能按照预定目标或计划进行的过程。业绩评价，是根据责任会计的要求，通过实际数与预测数的对比，来分析差异形成的原因并确定其经济责任，以便对各个责任单位的实绩和成果进行恰当的评价与考核的过程。控制与业绩评价会计是为企业管理中的分析过去、现在和未来的经济活动进行追踪服务的。它首先是利用标准成本制度结合变动成本计算法，对日常发生的经济活动进行追踪、收集和计算；然后再根据责任会计的要求，编制定期的业绩报告，通过对实际数与预算数之间产生的差异进行对比分析，用来评价与考核各个责任单位的实绩与成果，并确定他们应承担的经济责任和应受到的奖惩；同时，把发现的重要问题立即反馈给有关部门，使其迅速地采取有效措施，及时地加以解决。总之，控制与业绩评价会计可保证企业各个层次或者责任中心的经济活动能够按预定的目标进行。

二、管理会计的概念体系

概念是对科学认识的结果所作出的概括和总结。它的范围要比定义或原则宽泛。会计概念是指对会计基本要素所下的定义，它是在特定的社会环境和会计假设的基础上形成的，并随着社会经济的不断发展而演变。在整个会计理论体系中，会计概念有着相当重要的地位。

管理会计概念是对管理会计的基本要素所下的定义。美国会计学会下设的"管理会计学科委员会"，于 1972 年确定以下八个概念作为管理会计的基本概念，它们分别是：计量；传输；信息；系统；规划；反馈；控制；成本习性或成本性态。国际会计师联合会下属的"财务管理会计委员会"于 1988 年 4 月发表了一份《国际管理会计实务》的征求意见稿提出了以下六个管理会计的基本概念:第一个概念是经济责任,管理会计系统需要确认和计量完成了什么,应该完成什么,由谁来完成,借以明确各环节(即各责任单位)负责人员履行责任的情况;第二个概念是可控制,管理会计需要确认管理当局所制定的战略目标,以及各个责任单位应完成的目标,是否都是他们能够影响的因素或活动;第三个概念是可靠性,管理会计提供的信息必须具有足以使人信赖的质量;第四个概念是增量性,管理会计提供的信息应能清晰明了地反映出专门决策的差量收入和差量成本;第五个概念是相互依赖性,随着经营活动的日趋复杂,管理会计必须利用同它相互依赖的其他部门的信息,以确保它传输全面信息;第六个概念是相关性,若管理会计概念有助于提高决策信息的质量,即说明它具有相关性。相关性概念必须具备的主要标准是"有用性"和"及时性"。

以上是国外对管理会计提出的概念,结合我国国情,要建立具有中国特色的管理会计理论体系,再结合管理会计的基本内容,我们提出以下九个基本概念及其相应的二级概念,见表1-1。

表1-1　管理会计的概念体系

管理会计内容	基本概念(一级概念)	二级概念
管理会计基础知识	1.成本习性	变动成本、固定成本、混合成本
	2.边际贡献	边际贡献率、单位边际贡献、边际贡献总额
	3.计量	变动成本计算、全部成本计算、标准成本计算
决策与规划会计	4.预测分析	目标利润、目标销量、目标成本、目标资金需要量、盈亏临界点、安全边际、安全边际率、盈亏临界点的作业率
	5.决策分析	决策成本、非决策成本、成本效益分析、短期经营决策、长期投资决策
	6.预算的编制	固定预算、弹性预测、零基预算、滚动预算、责任预算
控制与业绩评价会计	7.控制	预防控制、前馈控制、预算控制、反馈控制、例外控制
	8.业绩评价	差异计算、差异分析、差异处理
	9.经营责任	可控性、目标一致性、激励性

第六节　管理会计的程序和方法体系

一、管理会计的程序

管理会计的基本目标是帮助企业管理当局作出关于改进经营管理、提高经济效益的决策,为企业管理服务。因此,企业内部管理的程序与管理会计的程序应该是同步的。现结合企业内部管理的程序,来阐述管理会计的程序。

第一,企业管理当局在进行科学管理时,首先要占有信息,包括企业外部的市场信息和企业内部的财务信息、统计信息及相关信息。对信息进行筛选,并以此进行预测分析,根据市场的需求和企业内部的生产能力,制定出企业的各项经营目标。而管理会计在这一阶段主要是对企业的财务报表进行分析，帮助管理当局通过科学预测，把各项经营目标确定下来。

第二，企业管理当局进行经营决策时，管理会计应该参与决策，并相应地编制全面预算。企业管理当局根据预算设定的各项经营目标，拟订实现目标的备选方案，再从备选方案中选择出最优方案。而管理会计部门（系统）则必须采用灵活多样的决策分析方法，帮助管理当局把经营决策的结果以及政策、方法确定下来，再通过编制全面预算的方法把企业整体规划用数字系统地反映出来。

第三，企业管理当局要合理运用管理会计，建立责任会计制度。企业管理当局为了完成经营目标，把目标分解到各个车间部门，使各个部门的目标与企业的总体目标协调一致。同时，还要将企业的各项资源进行高效率的配置，以取得最佳的经济效益和社会效益。管理会计根据责、权、利紧密结合的原则，建立责任会计制度，并把合理组织的要求全部考虑进去，同时还要按企业的具体情况和管理要求，建立若干责任中心，并把全面预算进行层层分解，编制责任预算，以便对各有关的责任中心的经济活动进行规划和控制。

第四，管理当局要执行并监督管理会计积累财务成本数据，进行内部控制。管理当局在进行各项经济活动的同时，对经济活动进行监督指导。管理会计要积累财务成本数据，定期地编制内部管理的业绩报告，根据各责任中心的业绩报告中的实际数与责任预算中的预算数进行对比，如发现偏离原定目标或偏离合理的组织要求，应及时地反馈给有关部门，以便调节和控制当前的经济活动。

第五，管理当局对实际执行的结果进行检查，管理会计要按照责任会计的要求，进行差异分析，评价业绩。企业管理当局一是要检查预算的执行情况；二是要检查执行预算所耗用的资源是否在允许的范围内。管理会计则根据差异分析来评价和考核各责任中心的工作实绩和业务成果。

以上五个步骤，从管理循环来讲：第一、二、三这三个步骤属于计划范畴，第四、五这两个步骤属于控制范畴。从管理会计程序来看：第一、二、三这三个步骤属于决策与规划会计，第四、五这两个步骤属于控制与业绩评价会计。现将企业管理程序循环和管理会计程序循环用图 1-1 表示。

二、管理会计的方法体系

管理会计的方法是用来反映管理会计对象，发挥管理会计职能和实现其目标的手段。管理会计方法与财务会计方法相比较，财务会计的方法是“数量描述”型的，是事后算账，而管理会计则是偏向于预测前景，参与决策，规划未来，控制和评价企业的经济活动，这就决定了管理会计的具体方法必须具有多样性和灵活性的特点。

（一）科学的规划与决策方法

在预测方法中有定量分析法和定性分析法，定量分析法中又可分为趋势预测法（移动加权平均法、指数平滑法、回归分析法）和因果预测分析法（投入产出法、CVP 法）。决策分析法可以分为短期经营决策和长期投资决策分析方法。短期经营决策的方法有：差量分析法、本量利分析法、贡献毛益法、线性规划法、概率分析法、ABC 分析法、经济定货量法等。投资决策的方法有：净现值法、现值指数法、内含报酬率法、回收期法、年平均投资报酬率法等。预算编制的方法有：固定预算法、弹性预算法、零基预算法和滚动预算法等。

（二）控制与业绩评价方法

有效的控制方法分为事前控制方法和日常控制方法，本教材偏重于日常控制方法，例如预

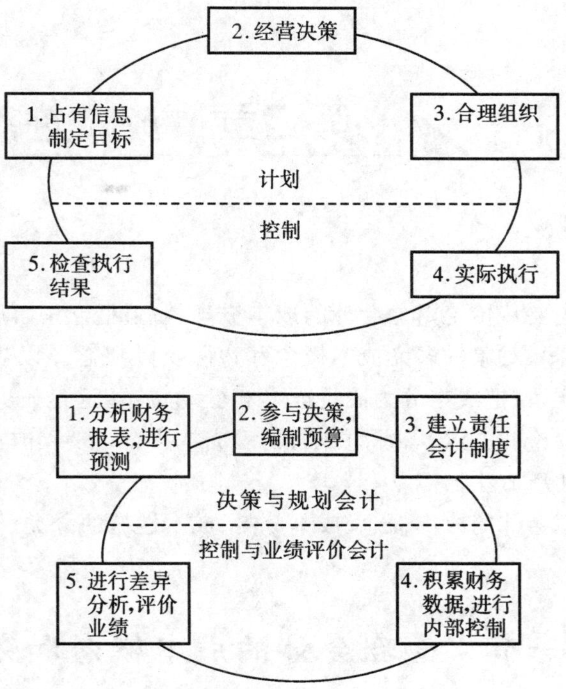

图 1-1　企业管理程序循环和管理会计程序循环图

算控制法、标准成本控制法、差异计算和分析处理方法等。而业绩评价方法一般有:①建立责、权、利相结合的责任会计制度的方法;②责任预算的编制方法;③根据责任中心的业绩报告进行差异计算和分析的方法;④根据基础财务报表进行分析的方法;⑤内部审计的各种方法和技术。

此外,管理会计的方法体系中还包括管理会计基础知识中的混合成本分解法、边际贡献方法、变动成本计算法,以及本量利分析中的盈亏临界点和经营杠杆原理预测法,等等。

复习思考题

1. 管理会计的形成和发展贯穿着哪两条线索和哪两个阶段,试加以具体论述。
2. 什么是管理会计? 它与财务会计的区别和联系是什么?
3. 什么是管理会计的对象? 为什么要把管理会计的对象分为一般对象和具体对象?
4. 什么是管理会计的职能和目标? 目标与职能有什么关系?
5. 什么是管理会计的基本假设? 它与财务会计的基本假设有何联系和区别?
6. 什么是管理会计的原则? 为什么管理会计可以不遵循财务会计的原则?
7. 管理会计有哪些基本内容和基本概念?
8. 试具体论述管理会计程序与企业管理程序的关系。
9. 管理会计的方法有哪些? 它与财务会计的方法有何不同?

第二章　成本性态与边际贡献

学习管理会计首先要从传统财务会计的成本概念、收益概念中解脱出来，建立适应企业内部管理的不同目标、时间、对象的多元成本概念和边际贡献概念。以规划为目标，按成本总额与产量之间的规律性联系，把成本分为固定成本和变动成本，这是研究管理会计的起点，也是贯穿管理会计始终的理论和方法。边际贡献、变动成本法、本量利分析就是以这个起点为依据而建立起来的新概念和新方法。

本章主要阐述管理会计的成本概念、成本分类、成本性态的分类、混合成本的分解，以及边际贡献的概念和意义。

第一节　管理会计的成本概念和分类

为了明确管理会计的成本概念，先举一例进行说明。

某公司原有一套生产设备主机系四年前的 2009 年 6 月 1 日购入，原购置成本为 240 000 元，生产一种甲产品，年最大生产能力和正常生产能力一致为 12 000 件，估计尚可使用 6 年，假定期满无残值，已提折旧 96 000 元(按直线法计提)，账面价值是 144 000 元，使用该设备每年获得的销售收入为 336 000 元，每年支付的直接材料成本 96 000 元，直接人工成本 60 000 元，变动性的制造费用 36 000 元，固定性的制造费用 48 000 元，全年成本合计 240 000 元，甲产品的销售单价 28 元，单位变动生产成本 16 元，单位固定生产成本 4 元。

该公司在 2013 年 6 月 1 日为提高产品的产量和质量准备购置一台装有自动控制设备的主机，约需价款 248 400 元。估计可使用 6 年，期满有残值 18 000 元，购入新机器时，旧机器可作价 84 000 元，使用新机器设备后，每年生产原甲产品的生产能力由原来的 12 000 件提高到 19 200 件，单位产品的变动生产成本和固定生产成本不变。新机器设备除生产原甲产品外，还可以生产乙产品，预计生产乙产品的年利润为 76 800 元。若公司的资本成本为 10%，那么，在这项经济活动和决策过程中涉及和运用了哪些成本概念，各自的成本概念的数额是多少？

(1)变动成本：包括直接材料成本、直接人工成本、变动性的制造费用。

①旧设备生产甲产品的年变动成本＝192 000(元)

旧设备生产甲产品的月变动成本＝16 000(元)

甲产品的单位变动成本＝16 000÷1 000＝16(元)

②新设备生产甲产品的年变动成本＝307 200(元)

新设备生产甲产品的月变动成本＝25 600(元)

甲产品的单位变动成本＝25 600÷1 600＝16(元)

(2)固定成本：主要指固定性的制造费用，或固定性的生产成本，设备折旧费用只是固定性的生产成本的一部分。

①旧设备生产甲产品的年固定生产成本＝12 000×4＝48 000(元)

旧设备生产甲产品的月固定生产成本＝1 000×4＝4 000(元)

旧设备生产甲产品的单位固定成本为4元。

②新设备生产甲产品的年固定成本＝19 200×4＝76 800(元)

新设备生产甲产品的月固定生产成本＝1 600×4＝6 400(元)

新设备生产甲产品的单位固定成本为4元。

(3)历史成本:2009年6月1日购买的设备240 000元,对于2013年6月1日的决策来说就是历史成本。

(4)重置成本:在2013年6月1日,旧机器的持有成本,即账面价值为144 000元。在现在的市场上该设备只能卖84 000元,那么,84 000元就是旧设备在现在市场上的价值,即重置成本。

(5)沉没成本:旧设备的账面价值144 000元,减去旧设备的重置成本84 000元,其余值60 000元就是沉没成本,这就是选择新机器设备所产生的沉没成本,这60 000元是现在和未来再也无法补偿和收回的成本。

(6)机会成本:由于利用新设备继续生产甲产品的年利润为153 600元,生产乙产品的预计年利润为76 800元,故选择继续生产甲产品的方案,乙产品的预计年利润76 800元就成为选择继续生产甲产品的机会成本。

(7)付现成本。

①如果2013年6月1日企业选择购买新的机器设备,则付现成本就是:248 400－84 000＝164 400(元)。

②不同时点的付现成本不同,使用旧机器设备每年的付现成本为192 000元;使用新设备每年的付现成本为307 200元。

(8)产品成本。

①在全部成本法下,甲产品的单位产品成本＝8＋5＋3＋4＝20(元)

②在变动成本法下,甲产品的单位产品成本＝8＋5＋3＝16(元)

(9)直接成本和间接成本。

①生产甲产品的单位直接成本＝8＋5＝13(元)

②生产甲产品的单位间接成本＝3＋4＝7(元)

(10)差量成本。差量利润等于差量收入减去差量成本,差量成本是计算差量利润的重要项目。选择新设备和继续使用旧设备的年差量成本＝384 000－240 000＝144 000(元)。

由此可见,管理会计的成本是一个因使用和分析的目标、对象、时间、范围、状态不同而不同的成本概念,是为了达到特定的目标而发生的或尚未发生的可以用货币计量的价值牺牲。这就要求管理会计对成本概念的运用,必须限定特定的目标、对象、时间、范围等标准,这样才能满足为企业内部各管理阶层提供管理信息的需要。既不能站在政治经济学理论研究的角度抽象地描述成本概念,也不能站在传统财务会计核算的角度僵死地描述成本概念。

管理会计的成本分类是以不同的目标来对成本进行分类,如果以管理为目标,揭示成本与业务量之间的规律性,可把成本分为固定成本和变动成本。如果以决策为目标,可以把成本分为相关成本和非相关成本。其中相关成本有差量成本、边际成本、机会成本、重置成本、可避免与可递延成本等;非相关成本有历史成本、沉没成本、不可避免成本与不可递延成本。以控制为目标可把成本划分为可控成本与不可控成本等。此外,还可以按其他标准对成本进行分类。本章将以管理为目标,把成本按性态分为变动成本和固定成本。

第二节 成本性态及分类

一、成本性态的意义

在西方传统的财务会计和成本会计中,通常按成本的经济用途把成本分为制造成本和非制造成本。制造成本包括直接材料、直接人工和制造费用,非制造成本是指企业为进行销售活动而发生的销售成本和为进行组织和管理经营活动而发生的管理成本。我国的《企业会计准则》中,把直接材料、直接人工和制造费用作为产品成本计算,把销售费用、管理费用和财务费用直接地计入当期的期间费用,而不再把其中的一些费用分摊到产品成本中去。这样制造成本就是产品成本,非制造成本就是期间费用,有利于贯彻收入与费用配比的原则,满足完全成本计算和确定损益及定价的要求。制造成本中的直接材料和直接人工属于直接成本,制造费用属于间接成本,以便根据"谁受益,谁承担"的原则进行分配,为计算产品成本、确定一定期间的损益创造了条件。把成本按经济用途分类,能清楚地反映产品成本的结构,便于成本的纵向历史比较和横向行业比较,有利于评价考核计划成本指标的执行情况。

成本按经济用途分类是不能满足企业内部管理的要求的。首先,成本按经济用途分类不能满足企业经营决策的要求,原因在于成本与业务量没有挂上钩,它们之间的关系很不清楚,而经营决策则要求建立以数量为决策对象和以利润为经营目标之间的直接联系,成本按经济用途分类则妨碍着这种直接关系的建立。其次,成本按经济用途分类不能满足计划的要求。在社会主义市场经济条件下,要求以预计的市场销售量为起点,根据销售安排生产,根据生产安排采购,然后预计料、工、费的支出和确定预期利润,这需要建立一个利润诸要素之间的函数关系。最后,成本按经济用途分类不能满足成本控制的要求。成本控制要适应控制标准,在产量与成本之间关系不清楚时,使用单位成本作为标准,在产量增加时很容易达到,而在产量减少时难以完成,如果使用总成本作为控制标准,情况则正好相反。由于以上三点,故要揭示产品成本与业务量之间的规律性联系,应按一个新的标准对成本进行分类,这就是成本性态。

成本性态,是指成本总额对业务量(产量或销量)总数的依存关系,这种关系是客观存在的,是成本固有的性质,故称成本"性态"或"习性"。研究成本总额与业务量总数之间的规律性联系,可以事前科学地计划成本支出,事中科学地控制成本支出,从而为最优决策和改善经营管理提供有价值的信息。

二、成本性态的分类

按照成本性态,可将企业的全部成本分为"变动成本"和"固定成本"两大类。现用实例予以说明。

【例 2-1】 某企业租一台设备,月租金为 500 元,月生产能力在 100～500 件之间,每生产一件产品需 10 千克原材料,每千克原材料购价为 1 元。

(一)变动成本

变动成本就是在一定时期特定的业务量范围内，成本总额随业务量总数呈正比例关系增减变动的成本；但单位产品中的变动成本，即单位变动成本却保持不变。例如，例 2－1 中当月生产量在 100～500 件之间发生增减变动时，则耗用的原材料总成本就随着产量呈正比例的增减，但每件产品中消耗的原材料则保持 10 元不变。我们把生产量(即业务量)表示为 x，把每单位产品消耗的原材料(即单位变动成本)表示为 b，那么，变动成本总额和单位变动成本与业务量的关系可分别用表 2－1 和图 2－1 表示。

表 2－1　变动成本总额和单位变动成本与业务量的关系　　单位：元

月生产能力/件(x)	原材料消耗的总成本(bx)	每单位产品的原材料消耗(b)
100	1 000	10
200	2 000	10
300	3 000	10
400	4 000	10
500	5 000	10

在西方成本会计中，直接材料、直接人工和制造费用中随业务量总数成正比例变动的物料用品、燃料费、动力费，以及按销售支付的佣金、装运费、包装费、营业税等都属于变动成本。在我国工业企业中，变动成本则指那些直接用于产品制造的原材料、燃料及动力、外部加工费、专属费用、计件工资形式下的生产工人工资等。通过技术革命或技术革新，可以降低单位产品的材料消耗用量和工资含量，这也是降低变动成本的途径。

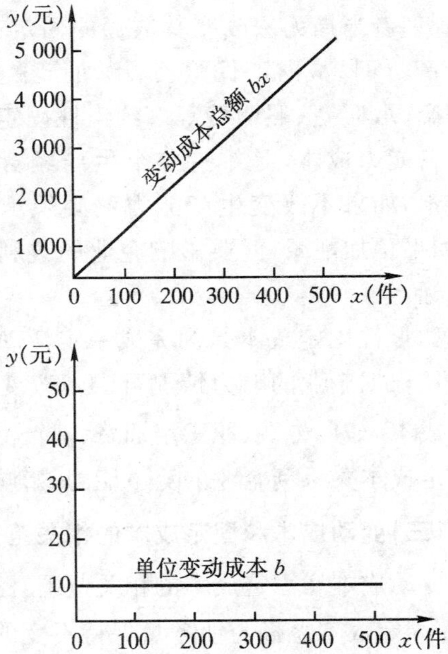

图 2－1　变动成本总额和单位变动成本与业务量的关系

(二)固定成本

固定成本是在一定时期特定的业务量范围内，不受业务量变动的影响而保持相对稳定的成本，但单位产品的固定成本则与业务量的变化呈反向变动。在例 2－1 中，当月生产量在 100 件到 500 件之间发生增减变动时，则每月的租金 500 元不会随着产量的增减变化而变化，保持固定不变，但是单位产品分摊的固定成本随产量的增减反向变动。当产量增加时，单位产品分摊的固定成本减少；当产量减少时，单位产品分摊的固定成本增加。我们用 a 表示固定成本总额，把生产量与固定成本总额，以及生产量与单位固定成本的关系分别用表 2－2 和图 2－2 表示。

表 2-2　固定成本总额和单位固定成本与业务量的关系　　单位：元

产量/件(x)	固定成本总额(a)	单位固定成本(a/x)
100	500	5
200	500	2.5
300	500	1.67
400	500	1.25
500	500	1

在西方成本会计中的房屋租金、保险费、广告费、不动产税、固定资产折旧、新产品研究开发费等均属于固定成本。在我国工业企业中的固定资产折旧费，企业管理费中的办公费、差旅费、折旧费、劳动保护费，管理人员工资，租赁费等均属于固定成本。

在实际工作中，固定成本还分为约束性的固定成本和酌量性的固定成本。

约束性的固定成本是指形成企业的生产能力，管理者当局无法改变其数额的固定成本，如固定资产折旧费、财产保险费、不动产税金、管理人员薪金、取暖费、照明费等。约束性固定成本是生产经营能力成本，是维持整个生产经营能力的最低成本，如果不改变生产能力就必须承担这些成本，如果稍加削减，就要影响企业的盈利能力和长远目标。

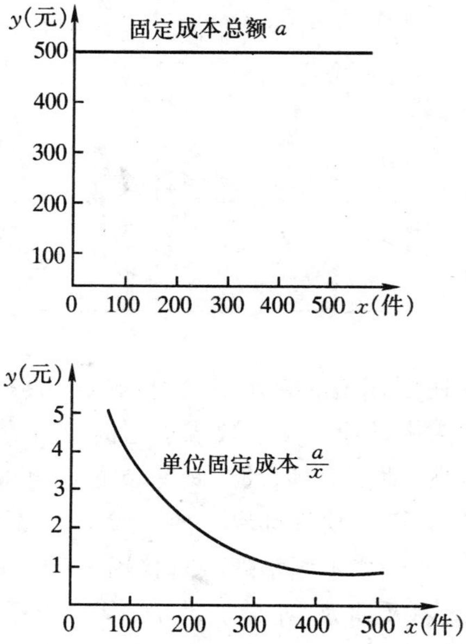

图 2-2　固定成本总额和单位固定成本与业务量的关系

酌量性固定成本是为完成一定活动而由管理者当局根据企业的财力情况可酌情改变其数额的固定成本，如广告费、职工培训费、新产品的研究开发费等。在社会主义市场经济条件下，酌量性固定成本关系到企业的竞争能力，影响着企业的产品销路的大小和工作效率的提高。

(三)变动成本和固定成本的相关范围

变动成本和固定成本的相关范围，泛指的是使变动成本总额与业务量保持正比例关系变动，使固定成本总额与业务量保持不变的一定时期的业务量范围。我们知道单位变动成本的不变是在一定的业务量范围内的，也就是说变动成本总额随业务量呈线性比例关系变化是在一定的业务量范围内，这个一定时期的业务量范围就是变动成本的相关范围。在这个相关范围外就可能表现为非线性的，如例 2-1 中的变动成本的相关范围在 100 件到 500 件之间，如果低于 100 件，那么就不能充分利用剩余边角余料的潜力，或产量高于 500 件，使废品率上升或远距离采购，都会使单位消耗的原料上升，从而使变动成本总额与业务量呈非线性关系。同样，固定成本的固定也是有条件的，这个条件就是在一定的经营规模所决定的业务量范围内，这个使固定成本保持稳定不变的一定的业务量范围，就是固定成本的相关范围。如果在这个相关范围外，固定成本与业务量就会呈现出一种“阶梯型”的关系。依照前例，如果产量每月超过 500 件，就要租用两台或两台以上的设备，那么固定成本总额就在 1 000 元以上，同产量呈现一种“阶梯型”的关系。

综上所述，当在一定的相关范围内变动成本总额随业务量呈正比例关系变化的时候，单位变动成本却保持不变；当在一定的相关范围内固定成本保持不变时，单位固定成本却随着产量呈反向变化。可见，变中有不变，不变中有变，这就是变和不变的辩证法。

第三节　混合成本及其分解

一、混合成本的概念和类型

管理会计要对经济活动进行规划和控制，就必须把成本按与产量的关系划分为变动成本和固定成本，但在实际的经济活动过程中，有些成本不但兼有变动成本的性质，同时也兼有固定成本的性质，这就是所谓的混合成本。混合成本通常有以下类型：

(一)半变动成本

这类成本通常在企业经营活动进行时，哪怕业务量为零，都有一个固定的基数，相当于固定成本，然后在这个基数之上随业务量的变动而相应地呈正比例关系变动，这部分又相当于变动成本。故半变动成本是随业务量的增减而有所变动，但不保持严格的比例关系的成本。例如，公用事业中的电费、水费、煤气费、电话费等，其关系如图 2-3 所示。

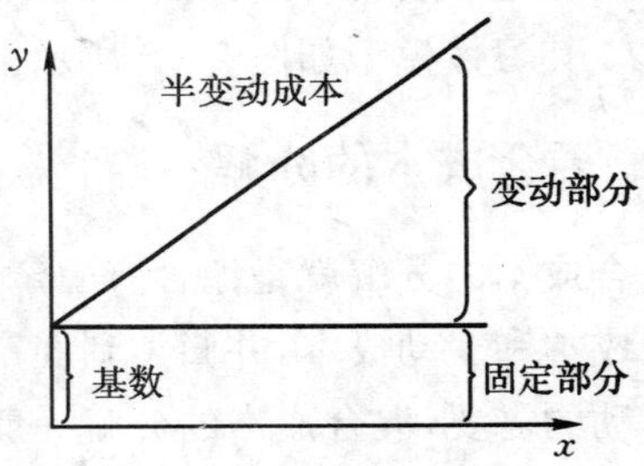

图 2-3　半变动成本与业务量的关系

(二)半固定成本

这类成本发生额的固定性质，是在一定的业务量范围内的，当业务量超过此范围增长到一定的限度，成本发生额就突然增加到一个新水平；然后在增长的新的业务量范围内成本发生额又相对稳定，直到业务量再超过此范围为止。按如此的规律变化，成本习性模型就像阶梯一样，故又称为“阶梯式变动成本”。例如在实际经济生活中，企业化验员、运货员、检验员的薪金以及受班次影响的动力费、整车运输费等都属于这一类。对于阶梯成本，如果在业务量范围内，可视为固定成本；如果在一个很长的整个业务量的范围内，又可视为变动成本。其性态模型如图 2-4 所示。

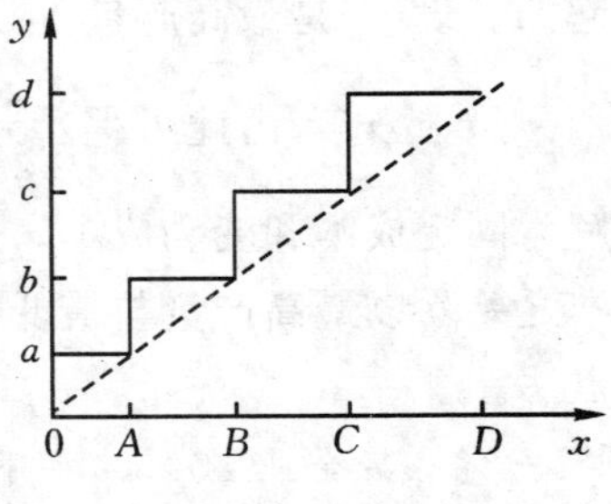

图 2-4　半固定成本与业务量的关系

(三)延期变动成本

这类成本在一定的产量范围内总额保持不变，超过特定业务量以后开始随业务量按比例增长。例如在正常产量情况下给职工支付的固定月工资，当产量超过正常水平后则需支付的加班费，就属于延期变动成本。其习性模型如图2－5所示。

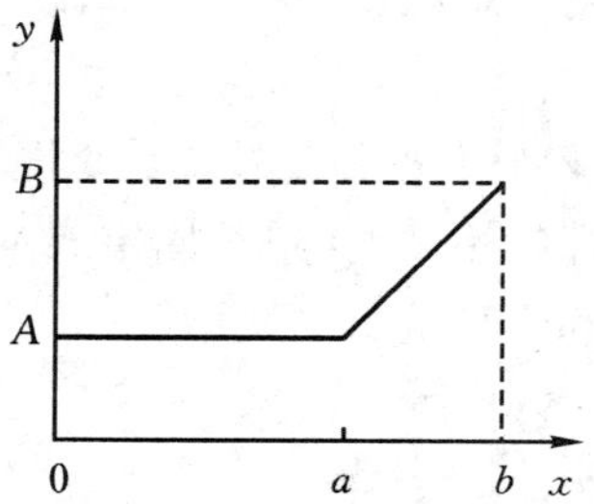

图 2－5　延期成本与业务量的关系

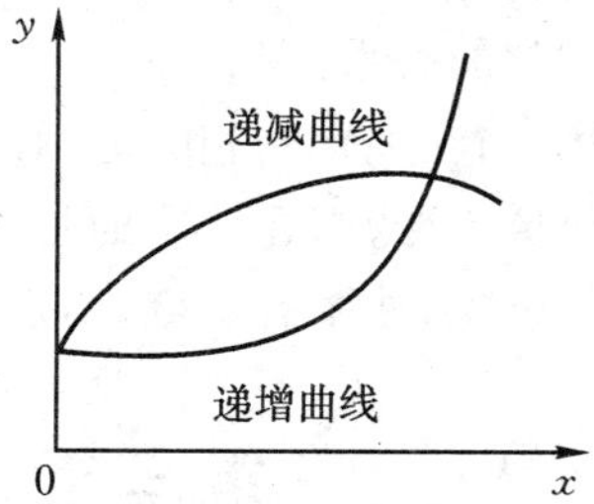

图 2－6　曲线成本与业务量的关系

（四）曲线变动成本

这类混合成本通常有一个相当于固定成本的初始量，在这个初始量的基础上，虽然成本随着业务量的增加而逐步增加，但不呈正比例关系而呈非线性的曲线关系，这种曲线成本又分为诸如热处理电炉设备的递减曲线成本和诸如累进计件工资和各种违约金、罚金之类的递增曲线成本。其习性模型如图 2－6 所示。

二、混合成本的分解

混合成本的分解就是把含有固定成本和变动成本的混合成本采用不同的专门方法，分解为固定成本和变动成本，并归类到固定成本和变动成本中去，以适应管理会计规划与控制企业经济活动的需要，混合成本的分解一般有以下几种方法：

1. 高低点法

混合成本项目中包含了变动成本与固定成本两种因素。设 y 为混合成本，a 为固定成本，b 为单位变动成本，x 为产量，则 $y=a+bx$。在相关范围内，固定成本 a 保持不变，与产量 x 的大小无关，而单位变动成本 b 又在相关范围内是个常数，那么，混合成本的变化是由产量的变化所引起的。设 y_1 是最高产量 x_1 时的混合成本，y_2 是最低产量 x_2 时的混合成本，则 $y_1-y_2=a+bx_1-(a+bx_2)$，由此可得：$b=\frac{y_1-y_2}{x_1-x_2}$，把 b 代入 y_1 或 y_2 中可求得 a 的值，从而把混合成本分解为固定成本和变动成本。这就是根据一定时间内最高产量的混合成本与最低产量的混合成本之差除以最高产量与最低产量之差，推算出混合成本中固定部分和变动部分的方法，即高低点法。

【例 2－2】　某企业 20××年下半年的维修费用的历史资料如表 2－3 所示，用高低点法分解出固定成本和变动成本。

表 2－3　业务量与维修费用关系表

月份	7	8	9	10	11	12
业务量（小时）	60	80	90	100	120	140
维修费（元）	400	500	550	600	700	800

解:选取最高点的业务量和它的混合成本及最低点的业务量和它的混合成本,并代入 $b=\frac{y_1-y_2}{x_1-x_2}$ 的公式中,求得 $b=\frac{800-400}{140-60}=5$(元)

将 b 代入最低点业务量得:$a=y_2-bx_2=400-5\times60=100$(元)

将 b 代入最高点业务量得:$a=y_1-bx_1=800-5\times140=100$(元)

维修成本的一般公式为 $y=100+5x$

这个方程式适用于业务量在 60 至 140 人工小时业务量范围。在这个业务量范围内无论选择多大的业务量的混合成本进行分解,其中的固定成本都是 100 元,变动成本则随着业务量的不同发生正比例的变动。

在使用高低点法时要注意:所选用的成本数据不能包含非正常情况下的费用支出,必须能代表生产活动的正常情况,并且,一旦业务量超过了相关范围,则此方法就不能适应,它只能适用于相关范围内的混合成本分解。此方法的优点是计算简便和便于应用,缺点是代表性差,因为它只采用了历史资料中高点和低点的两组数字,未考虑其他数字的影响。

2. 散布图法

一般是以横轴代表业务量 x,以纵轴代表混合成本金额 y,在坐标图上标明过去某一期间的混合成本的历史数据,各个历史成本数据就形成若干个成本点散布在坐标图上。通过目测,在各个成本点之间画一条能反映成本变动的平均趋势直线,此直线与 y 轴相交的一点即固定成本,然后再据以计算单位变动成本,从而确定固定成本和变动成本。根据表 2-3 的资料,做图 2-7。

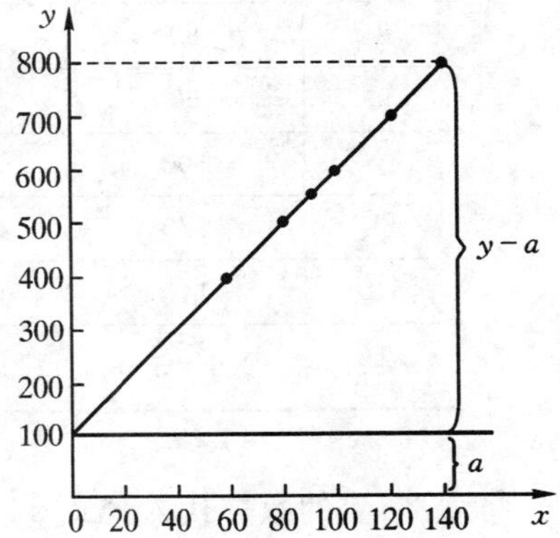

图 2-7　混合成本与业务量的关系

在直线上任取一点,例如业务量为 140 小时对应的成本 $y=800$,则 $b=\frac{y-a}{x}=\frac{800-100}{140}=5$

则斜线 $y=100+5x$

散布图法虽然考虑了全部已经取得的历史成本资料,但直线是根据目测画出的,固定成本数额也是在图上目测出来的,就不十分精确,但因其直观和容易掌握,常被人采用。

3. 回归直线法

在前面的散布图中,如果把固定成本点和散布图中的每个散布点相联结,就能得到许多条反映业务量和混合成本关系的平均变动趋势直线,在这些直线中应选用以全部观测数据的误差的平方和最小的直线,作为最能代表各种业务量下成本变动趋势的直线,该直线也称为回归直线。通过回归直线方法,来确定混合成本中固定成本和变动成本的方法,叫回归直线法。

回归直线方程的数学推导,仍以 $y=a+bx$ 的混合成本的直线方程为基础。先把 $y=a+bx$ 方程式用几个观察值的形式表示出来

$$\sum y=\sum a+\sum bx=na+b\sum x \tag{2-1}$$

再给 $y=a+bx$ 两边乘以 x,得 $xy=ax+bx^2$

再用几个观察值的形式把它表示出来

$$\sum xy=a\sum x+b\sum x^2 \tag{2-2}$$

把式 2-1 移项简化,即得

$$a=\frac{\sum y-b\sum x}{n} \quad (2-3)$$

把式 2－3 代入式 2－2，并移项简化，即得

$$b=\frac{n\sum xy-\sum x\sum y}{n\sum x^2-(\sum x)^2} \quad (2-4)$$

根据公式 2－3 和 2－4，将有关数据代入，先求出 b，后求 a，最终就可以把混合成本分解为固定成本和变动成本，并建立起混合成本的分解公式。

仍以表 2－3 所列的资料为例，编制混合成本分解计算表，如表 2－4 所示。

表 2－4　混合成本分解计算表　　单位：元

月份	业务量/小时 (x)	混合成本 (y)	xy	x^2	y^2
7	60	400	24 000	3 600	160 000
8	80	500	40 000	6 400	250 000
9	90	550	49 500	8 100	302 500
10	100	600	60 000	10 000	360 000
11	120	700	84 000	14 400	490 000
12	140	800	112 000	19 600	640 000
$n=6$	$\sum x=590$	$\sum y=3\ 550$	$\sum xy=369\ 500$	$\sum x^2=62\ 100$	$\sum y^2=2\ 202\ 500$

将表 2－4 的数据代入公式 2－4 和 2－3 中，可求得混合成本中的 b 和 a。

$$b=\frac{n\sum xy-\sum x\sum y}{n\sum x^2-(\sum x)^2}=\frac{6\times 369\ 500-590\times 3\ 550}{6\times 62\ 100-590\times 590}=5(\text{元})$$

$$a=\frac{\sum y-b\sum x}{n}=\frac{3\ 550-5\times 590}{6}=100(\text{元})$$

该项混合成本变动趋势的方程为 $y=100+5x$

在这里必须指出在运用回归直线法时，先计算相关系数 r，如果相关系数 $r=0$，说明 x 和 y 之间没有相互关系，y 基本上属于固定成本；如果 $r=1$，说明 x 和 y 之间存在着正比例关系，即具有正相关；如果 $r=-1$，说明 x 和 y 之间存在着反比例关系，即具有负相关。r 越接近于 1，说明 y 与 x 之间的依存性越大，相关的程度越高，才能用此方法分解。相关系数的计算公式如下：

$$r=\frac{n\sum xy-\sum x\sum y}{\sqrt{[n\sum x^2-(\sum x)^2][n\sum y^2-(\sum y)^2]}}$$

将表 2－4 的资料代入，得 $r=0.999$，说明混合成本与产量存在着近似的正比例关系。

4. 账户分析法

会计人员凭借其知识经验，根据会计账户的成本记录资料，通过分析、比较和检查，来确定成本的性态及数量。把与变动成本较为接近的，划入变动成本，把与固定成本较为接近的划入

固定成本;把不易划入变动成本和固定成本的项目,可根据较长时期的成本记录资料,经过多次测算,用经验估算的办法来确定变动成本和固定成本的比例,然后用此比例来分解混合成本中的固定和变动的部分。这种方法虽然简便易行,但比较粗糙。

5.合同确认法

这种方法通常适应于企业耗用的公用事业费,如电费、水费、煤气费、电话费等费用的成本性态的确认,财会人员根据企业与对方供应单位签订的合同中关于支付费用的规定,来确认哪些属于固定成本,哪些属于变动成本,一般把合同中规定的公用事业费的基数划为固定成本,而把按耗用量的多少计价的部分划为变动成本。

6.技术测定法

这种方法是会计人员与工程技术人员,特别是对生产过程中的直接消耗部分,通过投入量与产出量之间的数量关系,计算一定单位工作时间和每单位产出量所需要的投入量,从而测定固定成本和变动成本的方法。例如,蒸汽车间将锅炉所耗的燃料视为混合成本,将锅炉中的水加热到100℃时所耗的燃料视为固定成本,达到100℃后每生产一吨蒸汽所耗的燃料为变动成本,通过实际的技术测定和计算,即可确定其固定成本和变动成本。技术测定法虽然测定的结果比较准确,但工作量较大,对生产中的间接消耗采用此方法分析起来,难度相当大。该方法仅用于没有成本数据,或成本数据不可靠等情况,特别是在建立标准成本和制定预算时使用此方法,具有更好的科学性。

以上对混合成本分解的六种方法,前三种方法是定量法,或数学分析法,后三种方法是定性法。不论是定量分析还是定性分析都假定在相关范围内其成本的构成要素是不变的,即具有一定的假定性。因此,固定成本与变动成本的划分是相对的,不能绝对准确,只能求得近似值。

第四节　边际贡献

一、边际贡献的概念及计算

企业的盈利能力是管理会计进行规划和控制的重要资料,盈利能力一般取决于收入和成本两个因素,由于按成本性态把整个成本分为固定成本和变动成本,固定成本主要是为企业经营活动提供条件,在相关范围内保持不变,那么,影响企业盈利能力的主要因素是销售收入和变动成本的大小。管理会计把销售收入超过变动成本的金额称为边际贡献或贡献毛益,一般把单位产品售价和单位变动成本的差额称为单位边际贡献,把销售收入总额和变动成本总额之间的差额称为边际贡献总额。具体的计算公式如下:

$$\text{单位边际贡献}=\text{单位售价}-\text{单位变动成本}$$

$$\begin{aligned}\text{边际贡献总额}&=\text{销售收入总额}-\text{变动成本总额}\\&=\text{单位售价}\times\text{销量}-\text{单位变动成本}\times\text{销量}\\&=\text{单位边际贡献}\times\text{销量}\end{aligned}$$

边际贡献也可用相对数来表示,即反映企业边际贡献水平的边际贡献率,其计算公式是:

$$\text{边际贡献率}=\frac{\text{单位边际贡献}}{\text{单位售价}}=\frac{\text{边际贡献总额}}{\text{销售收入总额}}$$

此外，边际贡献还可以通过其他相关指标计算求得：

$$\because \text{变动成本率} + \text{边际贡献率} = 1$$

$$\therefore \text{边际贡献率} = 1 - \text{变动成本率}$$

$$\text{变动成本率} = \frac{\text{单位变动成本}}{\text{单位售价}} = \frac{\text{变动成本总额}}{\text{销售收入总额}}$$

在这里必须指出的是：边际贡献只是反映企业盈利能力的一个重要指标，并不是企业的营业净利。只有边际贡献总额减去固定成本有余，才形成企业的营业净利。但边际贡献却对企业的营业净利的大小有着重大的影响。在固定成本不变的情况下，边际贡献总额和边际贡献率越大，企业的净利也就越大。

【例 2-3】 某企业 10 月份产销甲产品 100 件，销售价格 250 元，成本资料如表 2-5 所示，要求根据资料计算边际贡献的有关指标。

表 2-5　某企业成本资料表　　单位：元

制造成本	金额	非制造成本	金额
直接材料	10 000	销售成本	3 500
直接人工	1 000	其中：固定销售成本	1 500
制造费用	4 000	变动销售成本	2 000
其中：变动性费用	1 500	管理成本	1 500
固定性费用	2 500	其中：变动管理成本	500
		固定管理成本	1 000
合计	15 000	合计	5 000

解：单位边际贡献＝250－150＝100(元)

边际贡献总额＝100×250－(10 000＋1 000＋1 500＋2 000＋500)＝10 000(元)

$$\text{边际贡献率} = \frac{100}{250} = \frac{10\ 000}{25\ 000} = 40\%$$

$$\text{变动成本率} = \frac{15\ 000}{25\ 000} = \frac{150}{250} = 60\%$$

边际贡献率＝1－60%＝40%

二、贡献式收益表和边际贡献的意义

传统的财务会计是依据成本职能编制收益表的，主要揭示产量与利润的关系，侧重于成本项目在利润形成中的作用。而边际贡献理论的产生，打破了传统的按成本职能编制收益表的格式，突出了边际贡献总额对固定成本的弥补和对盈利作出的贡献，揭示了销量与利润的关系。贡献式收益表的编制，首先要计算边际贡献总额，边际贡献总额＝销售收入总额－变动成本总额(包括：变动的生产成本、变动的销售成本和变动的管理成本)；然后计算税前利润，税前利润＝边际贡献总额－固定成本总额(包括：固定的生产成本、固定的销售成本、固定的管理成本)。

从贡献式收益表中就可以看出边际贡献的意义。当边际贡献总额大于固定成本时，企业为盈利；当边际贡献总额小于固定成本时，企业为亏损；当边际贡献总额等于固定成本时，企业不盈不亏，即处于保本状态。当企业的固定成本已知时，只要计算了边际贡献总额，也就知道了某种产品的盈亏情况或盈利能力。边际贡献理论还为变动成本计算和本量利分析以及目标利润的规划奠定了基础，特别是利用边际贡献率的加权可以计算多种产品的盈亏临界点的销售额。在短期经营决策中，边际贡献对亏损产品是否进一步生产提供了新的盈亏评价标准；在生产能力剩余的情况下，为接受特殊订货和特殊定价提供了依据。此外，边际贡献理论在成本控制中，还广泛地运用于企业内部价格的制定、业绩的考核与评价等方面。

复习思考题

1. 什么是“成本性态”？在管理会计中为什么要按照成本性态对成本进行分类？
2. 试举例说明变动成本与固定成本的特征。
3. 什么是成本的相关范围？什么是变动成本的相关范围？
4. 什么是混合成本？混合成本分为几类，各类的特点是什么？
5. 什么是边际贡献和边际贡献率？具体应如何计算？
6. 边际贡献的意义是什么？

练习题

1. 某公司20××年12个月份的维修费用的历史数据如下：

月份	业务量(工时)	维修费(元)	月份	业务量(工时)	维修费(元)
1	50	2 500	7	55	2 900
2	80	3 500	8	60	3 100
3	90	3 700	9	85	3 400
4	70	3 200	10	95	3 800
5	40	2 300	11	60	2 800
6	100	4 000	12	110	4 050

要求：(1)根据上述资料，用高低点法将维修费用分解为变动成本和固定成本，并写出混合成本的公式。

(2)根据上述资料，用回归直线法将维修费用分解为变动成本和固定成本，并写出混合成本的公式。

(3)如果计划期的业务量为100工时，则维修费用的总额将为多少？

2. 光华公司将过去一年12个月中最高的业务量与最低的业务量情况下的制造费用总额摘录如下：

摘要	高点(10月)	低点(3月)
业务量(机器小时)	37 500	25 000
制造费用总额(元)	88 125	71 250

上表制造费用总额中包括变动成本、固定成本和混合成本三类。该厂会计部曾对低点业务量为 25 000 机器小时的制造费用总额作了分析，其各类成本的组成情况如下：

变动成本总额	25 000 元
固定成本总额	30 000 元
混合成本总额	16 250 元
制造费用总额	71 250 元

要求：(1)求出高点的混合成本，并将高点与低点的混合成本分解为变动部分和固定部分，并写出混合成本的公式。

(2)若该厂计划期间的生产能量为 32 500 机器小时，则其制造费用总额为多少？

3. 下面是西安宇宙公司下属五个分厂今年三月份的经营状况(假定各厂均产销一种产品)。

厂名	销量（件）	单价（元）	变动成本（元）	单位边际贡献(元)	固定成本（元）	利润
A		15	30 000	9	30 000	
B	6 000	22.5	60 000		16 500	
C	4 500		36 000		13 500	18 000
D		30		7.5	37 500	15 000
E	9 000	12	18 000			−6 000

要求：根据边际贡献的概念，将有关数据填入空格。

4. 某企业计划推出一种新产品，该产品的单位边际贡献预计为 20 元，变动成本率为 60%，固定成本总额为 35 000 元，如果该厂计划产销 5 000 件这种产品，可获多少利润？

第三章　变动成本法

在第二章我们介绍了成本习性的分类和边际贡献，这为学习变动成本计算法打下了基础，而且也只有变动成本计算法才能提供边际贡献的管理信息，丰富和发展管理会计的内容。本章主要阐明变动成本法的概念和特点，变动成本法与完全成本法在编制收益表上的差别，以及对变动成本法的评价和应用。

第一节　变动成本法的概念和特点

一、对全部成本法的回顾

第二次世界大战以后，科学技术迅速地转化为生产力，以新工艺、新设备为代表的固定资产投资迅猛增加，而且更新换代加快。资本家采用加速折旧的办法来适应生产工艺和设备的不断变化，加速折旧在产量不变的情况下，单位产品成本就会增加，这与市场竞争的需求又相矛盾，为了降低产品成本，资本家又鼓励生产部门提高产量，但产量的提高又要受市场需求的制约。在这种情况下，传统财务会计把直接材料、直接人工、变动性制造费用和固定性制造费用都计算到生产成本和存货成本中去的全部成本法就越来越显露出它本身的弊端，主要表现在以下几个方面：

(1)全部成本法计算的单位产品成本，不能真实地反映生产部门成本控制的真实成果。原因在于它把产量增长降低的成本和节约消耗降低的成本交织在一起，难以分清。

【例 3-1】　某公司本年度本月生产一种新型产品，月固定成本总额为4 000元，单位变动成本为2元，有关资料如表3-1所示。

假设当产量为1 000件时，生产部门加强管理使单位变动成本降低50%，这时它的单位产品成本就成为1+4=5元，而产量在2 000件时和在4 000件时，尽管生产部门并未采取任何降低变动成本的措施，但其单位成本仍比1 000件时采取降低成本措施时低(4<5，3<5)。这充分说明了，采用全部成本法计算的单位产品成本并没有代表生产部门的真实成绩。

表 3-1　某公司本月成本资料表　　单位：元

产量(件)	1 000	2 000	4 000
单位变动成本	2	2	2
单位固定成本	4	2	1
单位产品成本	6	4	3

(2)采用全部成本法计算的税前利润,使管理者当局会片面地追求产量,轻视销售,盲目生产,造成产品积压,这不符合社会主义市场经济的要求。

【例 3-2】 某公司生产某种产品,月固定成本为 1 440 元,单位变动成本为 5 元,单价 25 元,其他产销量资料如表 3-2 所示。要求计算一、二、三月份的税前利润。

表 3-2 某公司产销量资料表 单位:件

项目	一月	二月	三月
期初存货	0	60	40
本期生产	160	100	90
本期销量	100	120	130
期末存货量	60	40	0

根据表 3-2 的资料,计算前三个月的税前利润如表 3-3 所示。

表 3-3 税前利润计算表 单位:元

项目	一月	二月	三月
单位产品成本	5+1 440÷160=14	5+1 440÷100=19.4	5+1 440÷90=21
①销售收入	100×25=2 500	120×25=3 000	130×25=3 250
②期初存货成本	0	840	776
③本期生产成本	160×14=2 240	100×19.4=1 940	90×21=1 890
④期末存货成本	60×14=840	40×19.4=776	0
⑤销售生产成本	1 400	2 004	2 666
⑥税前利润	1 100	996	584

由表 3-3 可见,一月份比二月份产量大,一月份比二月份税前利润大,二月份比三月份产量大,二月份比三月份的税前利润大。二月份比一月份的销量大,二月份的税前利润反而小于一月份,三月份的销量比二月份大,三月份的税前利润小于二月份。在完全成本计算法下,税前利润的大小取决于产量和销量两个因素,当产量下降、销量上升时,说明存货减少,税前利润也减少;当产量增加、销量下降时,说明存货增加,税前利润随存货的增加而增加。这就使管理者当局以为只要产量增加,就可以增加税前利润,其结果必然是造成盲目生产,大量产品积压,从而不符合市场经济的要求。

(3)全部成本法成本未按性态分类,不利于明确反映本、量、利之间的关系,不能为短期经营决策提供有效的信息。例如,在企业生产能力有剩余时,客户订货提出的购价低于单位完全成本时,可能会使管理者认为无利可图拒绝订货,因而丧失获利的机会。

(4)全部成本法把固定成本和变动成本混在一起,难以按不同的成本性质制定标准成本进行控制,也不利于建立责任会计,评价各部门成本控制业绩。因为固定成本一般是管理阶层的可控成本,变动成本一般是生产部门的可控成本。如不加以区别就难以建立成本责任制合理恰当地评价各部门成本控制的业绩,也不便于编制弹性预算。

(5)采用全部成本法增加成本核算的工作量,影响成本核算的及时性,原因在于采用全部成本法把固定成本经过归集、分配很繁杂的程序才能完成。而且,对固定成本的分配方法,带有一定的主观性和随意性,从而影响成本核算的准确性。

全部成本法虽然符合传统的成本概念,能为与企业有利害关系的团体和个人提供客观、公正、真实可靠的财务信息。但是,以上五点说明,全部成本法却不能为企业内部管理提供规划、预测、决策、控制及业绩评价方面的管理信息。这就要求采用一种新的成本计算法来代替它,与完全成本法相结合,来共同取长补短,为提高企业的全面经济效益服务,那就是变动成本计算法。

二、变动成本计算法的概念及特点

变动成本计算法就是在计算产品成本和存货成本时,只包括在生产过程中所消耗的直接材料、直接人工和变动制造费用,而把固定制造费用作为期间成本,从当期边际贡献总额中一笔冲减的成本计算方法。固定制造费用之所以不应递延到下一会计期间,是因为固定制造费用主要是为企业提供一定的生产经营条件而发生的,这些生产经营条件一经形成,不管其实际利用程度如何,有关的费用照样发生,与产品产量增减没有直接关系,而与期间的长短形成一定的比例关系,随时间的推移而逐渐消失。变动成本法与全部成本法相比,具有以下特点:

(1)变动成本法和全部成本法成本划分的标准不同。变动成本法是根据成本性态把企业的全部成本划分为变动成本和固定成本两大部分,其中变动成本包括变动的生产成本、变动销售费用、变动管理费用,而固定成本包括固定制造费用、固定销售费用、固定管理费用。全部成本法则根据成本的经济职能把企业全部成本划分为生产领域的成本、销售领域的成本和管理领域的成本。

(2)变动成本法和全部成本法产品成本的构成内容不同。变动成本法的产品成本只包括与产量呈正比例关系变化的成本,即直接材料、直接人工和变动性的制造费用。而全部成本法的产品成本不仅包括直接材料、直接人工,而且包括全部的制造费用。

【例3-3】 某企业生产的甲产品,销售单价30元,本期生产量为1 500件,本期销售量为1 000件,成本资料如表3-4所示,试计算两种成本法下的单位产品成本。

表3-4　某企业成本资料表　　单位:元

制造成本	金额	非制造成本	金额
直接材料	15 000	销售费用	4 000
直接人工	9 000	其中:固定销售费用	1 500
制造费用	7 500	变动销售费用	2 500
其中:变动制造费用	3 000		
固定制造费用	4 500	管理费用	3 500
		其中:固定管理费用	2 000
		变动管理费用	1 500
合计	31 500	合计	7 500

根据以上资料编制两种成本法下的产品成本,如表3-5所示。

表 3－5　两种成本法下的产品成本计算表　　单位:元

成本项目	按全部成本法计算		按变动成本法计算	
	产品总成本	单位成本	产品总成本	单位成本
直接材料	15 000	10	15 000	10
直接人工	9 000	6	9 000	6
变动制造费用	3 000	2	3 000	2
固定制造费用	4 500	3	（作为期间成本处理）	
产品成本合计	31 500	21	27 000	18

从表 3－5 的计算结果来看,该企业采用全部成本法计算其单位产品成本为 21 元,用变动成本法计算其单位产品成本为 18 元。

(3)固定性制造费用的流转程序不同。在全部成本法下,固定性制造费用要计入产品成本,在已销产品、未销产品和在产品之间分摊,分摊计入已销产品的固定性制造费用包含在销售成本中与当期的销售收入相配比,列入当期收益表,而分摊计入未销产成品和在产品中的固定性制造费用则作为资产列入资产负债表。在变动成本法下,固定性的制造费用不计入产品成本,一次作为期间费用与当期的边际贡献总额相配比,从边际贡献总额中减去,列入收益表。

(4)未销产成品和在产品的存货计价不同。采用全部成本法时,由于在已销产成品、未销产成品(库存产品)和在产品之间分配了全部生产成本,所以,期末未销产成品和在产品存货包含了一部分固定性制造费用。而采用变动成本法计算,未销产成品和在产品存货只包含了变动生产成本,不包含固定性制造费用,其存货成本必然低于采用全部成本法计算的存货成本。

仍以例 3－3 的资料为例,计算两种成本法下的存货成本,按全部成本计算法计算的期末存货成本＝500×21＝10 500 元,按变动成本计算法计算的期末存货成本＝500×18＝9 000 元。

(5)变动成本法和全部成本法计算的税前利润可能相同,但更多的是不同。当产销量不相等时,会有期末存货存在,而两种成本计算法对期末存货中的固定性制造费用的处理不同,从而导致计算的税前利润不同。

第二节　变动成本法和全部成本法收益表的编制

在编制变动成本法和全部成本法收益表以及分析税前利润差别的原因时,我们假定:①分析的时间限于本期,在本期的相关范围内销售单价、单位变动成本和固定成本不变。②产品存货采用先进先出法。③分析通常站在全部成本法的角度。全部成本计算法和变动成本计算法的主要区别在于:在全部成本计算法下,固定性的制造费用要随着存货在不同会计期间进行转移,而影响期初、期末存货中固定制造费用大小的因素有数量和单位成本中的固定性制造费用两个因素,因此,下面从这两个因素分别举例进行说明。

一、在产量不变,销量逐期变动,期初、期末存货数量不同时,两种成本计算法税前利润差别的分析

【例 3－4】　假定光华公司今年一、二、三月只产销一种甲产品,每件售价为 20 元,单位变

动成本为 12 元，每月固定生产成本为 1 500 元，销售费用为 800 元，管理费用为 700 元，前三月的产销量及存货的情况如表 3-6 所示。试用两种成本计算法编制收益表，并进行税前利润差别的分析。

表 3-6　光华公司一、二、三月产销存量资料表　　单位：件

项目	一月	二月	三月
期初存货量	0	100	150
本期生产量	500	500	500
本期销售量	400	450	480
期末存货量	100	150	170

根据以上资料按两种成本计算法编制收益表，如表 3-7 和表 3-8 所示。

表 3-7　按全部成本计算法编制的收益表　　单位：元

项目	一月	二月	三月
单位完全成本	$12+\frac{1\,500}{500}=15$	$12+\frac{1\,500}{500}=15$	$12+\frac{1\,500}{500}=15$
①销售收入总额	8 000	9 000	9 600
②销售成本总额	6 000	6 750	7 200
a. 期初存货成本	0	1 500	2 250
b. 本期生产成本	7 500	7 500	7 500
c. 期末存货成本	1 500	2 250	2 550
③销售毛利	2 000	2 250	2 400
④期间成本	1 500	1 500	1 500
a. 销售费用	800	800	800
b. 管理费用	700	700	700
⑤税前利润	500	750	900

表 3-8　按变动成本计算法编制的收益表　　单位：元

项目	一月	二月	三月
①销售收入总额	8 000	9 000	9 600
②变动成本总额	4 800	5 400	5 760
③贡献毛益总额	3 200	3 600	3 840
④固定成本总额	3 000	3 000	3 000
a. 固定生产成本	1 500	1 500	1 500
b. 固定销售成本	800	800	800
c. 固定管理成本	700	700	700
⑤税前利润	200	600	840

* 由于管理成本和销售成本的数额不大，为计算方便，把它们皆视为固定成本。

通过表 3-7 和表 3-8 可以看出：一月份全部成本法比变动成本法税前利润多 300 元。

这是因为该月生产量大于销售量，使期末存货增加了100件，而每件存货成本按全部成本法计算要比按变动成本法计算多3元，即单位固定制造费用的数额。因此，按全部成本法就必然把期末存货100件包含的固定性制造费用300元(100×3)转入二月份，使一月份在全部成本法下计算的销售成本比变动成本法下少300元，成本降低在销售收入相同的情况下，其税前利润自然比变动成本法多300元。二月份全部成本法比变动成本法税前利润多150元。原因在于二月份虽然给三月份转结了150件存货，但又吸收了一月份的100件存货，二者之差为50件，也就是说二月份全部成本法比变动成本法的销售成本少50件存货所包含的固定性制造费用为150元(50×3)，所以二月份全部成本法比变动成本法税前利润多150元。三月份全部成本法比变动法税前利润多60元，因为三月份给下期结转170件存货，又吸收了二月份的150件存货，二者之差为20件，也就是说三月份全部成本法比变动成本法的销售成本少20件存货所包含的固定性制造费用60元(20×3)，故三月份全部成本法比变动成本法税前利润多60元。

由此可见，当产量不变，即单位固定生产成本(或固定性制造费用)不变，只有销量发生变化，即期初、期末存货数量发生变化时，全部成本法与变动成本法计算的税前利润就不同，其差额等于期末期初存货数量之差乘以单位固定生产成本(或单位固定性制造费用)。

二、在产量发生变化，并且产量和销量都发生同幅度的变化时，即期初、期末存货数量相等，而单位固定生产成本不等时，两种成本计算法税前利润差别的分析

【例3-5】 假定民生公司今年一、二、三月份产销一种乙产品，销售单价为20元，单位变动成本为10元，每月固定成本总额为3 000元，销售费用为800元，管理费用700元，其中一月份期初存货100件，每件的单位变动成本为10元，每件的单位固定生产成本为3元。连续三个月的产销量及存货情况如表3-9所示。试用两种成本计算法计算其每月的税前利润，并进行分析。

表3-9 民生公司一、二、三月产销存量资料表 单位：件

项目	一月	二月	三月
期初存货量	100	100	100
本期生产量	500	600	800
本期销售量	500	600	800
期末存货量	100	100	100

现根据上述资料编制全部成本法下的收益表和变动成本法下的收益表，如表3-10和3-11所示。

表3-10 全部成本法下的收益表 单位：元

项目	一月	二月	三月
单位完全成本	$10+\frac{3\ 000}{500}=16$	$10+\frac{3\ 000}{600}=15$	$10+\frac{3\ 000}{800}=13.75$
①销售收入总额	10 000	12 000	16 000

续表 3－10

项目	一月	二月	三月
②销售成本	7 700	9 100	11 125
其中:期初存货成本	1 300	1 600	1 500
本期生产成本	8 000	9 000	11 000
期末存货成本	1 600	1 500	1 375
③销售毛益	2 300	2 900	4 875
④期间成本	1 500	1 500	1 500
其中:销售成本	800	800	800
管理成本	700	700	700
⑤税前利润	800	1 400	3 375

表 3－11　变动成本法下的收益表　单位:元

项目	一月	二月	三月
①销售收入	10 000	12 000	16 000
②变动成本	5 000	6 000	8 000
③边际贡献总额	5 000	6 000	8 000
④固定成本总额	4 500	4 500	4 500
其中:固定生产成本	3 000	3 000	3 000
固定销售成本	800	800	800
固定管理成本	700	700	700
⑤税前利润	500	1 500	3 500

* 由于销售成本和管理成本的数额不大,为计算的方便,把它们皆视为固定成本。

由表 3－10 和表 3－11 的税前利润的对比可以看到:一月份全部成本法计算的税前利润比变动成本法计算的税前利润多 300 元,这是由于虽然期末每单位产品存货给二月释放 6 元的固定性生产成本,但期初每单位产品又吸收了上期 3 元的固定性生产成本,其差为 3 元,期末存货量为 100 件,则全部成本法下计算的销售成本比变动成本法下少 300 元(3×100),故全部成本法的税前利润比变动成本法多 300 元。二月份全部成本法比变动成本法计算的税前利润少 100 元,这是由于期末每单位产品存货给三月份释放的固定生产成本为 5 元,而期初每单位产品的存货又从一月份吸收了 6 元的固定生产成本,二者之差为－1 元,期末存货量为 100 件,则全部成本法下计算的销售成本比变动成本法下计算的销售成本多 100 元(100×1),则全部成本法的税前利润比变动成本法少 100 元。三月份全部成本法计算的税前利润比变动成本法计算的税前利润少 125 元,这是由于期末每单位产品的存货给下期释放的固定生产成本为 3.75 元,每单位产品存货从二月份吸收的固定生产成本为 5 元,二者之差为－1.25 元,期末存货量为 100 件,则全部成本法下的销售成本比变动成本法下的销售成本多 125 元(1.25×100),则全部成本法下的税前利润比变动成本法下的税前利润少 125 元。

由此可见,当每会计期间的产量不同,即单位产品包含的固定生产成本不同,而当销量和产量发生同幅度变化时,即期初、期末存货数量相等时,全部成本法与变动成本法的税前利润不同，其差额等于期末存货数量乘以期末存货单位产品的固定生产成本，与期初存货数量乘以期初存货的单位固定生产成本之差。

三、变动成本法与全部成本法计算的税前利润差异分析小结

以上两个实例通过期末、期初存货数量的差别和期末、期初存货的单位固定生产成本的差别，来分别说明全部成本法和变动成本法税前利润差别的原因，是由期末、期初存货所包含的固定生产成本总额（＝数量×单位固定生产成本）的不同而引起的。现归纳为以下三条结论：

(1)若期末存货中的固定生产成本总额大于期初存货的固定生产成本总额，即期末存货中的单位固定生产成本乘以期末存货数量减期初存货中的单位固定生产成本乘以期初存货数量大于零，则说明全部成本法计算的税前利润大于变动成本法计算的税前利润。

(2)若期末存货中的固定生产成本总额小于期初存货中的固定生产成本总额，即期末存货中的单位固定生产成本乘以期末存货数量减期初存货中的单位固定生产成本乘以期初存货数量小于零，则说明全部成本法计算的税前利润小于变动成本法计算的税前利润。

(3)若期末存货中所包含的固定生产成本总额等于期初存货中包含的固定生产成本总额，即期末存货中的单位固定生产成本乘以期末存货数量减期初存货中的单位固定生产成本乘以期初存货数量等于零，则说明两种成本计算出来的税前利润必然相等。

第三节　对变动成本法的评价

一、变动成本法的优点

通过前面的分析我们可以看出，变动成本法在为企业内部提供经营管理信息方面，克服了全部成本法的缺点，具有以下优点：

(1)变动成本法最符合"费用与收益相配合"的公认会计原则的要求。变动成本法将随产量的变动呈正比例关系变动的变动成本，如直接材料、直接人工、变动性的制造费用，在已销产品、未销产品和在产品中按一定的方法分配，将其中已销售产品的变动成本同本期销售收入相配比，产生边际贡献总额；将未销产品和在产品的变动成本转作存货，以便与未来预期的收益相配比。然后将只联系期间、随时间的消逝而消失的固定成本，包括固定性的生产成本、固定性的管理及销售成本，都列作期间成本，同本期的边际贡献总额相配比，产生本期的税前利润。这克服了全部成本法下由于受本期产量和销量高低的影响，而把本期的固定性生产成本转嫁到下期的现象。

(2)变动成本法能为预测前景、参与决策和规划未来提供最为有效的管理信息。变动成本法的基础是成本按性态分类，它提供诸如单位变动成本、贡献毛益总额等信息，能帮助企业深入地进行盈亏临界分析和本量利分析，协助企业规划目标利润、目标销售量和销售额，编制弹性预算等。而且，变动成本法还能为短期经营决策提供有效的信息，例如，利用剩余生产能力接受追加订货，确定产品的最优组合和最优售价等。

(3)变动成本法便于分清各部门的经营管理责任，有利于成本控制和业绩的评价。一般来讲生产一定数量的产品耗用变动成本数量的多少能反映生产部门的工作实绩，而单位变动成本价格的高低能反映出供应部门的工作实绩，这些可以通过事前制定标准成本和建立弹性预

算来进行日常控制。固定生产成本的高低通常由管理部门负责，可以通过事前制定费用预算的办法进行控制。另外，变动成本法把产量增长降低的成本和节约消耗而降低的成本清楚地区分开来。这不但便于分清各部门的经营责任，而且有利于进行成本控制和业绩的评价。

(4)促使企业管理者重视销售环节，适应社会主义市场经济的需要。用最少的消耗把产品保质保量地生产出来，只能认为是提高了企业的经济效果，只有把产品销售出去实现其价值才算是提高了企业的全面经济效益。通过例 3-4 和例 3-5 变动成本法收益表说明，在销售单价、单位变动成本、固定成本总额、销售组合不变的情况下，税前利润将随着销量的增加而增加、减少而减少。这样会使企业管理当局重视销售环节，以销定产、以产定供，发挥市场配置经济资源的功能，防止盲目生产，提高企业的全面经济效益。

(5)简化产品成本的计算，便于会计信息的及时提供和保证会计信息质量的准确性。采用变动成本法计算，把固定性的制造费用列作期间成本，从边际贡献总额中一笔扣减，可以省掉许多间接费用的分摊手续，这不仅大大地简化了产品成本的计算工作量，还避免了间接费用分摊时选择分摊方法的主观随意性，从而提高了会计信息质量的准确性。

二、变动成本法的局限性

(1)不符合传统的成本概念的要求。传统的成本概念认为："成本是为了达到一个特定目的而已经发生或可能发生的，以货币计量的牺牲。"按照这个概念，产品成本无疑应包括变动成本和固定成本。而按照变动成本法计算的产品成本不包括固定成本，显然不符合传统的成本概念。而且变动成本与固定成本的划分，由于划分方法有很大的选择性，划分的结果就有一定的主观性，这种主观性导致了变动成本的计算不是非常精确的，最后的结果在很大程度上具有一定的假设性。

(2)改用变动成本法时会影响有关方面的利益的及时取得。变动成本法和全部成本法计算的利润，从长期来看是一样的，但在各期的分布不同。如果现在由全部成本法向变动成本法过渡，存货中已吸收的固定成本按照变动成本法的要求，它们要转为费用冲减收益，从而使当期的税前净利减少。只有这些存货被销售出去以后利润才能实现，这就使企业延迟支付当期的所得税与股利，从而暂时影响税务机关的所得税的收入和投资者的股利收益。而且，由全部成本法改为变动成本法，企业总要保持一定的存货，在考虑货币时间价值的情况下，变动成本法所确定的利润总要滞后全部成本法，从而影响有关方面的实际利益。

(3)变动成本法不能满足长期经济决策的需要。变动成本法所提供的资料在短期经营决策中具有很大的作用，但是企业的长期投资决策所需要的资料要包括全部成本的支出，以判断每种产品能否以收抵支，来确定是增加生产能力还是减少生产能力，是扩大经营规模还是缩小经营规模，而变动成本法提供的资料就不能满足上述要求，特别是不能满足长期定价决策的要求。另外，变动成本法在计算时假设每会计期间的销售单价、单位变动成本、固定成本总额和产销结构是不变的，而从长期来看，由于技术进步和通货膨胀等因素的影响，销售单价、单位变动成本、固定成本总额和产销结构经常是随企业内外部条件的变化而变化的。

综上所述，变动成本法既有优点也有一定局限性，但是变动成本法的优点却是主要的，它在强化企业内部管理、提高全面经济效益方面起着巨大的作用，而且变动成本法的这种局限性，我们认为有些是站在传统的财务会计的角度对它的要求而提出来的，例如变动成本法计算的产品成本不符合传统的成本概念，而有的局限性可以和全部成本法结合以相互取长补短来消除，共同为提高企业的全面经济效益服务。

第四节　变动成本法与全部成本法的结合

一、变动成本法与全部成本法结合的意义

通过变动成本法的优点可以知道，变动成本法能把企业与市场沟通起来，是实现全面经济效益的重要方法，然而我国现行的会计制度却实行的是全部成本法，因此怎样把变动成本法与全部成本法有机地结合起来，建立统一的核算信息系统，发挥两种成本计算法的作用，相互取长补短，具有重要的意义。

目前，我国把原来"特大型"的全部成本计算法，改为制造成本法，这为把两种成本计算法结合起来提供了有利的条件。利用这种有利条件，平时以变动成本法组织日常核算，期末在变动成本计算的基础上，将固定成本经过调整计入期末存货成本和销售成本内，使变动成本法转化为全部成本法，据以对外编制报表，从而达到把两种成本计算法结合起来的目的。

二、账户设置和成本核算程序

(1)在生产费用的核算中，先设置"在产品"、"未销产成品"、"已销产成品"账户，分别汇集在产品、未销产成品及已销产成品的变动生产成本。再设置"固定制造费用"账户，来汇集固定制造费用的发生额。然后再设置"在产品存货调整"、"未销产成品存货调整"、"已销产成品存货调整"账户，分别反映期末在产品存货、未销产成品存货及已销产成品存货应负担的固定性制造费用。

(2)在平时核算时，在产品、未销产成品和已销产成品的成本均按变动成本计价和转账。到期末将汇集在"固定制造费用"账户借方的总额，在未销产成品、已销产成品和在产品之间进行分配；分配的金额从"固定制造费用"账户的贷方分别转入"在产品存货调整"、"未销产成品存货调整"和"已销产成品存货调整"账户的借方。

(3)当期初在产品转为本期的未销产成品或已销产成品时，反映期初在产品固定制造费用的"在产品存货调整"账户的期初借方余额也要通过贷方结转到"未销产成品存货调整"或"已销产成品存货调整"账户的借方。当期初未销产成品转为已销产成品时，未销产成品对应的"未销产成品存货调整"的期初借方余额也要通过贷方转到"已销产成品存货调整"账户的借方。

(4)期末对外编制财务报表时，只要把"在产品"期末余额加上"在产品存货调整"期末余额就是期末在产品存货的全部成本；把"未销产成品"期末余额加上"未销产成品存货调整"期末余额就是期末未销产成品的全部成本；将"已销产成品"的期末余额加上"已销产成品存货调整"的期末余额就是已销产成品的全部成本。这样在产品、未销产成品和已销产成品的变动成本就调整为全部成本了。

三、举例说明

设某企业本月期初的未销产成品存货有200件，其中变动成本总额为1 000元，上月份分摊的固定制造费用500元，本期生产量为9 000件，完工了8 000件，还有1 000件在产品存货未完工(完工程度为50%)，本期销售了7 200件产品(包括期初存货200件)。本期固定成本

为 30 600 元，单位变动成本为 6 元，销售单价为 15 元，销售费用为 5 000 元。试把变动成本调整为全部成本，并编制全部成本法下的收益表。

解：首先，根据题中资料可计算得期末的在产品和未销产成品的变动成本为：

在产品：3 000＝1 000×50%×6

未销产成品：6 000＝(8 000－7 000)×6

已销产成品：43 000＝1 000＋7 000×6

然后确定固定制造费用分配率＝$\dfrac{30\ 600}{7\ 000+1\ 000+1\ 000\times50\%}$＝3.6

分配固定制造费用：

已销产成品应分摊额＝7 000×3.6＝25 200

期末在产品存货应分摊额＝1 000×50%×3.6＝1 800

期末未销产成品存货应分摊额＝1 000×3.6＝3 600

最后，根据核算资料，将变动成本调整为全部成本：

已销产品的全部成本＝43 000＋500＋25 200＝68 700

未销产成品存货的全部成本＝6 000＋3 600＝9 600

在产品存货的全部成本＝3 000＋1 800＝4 800

根据销售收入和前面调整后的数据，可对外编制财务报表，如表 3－12 所示。

表 3－12　全部成本法损益表　　单位：元

项目	金额
①销售收入	108 000
②销售成本	68 700
③销售毛利	39 300
④销售费用	5 000
⑤ 税前利润	34 300

全部成本核算过程如图 3－1 所示。

复习思考题

1. 为什么要实行变动成本法？

2. 变动成本法的概念怎样描述，有哪些特点？

3. 影响全部成本法和变动成本法税前利润差异的因素有哪些？这些因素是怎样影响着两种成本计算法税前利润的变动的？

4. 变动成本法有何优点，又有哪些局限性？

5. 变动成本法和全部成本法的税前利润怎样相互调整，它们怎样结合运用？

练习题

1. 西安中华公司 2012 年的有关资料如下：

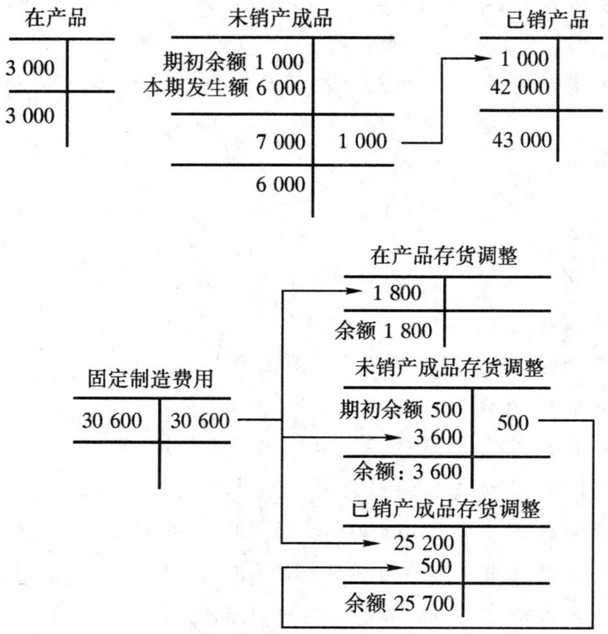

图 3－1　全部成本核算过程示意图

产销量资料		其他资料(元)
项目	数量(件)	①销售单价:45 ②直接材料:30 000 ③直接人工:48 000 ④制造费用 {单位变动制造费用:9 固定性制造费用:42 000 ⑤销售及管理费用: 50 000
期初存货量	0	
本期生产量	6 000	
本期销售量	5 250	
期末存货	750	

要求:(1)分别用两种不同的成本计算方法计算出该公司 2012 年底的期末存货成本。

(2)分别用两种不同的成本计算方法编制收益表。

(3)试分析两种成本法税前利润差别的原因是什么。

2.西安通用公司 2011 年和 2012 年的有关资料如下表所示:

项目	2011 年	2012 年
产量(吨)	7 500	5 500
期初存货量(吨)	0	1 500
期末存货量(吨)	1 500	0
销售单价(元)	300	300
单位变动成本(元)	120	120
固定制造费用(元)	750 000	750 000
销售及管理费用(元)	300 000	300 000

要求：(1)用全部成本法和变动成本法计算出该公司2011年和2012年的产品单位成本。

(2)分别用全部成本法和变动成本法编制该公司2011年和2012年的比较收益表。

(3)通过比较，评述哪一种成本计算方法更为合理。

3.向阳公司过去对外公开的收益表，一直采用全部成本计算法进行编制，其最近三年的简明资料如下表所示：

摘要	2010	2011	2012
销售收入(元)	160 000	96 000	192 000
销售成本(元)	100 000	60 000	120 000
销售毛利(元)	60 000	36 000	72 000
销售及管理费用(元)	30 000	30 000	30 000
税前利润(元)	30 000	6 000	42 000

该公司最近三年的产销情况如下表所示：

产销数量	2010	2011	2012
生产量(件)	20 000	20 000	20 000
销售量(件)	20 000	12 000	24 000

又假设该公司的产品的单位变动成本为3元，其固定成本按每件2元分摊于产品。

要求：(1)用变动成本计算法编制2010年到2012年三年的收益表。

(2)采用两种不同的方法求得的税前净利为什么有的年度相同？有的年度不同？

4.光华公司2013年6月份的有关资料如下：

产销量资料(件)		其他资料(元)	
期初存货量	0	①单位产品售价	46
生产量	4 000	②直接材料成本	20 000
销售量	3 500	③直接人工成本	32 000
期末存货量	500	④单位变动制造费用	6
		⑤固定制造费用	28 000
		⑥单位变动销售及管理费用	4
		⑦固定管理及销售费用	21 000

要求：(1)分别采用变动成本法和全部成本法计算期末存货成本。

(2)分别采用变动成本法和全部成本法编制收益表，并分析两种方法税前利润差异的原因。

5.大华公司生产一种产品A，去年的固定费用总额为54万元，税前利润为36万元。今年由于采用了较新的生产工艺，同时大力开拓了市场，故固定费用下降到46万元，同时产销量提高了24%，单位产品的售价没有变化，全年实现利润52万元。

要求：对大华公司本年度的利润增长情况作出正确的评价。

第四章　成本、产量和利润关系的分析

成本、产量、利润关系的分析，简称本量利分析，它是在成本性态、边际贡献和变动成本法的基础上发展起来的，主要研究销售量、价格、成本和利润之间的数量关系，其原理在企业经营决策、计划和控制中有广泛的用途，是管理会计的重要基础内容之一。本章将阐述本量利分析的假定条件、内容及意义，单一产品和多种产品的盈亏临界分析，目标利润的规划和经营杠杆原理以及非线性条件和不确定条件下的本量利分析。

第一节　本量利分析的假定条件、内容及意义

一、本量利分析的假定条件

本量利分析的假定条件是指本量利关系以及形成这些关系的尚未确知的要素，根据其客观正常情况所作的合乎情理的判断和假定。本量利分析通常有以下假定条件：

（一）会计数据可靠性的假设

在实际中，会计提供的历史成本数据并不一定百分之百地真实可靠。例如，由于计算折旧方法的主观选择性等原因，固定成本支出不一定反映真实的消耗；由于“出工不出力”等原因的发生，人工成本也并不总是因产量而变动；由于材料成本计划价格的使用等原因，材料成本也不一定是真实的材料消耗。而把混合成本分解为变动成本和固定成本，无论采用哪种方法，都有一定的主观性和随意性。所以，会计数据可靠性的假设是指本量利分析使用的会计数据是可靠的，所有的成本都能划分为变动成本和固定成本，并且可以明确它们与业务量之间的关系。

（二）相关范围内的线性假设

实际中在很大的一个范围内，固定成本与业务量是阶梯状的，而变动成本、销售收入与业务量都是曲线型的。本量利相关范围的线性假设是指在一定时期和一定的业务量范围内，销售价格、单位变动成本和固定成本总额是不变的，其销售收入线、变动成本线和固定成本总额是线性的。这也就是说，在盈亏临界分析中，只有处于相关范围内的那一段本量利之间的关系才是正确的。

（三）影响本量利分析的其他因素不变假设

本量利分析的基本假设除了以上两项基本假设以外，还有以下假设条件：

(1)收入和成本的变化受共同的一种业务量支配，业务量是影响收入和成本的唯一因素。

(2)生产要素的内容和价格，生产工艺方法和生产效率保持不变。

(3)币值保持不变。

(4)如果是产销多种产品，则其产销结构在相关范围内保持不变。

(5)在用全部成本法进行本量利分析时，假定产销量相等，产销基本平衡，即期初、期末存货的成本不变。

上述的几项假定条件对于本量利分析模型的建立和运用具有一定的意义，但是另一方面却也使本量利的分析受到限制，从而影响到分析结果的可靠性。

二、本量利分析的内容及意义

本量利分析是在以上的假定条件下进行的，它的内容包括盈亏临界分析、对利润的预测和规划，以及实现目标利润的措施和因素分析，还有经营杠杆原理以及非线性条件和不确定条件下的本量利分析。

本量利分析的首要意义在于它是目标利润预测和利润规划的有效方法。运用本量利分析预测利润和规划目标利润，再根据目标利润预测目标销售量或销售额，并提出实现目标利润的一系列措施和分析相关因素变动对利润的影响，这有利于企业确定计划期的目标利润，制订销售量和销售价格计划，制订单位变动的成本和固定成本支出限额，这是企业进行经营管理的前提和首要环节。

其次，本量利分析也是短期经营决策的重要方法之一。由于本量利分析能反映本、量、利三者之间变化的规律性，凡涉及本量利分析因素的经营决策事项，都可以运用本量利分析法进行分析。例如，零部件是自制还是外购，产品定价等。还可以根据本量利分析原理计算出成本同值点，再根据成本同值点进行产品加工在不同工艺方案下的选择。

最后，本量利分析还便于业绩的考核和评价。本量利分析能科学地分析利润计划的完成情况，准确地说明影响利润变动的因素及影响的数额，有助于企业采取相应的措施，提高利润管理水平。并且能简便地分析成本升降的原因，有助于企业挖掘降低成本的潜力，有利于对各责任单位的工作成果和经营成果进行科学的评价。

第二节　单一产品和多种产品的盈亏临界分析

一、单一产品的盈亏临界分析

(一)盈亏临界点的概念及计算

盈亏临界分析也称损益两平分析，或称保本分析。它包括盈亏临界点的计算、与盈亏临界点相关指标的计算分析及影响盈亏临界点各因素的分析。

所谓的盈亏临界点，通常是指某一企业，或某一企业中的某一产品或部门，在一定时期所耗费的成本与所取得的收入相等时的数量点。在该点上，企业处于保本状态，业务量小于该点，即变为亏损；大于该点，即变为盈利。

在这里需要指出的是：①以企业整体和以独立的责任中心所计算的盈亏临界点不同；②一种产品在一年或一月所计算的盈亏临界点不同；③盈亏临界点视运用的部门而选择其数量单位；④本节讨论的盈亏临界分析是建立在成本性态和变动成本法的基础上的。

对于盈亏临界点的计算，我们先设 m 代表利润、p 代表销售单价、x 代表销售量、b 代表单位变动成本、a 代表固定成本、i 代表税率。

如果 m 是税前利润

则
$$m=px-bx-a$$

因盈亏临界点是利润等于零的销售量

令 $m=0$

$$0=px-bx-a \quad x_0=\frac{a}{p-b} \tag{4-1}$$

给式 4－1 两边同乘以 p，得

$$px_0=\frac{a}{\frac{p-b}{p}} \tag{4-2}$$

由式 4－1 和 4－2 可见：

$$盈亏临界点销售量(x_0)=\frac{固定成本总额(a)}{单位售价(p)-单位变动成本(b)}$$

$$盈亏临界点销售额=\frac{固定成本总额}{边际贡献率}$$

如果 i 是产品销售税率

则
$$x_0=\frac{a}{p(1-i)-b} \tag{4-3}$$

$$px_0=\frac{a}{1-i-\frac{b}{p}} \tag{4-4}$$

由式 4－3 和 4－4 可见：

$$税后的盈亏临界点销售量(x_0)=\frac{固定成本总额}{单价\times(1-税率)-单位变动成本}$$

$$税后的盈亏临界点销售额=\frac{固定成本总额}{1-销售税率-变动成本率}$$

【例 4－1】　某种产品销售单价为 800 元，产品销售税率为 15%，单位变动成本为 400 元，全年固定成本总额为 56 000 元，试计算税后的盈亏临界销量和销售额。

解： $x_0=\frac{a}{p(1-i)-b}=\frac{56\,000}{800\times(1-15\%)-400}=200(件)$

$px_0=\frac{a}{1-i-\frac{b}{p}}=\frac{56\,000}{1-15\%-\frac{400}{800}}=\frac{56\,000}{35\%}=160\,000(元)$

(二)盈亏临界图

我们用横轴代表销售量，用纵轴代表销售收入和成本总额，先把收入模型图和两种总成本模型图的表示方法列示，如图 4－1 所示。

1. 传统式的盈亏临界图

将销售收入模型图与总成本模型图Ⅰ相叠加，就得到传统式的盈亏临界图，如图 4－2 所示。

从传统的盈亏临界图中可以看出以下几点：

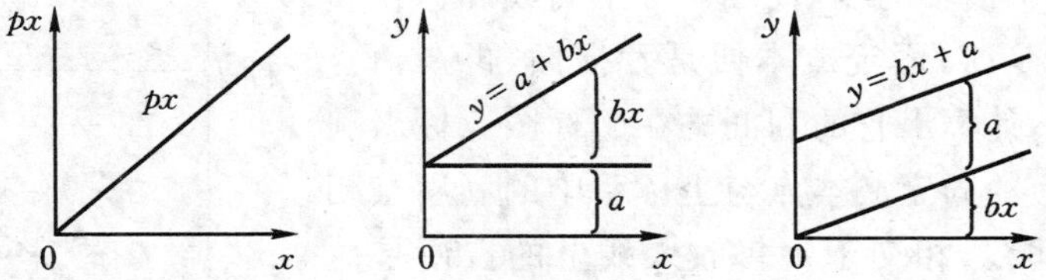

销售收入模型图　总成本模型图Ⅰ　总成本模型图Ⅱ

图 4-1　收入和成本模型图

(1)总收入线 px 和总成本线 y 的交点为盈亏临界点。

(2)在 x_0 以下的收入线与总成本线的夹角为亏损区；在 x_0 以上的收入线与总成本线的夹角为盈利区。

(3)当盈亏临界点不变时，亏损区域不变，增加一个单位的销售量，就增加一个单位的边际贡献的利润。

(4)当销售量不变时，盈亏临界点上升，亏损区域扩大，盈利区域缩小；反之，当盈亏临界点下降，则亏损区域缩小，盈利区域扩大。

(5)在销售收入既定的情况下，盈亏临界点的高低取决于固定成本、单位售价和单位变动成本的大小。

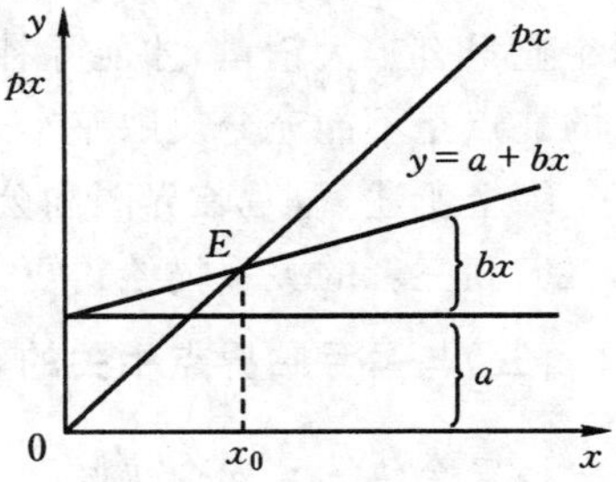

图 4-2　传统式的盈亏临界图

(6)传统式的盈亏临界图不能揭示在任何销量的情况下，可实现的边际贡献总额的多少，以及边际贡献总额弥补固定成本的状况。

2.贡献式的盈亏临界图

我们把销售收入模型图与总成本模型图Ⅱ相叠加，就得到贡献式的盈亏临界图，如图4-3所示。

从贡献式的盈亏临界图中可以看到以下几点：

(1)固定成本在变动成本之上，销售收入线与变动成本线的夹角为边际贡献区。

(2)在收入线上的任何一点向横轴画过变动成本线的垂直线，则收入线与变动成本线之间的垂直距离便是边际贡献。

(3)边际贡献与固定成本相等时对应的收入线与总成本线的交点便是盈亏临界点。

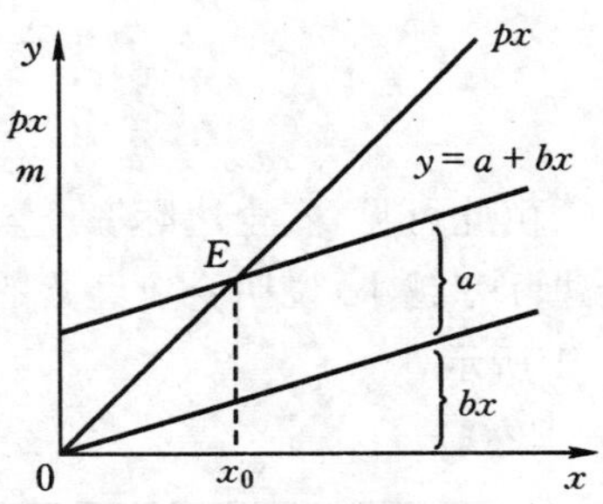

图 4-3　贡献式的盈亏临界图

(4)当边际贡献总额超过固定成本时，企业就会盈利，盈利的部分正好在盈亏临界点以上的盈利区内；当边际贡献总额小于固定成本时，企业就会亏损，亏损的部分正好在盈亏临界点以下的亏损区内；当边际贡献总额正好等于固定成本时，企业处于保本状态。可见，只有边际贡献总额全部抵补了固定成本以后有余，企业才会获得利润，这是传统的盈亏临界图所不能体现的。

3.利量式盈亏临界图

先绘制一个直角坐标系，用纵轴分别表示利润与亏损，横轴表示销售量，再以纵轴的盈亏临界点画一条平行于横轴的线，代表盈亏平衡线和销售收入线。在销售量为零时，固定成本便是亏损额，再在销售量上选择一个整数，计算出它的利润并在坐标图上标出利润点，然后把纵轴上的固定成本点与坐标系中的利润点相连，这条线叫做利润线，相交于销售收入线上的点便是盈亏临界点的销售额，垂直相交于销售量线（横轴）上的点便是盈亏临界点的销量，如图4－4所示。

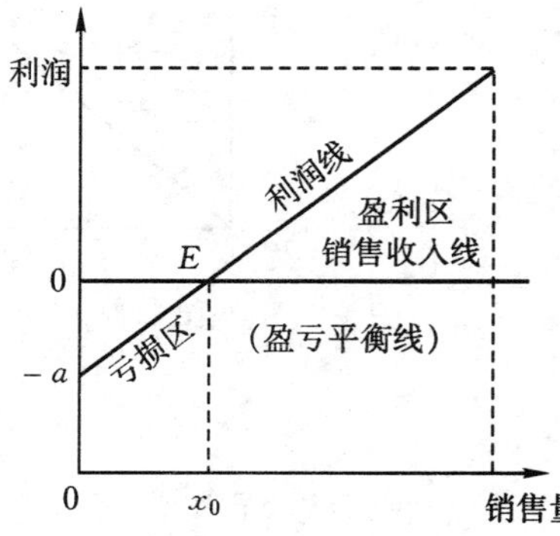

图 4－4 利量式盈亏临界图

利量式盈亏临界图的优点是十分明确地反映出在其他因素不变的情况下，产品的销量变动对利润的影响，说明企业只有扩大销量，才能弥补固定成本，并实现利润；但它的缺点是不能充分反映整个成本变动对利润的影响。

综上所述，盈亏临界图和公式法对本量利分析获得相同的结果，而且盈亏临界图更能把本、量、利三者的关系描绘得更加直观、生动和容易理解。

（三）与盈亏临界点相关的几个指标的计算

1. 安全边际和安全边际率

安全边际通常用安全边际量和安全边际额来表示。计划或实际的销量与盈亏临界点的销量之差，称为安全边际量；计划或实际的销售额与盈亏临界点的销售额之差，称为安全边际额。它们都是绝对数指标，用此指标可以判断和评价企业经营的安全性，安全边际越大，意味着企业获利的把握性越大，安全边际越小，企业获利的把握性越小，风险越大。

反映企业经营安全性除绝对指标外，还有相对指标，这就是安全边际率。安全边际率是指安全边际量或安全边际额与计划或实际的销售量或销售额之比。用公式表示就是：

$$\text{安全边际率}=\frac{\text{安全边际量(额)}}{\text{计划(或实际)销售量(额)}}\times 100\%$$

$$=\frac{\text{计划(或实际)销售量(额)}-\text{盈亏临界点销售量(额)}}{\text{计划(或实际)销售量(额)}}$$

$$=1-\text{盈亏临界点率}$$

由此可见，安全边际率＋盈亏临界点率＝1。安全边际率越大，说明企业的经营越安全，安全边际率越小，说明企业经营的安全性越小。一般地西方企业评价安全程度的经验指标如表4－1所示。

表 4－1 企业安全性的经验标准

安全边际率	10%以下	11%～20%	21%～30%	31%～40%	41%以上
安全程度	危险	值得注意	比较安全	安全	很安全

2. 盈亏临界点率和盈亏临界点作业率

盈亏临界点率是指盈亏临界点的销售量（或销售额）与计划或实际的销售量（或销售额）的比率。盈亏临界点率越大，说明计划或实际的销售量距盈亏临界点越近，获利的范围越小；反之获利的范围越大。一般地，盈亏临界点率超过75%，企业就处于潜在的危险中，如果超过90%，企业就已到了危险的地步。

所谓的盈亏临界点的作业率是指盈亏临界点的销售量（或销售额）与企业正常开工的销售量（或销售额）的比率，亦称达到保本点的开工率。它反映企业经营某项产品的开工率要达到什么程度才能保本，运用这一指标有利于企业恰当地安排生产。

3.安全边际率与销售利润率的关系

由于利润等于安全边际额乘以边际额贡献率，或安全边际量乘以单位边际贡献，这说明只有安全边际才能为企业提供利润。给利润＝安全边际额×边际贡献率公式的两端同除以销售收入，就得到：销售利润率＝边际贡献率×安全边际率。

（四）相关因素变动对盈亏临界点的影响

从盈亏临界点的公式中可知，影响盈亏临界点大小的因素有：销售单价、销售税率、单位变动成本、固定成本等，这些因素的不变是假设的结果，在市场经济条件下，这些因素经常发生变化，现将某一因素变动其他因素不变时对盈亏临界点的影响分别说明如下：

1.价格变动对盈亏临界点的影响

价格是影响盈亏临界点的重要因素，它的变化直接影响到单位边际贡献、边际贡献总额以及边际贡献率的变化，必然会影响到盈亏临界点的高低。降低产品销售价格，将使盈亏临界点提高，提高销售价格将降低盈亏临界点。

$$\text{价格变动后的盈亏临界点的销售量}=\frac{\text{固定成本}}{\text{原销售价格}\times(1\pm\text{价格变动率})\times(1-\text{销售税率})-\text{单位变动成本}}$$

$$\text{价格变动后的盈亏临界点的销售额}=\frac{\text{固定成本}}{(1\pm\text{价格变动率})\times(1-\text{销售税率})-\text{变动成本率}}$$

2.销售税率变动对盈亏临界点的影响

销售税率提高，使税后的边际贡献减少，盈亏临界点提高；反之，销售税率降低，使税后的边际贡献增加，盈亏临界点降低。

$$\text{销售税率变动后的盈亏临界点的销售量}=\frac{\text{固定成本}}{\text{原税后单位边际贡献}\pm\text{销售价格}\times\text{销售税金变动率}}$$

$$\text{销售税率变动后的盈亏临界点销售额}=\frac{\text{固定成本}}{\text{原税后边际贡献率}\pm\text{销售税金变动率}}$$

3.单位变动成本的变动对盈亏临界点的影响

单位变动成本的升降，实质上影响到边际贡献及边际贡献率的变化，进而影响到盈亏临界点的高低。单位变动成本的增加额就是单位边际贡献的减少额，从而使盈亏临界点提高。反之，单位变动成本减少额就是单位边际贡献的增加额，从而使盈亏临界点下降。

$$\text{单位变动成本变动后的盈亏临界点的销售量}=\frac{\text{固定成本}}{\text{原单位边际贡献}\pm\text{单位变动成本的变动额}}$$

$$\text{单位变动成本变动后的盈亏临界点的销售额}=\frac{\text{固定成本}}{\text{原边际贡献率}\pm\dfrac{\text{单位变动成本变动额}}{\text{销售单价}}}$$

4.固定成本变动对盈亏临界点的影响

固定成本在一定的相关范围内不会改变，但并非永远不变。增加固定成本虽然也会增加生产能力，但也会推迟获利的时间，就会使盈亏临界点上升；相反减少固定成本，虽然会降低生产能力，但会使企业提前获利，会使盈亏临界点下降。

$$\text{固定成本变动后的盈亏临界点销售量}=\frac{\text{原固定成本}\pm\text{固定成本变动额}}{\text{税后的单位边际贡献}}$$

$$\text{固定成本变动后的盈亏临界点销售额}=\frac{\text{原固定成本}\pm\text{固定成本变动额}}{\text{税后边际贡献率}}$$

二、多种产品盈亏临界点的计算

多种产品盈亏临界点的计算，由于每种产品的实物量指标各异，只能计算多种产品盈亏临界点的销售额。通常用分算法和综合加权平均法来计算。

(一)分算法

企业的全部固定成本是全部产品的共同成本，先将固定成本总额分配给各种产品。对于专属固定成本可直接分配，对于共同的固定成本可选择诸如销售额或销售量的比例等标准分配给各种产品。然后可按单一产品的盈亏临界点的计算方法进行计算。

(二)综合加权平均法

综合加权平均法就是先计算出多种产品的综合加权平均边际贡献率，然后用固定成本总额除以各种产品综合加权平均的边际贡献率合计，即可求得各种产品综合的盈亏临界点的销售额。再用综合盈亏临界点的销售额乘以每种产品的销售比重，可求出每种产品盈亏临界点的销售额。最后，用每种产品盈亏临界点的销售额除以单价，就可以得到每种产品盈亏临界点的销售量。其计算程序和公式如下：

(1) $$\text{综合加权平均边际贡献率}=\frac{\text{各种产品销售收入合计}-\text{各种产品变动成本合计}}{\text{各种产品的销售收入合计}}$$

(2) $$\text{综合加权平均边际贡献率}=\sum\left(\text{每种产品的边际贡献率}\times\text{该产品的销售比例}\right)$$

(3) $$\text{综合盈亏临界点的销售额}=\frac{\text{固定成本总额}}{\text{综合加权平均边际贡献率}}$$

(4) $$\text{每种产品盈亏临界点的销售额}=\text{综合盈亏临界点的销售额}\times\text{该产品的销售比例}$$

(5) $$\text{每种产品盈亏临界点的销售量}=\frac{\text{每种产品盈亏临界点的销售额}}{\text{每种产品的销售单价}}$$

影响综合盈亏临界点销售额大小的因素除固定成本总额、每种产品的单位售价和单位变动成本外，还有每种产品销售在总产品销售中所占的销售比例的大小，即产品品种结构变化的影响。一般来讲，提高单位边际贡献率高的产品比例，降低单位边际贡献率低的产品比例，即使在固定成本和总销售收入不变的情况下，也可以提高综合加权边际贡献率，从而使综合盈亏临界点的销售额降低；反之，则会使综合盈亏临界点的销售额提高。

【例 4-2】 某企业在计划期间生产和销售甲、乙、丙三种产品，其固定成本总额为 20 080 元，三种产品的销量、单价以及单位变动成本如表 4-2 所示，试计算综合盈亏临界点的销售额和每种产品盈亏临界点的销售量。

解：(1)计算甲、乙、丙三种产品的单位边际贡献率和每种产品的销售比例

$$\text{甲产品的单位边际贡献率}=\frac{12}{40}\times100\%=30\%$$

表 4－2　某企业计划期的成本相关资料表　单位:元

摘要	甲产品	乙产品	丙产品
销售单价	40	60	75
单位变动成本	28	45	60
单位边际贡献	12	15	15
销售量(件)	1 000	800	500

乙产品的单位边际贡献率$=\frac{15}{60}\times 100\%=25\%$

丙产品的单位边际贡献率$=\frac{15}{75}\times 100\%=20\%$

甲产品的销售比例$=\frac{1\ 000\times 40}{1\ 000\times 40+800\times 60+500\times 75}=\frac{40\ 000}{125\ 500}\approx 32\%$

乙产品的销售比例$=\frac{800\times 60}{125\ 500}\approx 38\%$

丙产品的销售比例$=\frac{500\times 75}{125\ 500}\approx 30\%$

(2)综合加权的边际贡献率$=30\%\times 32\%+25\%\times 38\%+20\%\times 30\%=25.1\%$

或综合加权的边际贡献率$=\frac{125\ 500-94\ 000}{125\ 500}=25.1\%$

(3)综合盈亏临界点的销售额$=\frac{20\ 080}{25.1\%}=80\ 000$(元)

(4)每种产品盈亏临界点的销售额分别为

甲产品盈亏临界点的销售额$=80\ 000\times 32\%=25\ 600$(元)

乙产品盈亏临界点的销售额$=80\ 000\times 38\%=30\ 400$(元)

丙产品盈亏临界点的销售额$=80\ 000\times 30\%=24\ 000$(元)

(5)每种产品盈亏临界点的销售量

甲产品盈亏临界点的销量$=\frac{25\ 600}{40}=640$(件)

乙产品盈亏临界点的销量$=\frac{30\ 400}{60}\approx 507$(件)

丙产品盈亏临界点的销量$=\frac{24\ 000}{75}=320$(件)

第三节　目标利润的规划及经营杠杆原理

盈亏临界分析是本量利分析的重要组成部分，而广义的本量利分析还包括对盈亏临界分析的深化，即运用盈亏临界分析的原理来预测和确定目标利润，并对影响利润的各因素进行敏感分析，而经营杠杆原理也是利润预测和分析的重要的内容和方法。

一、目标利润的规划

目标利润在规划之前要根据销售状况、生产经营规模等因素，对企业在计划期间可能实现的利润进行预测，在预测的基础上才能规划目标利润，并对影响目标利润的各因素进行分析。

(一)预测利润

利润预测一般根据企业计划期预计的销售量和成本水平，运用本量利分析以及相关概念来进行预测。

(1)预计利润＝销售收入－(变动成本＋固定成本)

＝销售单价×销售量－单位变动成本×销售量－固定成本

(2)预计利润＝边际贡献总额－固定成本总额

(3)预计利润＝销售收入×边际贡献率－固定成本

(4)预计利润＝销售收入×边际贡献率×安全边际率

(5)预计利润＝边际贡献总额×(1－边际贡献盈亏临界点率)

其中：

$$\text{边际贡献盈亏临界点率}=\frac{\text{固定成本}}{\text{边际贡献总额}}$$

(6)预计利润＝安全边际量×单位边际贡献

(7)预计利润＝安全边际额×边际贡献率

以上七个公式，第一个公式是本量利分析的基本公式；第二、三、四、五是应用边际贡献的基本概念推导出来的；第六、七是应用盈亏临界分析中安全边际的概念推导出来的。此外，还可以应用经营杠杆率来预测利润，这将在下面予以介绍。

(二)规划目标利润

目标利润是企业根据利润预测的结果，以及计划期间的实际生产能力、生产技术条件、市场预测等因素提出来的计划期间要实现的最优的战略目标利润。

(1)根据销售利润率来规划目标利润。

目标利润＝预计销售收入总额×销售利润率

(2)根据资金利润率来规划目标利润。

目标利润＝预计资金平均占用额×资金利润率

其中：

$$\text{资金利润率}=\frac{\text{营业利润}}{\text{资金平均占用额}}\times 100\%$$

(3)根据产值利润率来确定目标利润。

目标利润＝预计工业总产值×产值利润率

其中：

$$\text{产值利润率}=\frac{\text{营业利润}}{\text{工业总产值}}\times 100\%$$

需要指出，上述的目标利润是指税前利润，税后利润将按下式进行计算：

税后利润＝税前利润×(1－税率)

【例 4－3】 假设某企业 2012 年销售甲产品 1 000 件，每件售价 80 元，单位变动成本 60 元，固定成本总额 10 000 元，若 2013 年根据市场调查可销售甲产品 1 500 件，要求根据 2012 年销售利润率来确定 2013 年的目标利润。

解：基期的营业利润＝1 000×80－1 000×60－10 000＝10 000(元)

基期的销售利润率＝10 000÷80 000＝12.5%

2013 年的目标利润＝1 500×80×12.5%＝15 000(元)

(三)实现目标利润的措施

实现目标利润的措施，就是预测在计划期间内假定其他因素不变的情况下，企业销售多少数量的产品或多少金额的产品，才能实现目标利润，或是单位售价提高到什么水平，单位变动成本和固定成本总额降低到什么水平，才能实现目标利润。

(1)目标销售量$=\dfrac{\text{固定成本总额}+\text{目标利润}}{\text{单位边际贡献}}$

(2)目标销售额$=\dfrac{\text{固定成本总额}+\text{目标利润}}{\text{边际贡献率}}$

(3)目标销售单价$=\text{单位变动成本}+\dfrac{\text{固定成本总额}+\text{目标利润}}{\text{销售量}}$

(4)目标单位变动成本$=\dfrac{\text{销售单价}\times\text{销量}-\text{固定成本总额}-\text{目标利润}}{\text{销售量}}$

(5)目标固定成本＝销售单价×销量－单位变动成本×销量－目标利润

这里的目标利润指税前目标利润，若在预测中的目标利润指税后目标利润，那么根据公式：税后目标利润＝税前目标利润×(1－税率)进行调整。

【例4-4】 设某企业在计划期间准备生产乙产品8 000件，销售单价为10元，单位变动成本为8元，固定成本为12 000元，根据企业的生产能力将税前目标利润规划为10 000元，税率为20%，欲实现税后目标利润8 000元[10 000×(1－20%)]，计算影响利润的各因素变动到什么水平才能保证税后目标利润的实现。

解：(1)目标销售量$=\dfrac{12\ 000+8\ 000}{10-8}=10\ 000$(件)

若p,a,b不变，把销售量提高到10 000件，即提高25%$\left(\dfrac{10\ 000-8\ 000}{8\ 000}\times100\%\right)$，才能保证目标利润的实现。或者把销售额提高到10 000元即可。

(2)目标销售单价$=\dfrac{12\ 000+8\times8\ 000+8\ 000}{8\ 000}=10.5$(元)

若a,b,x不变，只要将销售价格提高到10.5元，提高5%($\dfrac{10.5-10}{10}\times100\%$)，就可保证目标利润的实现。

(3)目标单位变动成本$=\dfrac{8\ 000\times10-12\ 000-8\ 000}{8\ 000}=7.5$(元)

若p,a,x不变，只要将单位变动成本降低到7.5元，即降低6.25%($\dfrac{8-7.5}{8}\times100\%$)，就可保证目标利润的实现。

(4) 目标固定成本$=10\times8\ 000-8\times8\ 000-8\ 000=8\ 000$(元)

若p,b,x不变，只要将固定成本总额降低到8 000元，即降低33.3%($\dfrac{12\ 000-8\ 000}{12\ 000}\times100\%$)，就能保证目标利润的实现。

(四)影响利润的各因素分析

1.利润的敏感性分析

当影响利润的诸种因素，按同一比例上升或下降时，对利润的影响程度是不同的，我们把利润对各因素变动反应的不同程度的分析，称利润的敏感性分析。

仍以例 4-4 的资料为基础，预计 p, x, b, a 各因素变动 1%时，对利润的影响，见表4-3。

表 4-3　利润的敏感性分析　　单位：元

影响利润的各因素	变动程度（%）	影响范围		变动后利润	影响程度	
		计划销售收入	计划期销售成本		绝对数	相对数
销售单价	+1	10×1%×8 000	0	4 800	800	20%
销售量	+1	10×8 000×1%	8×8 000×1%	4 160	160	4%
单位变动成本	−1	0	8×(−1%)×8 000	4 640	640	16%
固定成本	−1	0	12 000×(−1%)	4 120	120	3%

从表 4-3 可以看出，在影响利润的四个因素中，利润对其敏感程度依次为：销售单价（20%），单位变动成本（16%），销售数量（4%），固定成本（3%）。在这里要注意的是，这种敏感次序的条件是 $b>\frac{1}{2}p(8>\frac{10}{2})$，如果 $b<\frac{1}{2}p$ 则敏感程度的次序就有新的变化。掌握利润的敏感分析的意义在于，在管理中增强预见性，以保证目标利润的实现。

2. 各因素综合变动对利润的影响

利润的敏感性分析是假定影响利润的一个因素变动，而其他因素不变，但在实际经济生活中，各因素往往是相互联系综合地发生变动。如对生产技术进行革新，用先进的设备代替原来落后的设备，虽然固定成本提高了，但单位变动成本却降低了，虽然使用新设备使生产和销售量扩大了，但为了在市场上继续畅销，就不得不降低销售单价。通常是通过对比各因素变化前后利润的差别来对各因素综合变动利润的影响进行分析的。

3. 多种产品品种结构的变动对利润的影响

在生产并销售多种产品的企业中，由于每种产品的单位边际贡献和边际贡献率不同，为了保证目标利润的实现，可以多产销边际贡献率高的产品，少产销边际贡献率低的产品，通过调整产品结构来提高企业的盈利水平。

二、经营杠杆原理

（一）经营杠杆的概念和经营杠杆率的计算

要了解经营杠杆的概念，先举一例说明。

【例 4-5】　某企业 9 月份产销一种丙产品，单位变动成本为 180 元，月固定成本为 4 900 元，销售单价为 250 元，本月销售量为 140 件，准备 10 月份销售量增加到 175 件。计算 10 月份比 9 月份的销售收入增长率、变动成本增长率、边际贡献总额增长率、销售利润增长率。

解：根据有关数据编制增长率表，如表 4-4 所示。

表 4-4　某企业十月份增长率表　　单位：元

项目	基期(9月份)	计划期(10月份)	变动额	变动率
销售收入总额	140×250=35 000	175×250=43 750	8 750	25%
变动成本总额	140×180=25 200	175×180=31 500	6 300	25%
边际贡献总额	9 800	12 250	2 450	25%
固定成本	4 900	4 900		
销售利润	4 900	7 350	2 450	50%

通过上述计算，可以看出假设企业不存在固定成本，那么销售收入变动率和边际贡献总额变动率相等，都是25%。但是，固定成本的不存在是不现实的，每一个企业无论产销任何产品都必须有一定量的固定成本存在，这样增加产销量虽然单位边际贡献不变，但单位产品分摊的固定成本会减少，从而增加单位产品的利润，使利润的变动率大于产销量的变动率；相反减少产销量，会使单位产品分摊的固定成本增加，使单位产品的利润减少，就会出现利润的降低程度大于产销量的降低程度。管理会计把由于固定成本的存在从而使利润的变动率大于产销量变动率的现象，称为经营杠杆。

根据利润和产销量的关系把利润变动率相当于产销量变动率的倍数称为经营杠杆率或经营杠杆系数，简写为 Dol。其公式为：

$$经营杠杆系数=利润变动率\div产销量变动率$$

$$Dol=\frac{\Delta m/m}{\Delta s/s}$$

式中：m 为基期利润，Δm 为利润变动额；

s 为基期产销量，Δs 为产销量变动额。

由于经营杠杆系数是为企业经营预测服务的，上述公式虽然可以计算出经营杠杆系数，但必须要有相关因素变动后的数据方可计算，为了便于经营预测，也可用下面公式计算经营杠杆系数。

$$Dol=\frac{基期边际贡献总额}{基期利润}=1+\frac{固定成本}{基期利润}$$

现仍以例 4-5 的资料为基础，用两种不同的公式计算经营杠杆系数。

$$Dol=\frac{\Delta m/m}{\Delta s/s}=\frac{2\ 450\div4\ 900}{8\ 750\div35\ 000}=\frac{50\%}{25\%}=2$$

$$Dol=\frac{9\ 800}{4\ 900}=1+\frac{4\ 900}{4\ 900}=2$$

两个公式计算的结果相同。

(二)经营杠杆系数的用途

(1)用经营杠杆系数可预测计划期的目标利润。

$$计划期目标利润=基期利润\times\left(1\pm\frac{产销量}{变动率}\times\frac{经营杠杆}{系数}\right)$$

(2)根据计划期的目标利润，来预测实现目标利润的预期销售变动率和目标销售额。

$$\frac{\text{保证目标利润实现}}{\text{的预期销售变动率}}=\frac{\text{计划期的目标利润}-\text{基期利润}}{\text{基期利润}\times\text{经营杠杆系数}}$$

$$\text{目标销售额}=\text{基期的实际销售额}\times(1\pm\text{目标销售额变动率})$$

仍以例 4－5 的资料为基础来计算，若 10 月份比 9 月份销售额增长 30%，则目标利润和实现目标利润的预期销售变动率以及目标销售额的计算如下：

计划期的目标利润＝4 900×(1＋30%×2)＝7 840(元)

$$\text{实现目标利润的预期销售变动率}=\frac{7\,840-4\,900}{4\,900\times 2}=30\%$$

目标销售额＝35 000×(1＋30%)＝45 500(元)

(3)反映企业的经营风险。

在社会主义市场经济条件下，企业的经营风险来源于供求变化和生产经营过程中的各种不确定因素，经营杠杆系数能反映这些不确定因素对利润的影响程度。由于利润增减率＝产销量增减率×经营杠杆系数，当产销量(额)增减时，将使利润以经营杠杆系数的倍数的程度增减，经营杠杆系数越大，由产销量(额)的增减变动引起的利润的变动程度也就越大，企业的经营风险也就越大。

经营杠杆系数反映企业的经营风险也可以进一步用经营杠杆系数与安全边际率的关系来加以反映。由于经营杠杆系数和安全边际率呈反比关系，企业的经营杠杆系数越大，则安全边际率越小，风险越大；反之，经营杠杆系数越低，安全边际率越高，风险越小。故降低企业的经营杠杆系数是市场经济的内在要求。

(三)影响经营杠杆系数的因素分析

1. 固定成本对经营杠杆系数的影响

从$\text{经营杠杆系数}=1+\frac{\text{固定成本}}{\text{基期利润}}$的公式中可以说明只要企业存在固定成本，经营杠杆系数总是大于 1，而且经营杠杆系数随固定成本总额的变动而同方向变动，固定成本增加，经营杠杆系数增加；反之固定成本降低，经营杠杆系数也降低。因此在一定生产能力条件下，降低固定成本，就能降低企业的经营风险。

2. 产销量对经营杠杆系数的影响

$$\begin{aligned}\text{经营杠杆系数}&=\frac{\text{基期边际贡献总额}}{\text{基期利润}}\\&=\frac{\text{基期的单位边际贡献}}{\text{基期单位边际贡献}-\dfrac{\text{固定成本}}{\text{产销量}}}\end{aligned}$$

由公式可见经营杠杆系数随产销量的变动呈反方向变动。产销量上升，会使经营杠杆系数下降，经营风险也降低；反之，产销量下降，将使经营杠杆系数上升，从而增加经营风险。因此充分地利用现有生产能力增加产销量，不仅可以增加利润，而且还可以降低经营风险。

第四节　非线性条件和不确定条件下的本量利分析

一、非线性条件下的本量利分析

在第二、三节的本量利分析中都假定销售额和产品总成本与销量之间是线性关系，但在市场经济条件下，销售额和总成本并不与销量之间成正比例关系，而是一种曲线关系。

在市场经济条件下，销售价格要受市场供求关系的影响，销售价格将随市场供应量的减少而提高，随市场供应量的增加而降低，并且，产品的销售价格和销售量之间是相互影响的，要增加销售量，往往要降低销售价格，提高价格将会使销量减少。

一般来说，变动成本在较低的产量范围内，由于原材料的利用率和生产率低，使单位变动成本增加，变动成本总额以递增的变动率增加。当产品的产量增加到一定程度以后，由于原材料利用率和生产效率的提高，单位变动成本出现下降的趋势，促使变动成本总额以递减的变动率增加。如果产品产量超过正常的生产条件时，单位变动成本又可能出现上升的趋势，变动成本总额又以递增的变动率增加。而固定成本在相关范围内虽然与产量没有直接关系，但产量增加到一定限度后，往往要增加生产能力，使固定成本呈阶梯状增加。

由此可见，随着销量的增加，销售价格呈下降的趋势，销售额呈递减的曲线状态。而产品总成本先以递增后以递减，然后以递增的方式变动，这样就产生了两个或两个以上的盈亏临界点。两个盈亏临界点之间才是盈利区域。

【例 4－6】　某企业生产一种丁产品，月最大的生产能力为 10 台，有关资料如表 4－5 所示。

表 4－5　某企业的收入、成本、利润计算表　　单位：百元

产量	收入		成本					利润
	单价	金额	固定成本	单位固定成本	单位变动成本	变动成本总额	总成本	
1	100	100	100	100	60	60	160	－60
2	98	196	100	50	65	130	230	－34
3	96	288	100	33.3	70	210	310	－22
4	92	368	100	25	67	268	368	0
5	88	440	100	20	57	285	385	55
6	84	504	100	16.6	50	300	400	104
7	80	560	100	14.3	50	350	450	110
8	76	608	100	12.5	63.5	508	608	0
9	72	648	100	11.1	67.9	611.1	711.1	－63.1
10	70	700	100	10	70	700	800	－100

为了更直观地反映销售收入、生产成本和销量之间的联系，把表 4－5 资料绘制成传统的盈亏临界图，如图 4－5 所示。

从图上可见，收入线和总成本线有两个盈亏临界点，在第一个盈亏临界点之前，企业处于亏损状态，产销量达到 4 台时，盈亏平衡超过第一个盈亏临界点后，企业的经营由亏转盈，产销量达到 7 台时盈利最多，产销量达到 8 台时又出现盈亏平衡，以后又由盈转亏。总之，传统式的盈亏临界图反映了企业生产丁产品在不同销量的各个阶段盈亏交错的全貌。

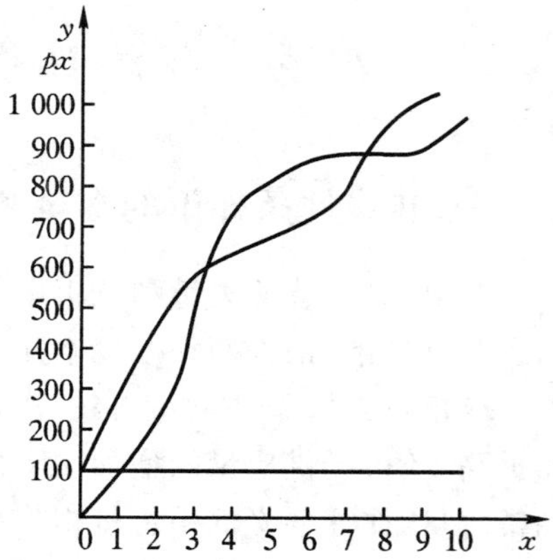

图 4-5 曲线盈亏临界图

二、不确定条件下的本量利分析

线性本量利分析是假定影响盈亏临界点的各个因素不变，但在现实的经济生活中，由于企业内部和外部条件变动的影响，产品的销售单价、数量和单位变动成本及固定成本充满了不确定因素，因而难以掌握这些不确定因素的未来变化。这就需要借助概率分析，对这些相关因素在未来不同状况下的数值及出现的可能性的大小进行概略估计。把这种运用概率对盈亏临界点的各种不确定因素进行分析的方法，叫盈亏临界点的概率分析，也叫不确定条件下的本量利分析。

不确定条件下本量利分析的基本方法：

(1)应确定预计的销售单价、单位变动成本和固定成本等因素可能出现的几种预期值以及相应的概率。

(2)根据有关因素可能出现的各种变动逐个计算各种组合情况下的“联合概率”，并以“联合概率”乘以各种组合条件下的盈亏临界点，就可以确定加权平均的盈亏临界点。

(3)将各种组合条件下加权平均的盈亏临界点加以合计，即可确定有关因素发生不确定性变动的盈亏临界点。

【例 4-7】 设某企业生产一种丁产品，根据历史资料和有关预测资料，丁产品的销售单价、单位变动成本和固定成本可能出现的几种变动的概率如表4-6所示。

表 4-6 某企业成本概率资料表 单位:元

项目	金额	概率
销售单价	10	0.8
	9.5	0.1
	9	0.1
单位变动成本	8	0.9
	7.5	0.1
固定成本	500	0.8
	600	0.2

根据以上预测资料可知，销售单价的变动有三种可能，单位变动成本的变动有两种可能，固定成本的变动有两种可能，三个因素的各种可能的变动形成 12 种组合，现在逐次计算各种

组合情况下的盈亏临界点、联合概率、加权平均盈亏临界点，如表4-7所示。

表4-7 各种组合情况下的加权平均盈亏临界点计算表 单位:元

组合	销售单价		单位变动成本		固定成本		盈亏临界点	联合概率	加权平均盈亏临界点
	金额	概率	金额	概率	金额	概率			
①	②	③	④	⑤	⑥	⑦	⑧$=\frac{⑥}{②-④}$	⑨=③×⑤×⑦	⑩=⑧×⑨
1	10	0.8	8	0.9	500	0.8	250	0.576	144
2	10	0.8	7.5	0.1	500	0.8	200	0.064	12.8
3	10	0.8	8	0.9	600	0.2	300	0.144	43.2
4	10	0.8	7.5	0.1	600	0.2	240	0.016	3.84
5	9.5	0.1	8	0.9	500	0.8	333	0.072	23.98
6	9.5	0.1	7.5	0.1	500	0.8	250	0.008	2
7	9.5	0.1	8	0.9	600	0.2	400	0.018	7.2
8	9.5	0.1	7.5	0.1	600	0.2	300	0.002	0.6
9	9	0.1	8	0.9	500	0.8	500	0.072	36
10	9	0.1	7.5	0.1	500	0.8	333	0.008	2.66
11	9	0.1	8	0.9	600	0.2	600	0.018	10.8
12	9	0.1	7.5	0.1	600	0.2	400	0.002	0.8
各种组合情况下盈亏临界点合计									287.88

通过以上分析，我们得到盈亏临界点概率分析的结果是该企业预期盈亏临界点产销量为288件，尽管这个盈亏临界点概率分析计算的工作量较大，但这个盈亏临界点把各种能预见到的可能性都考虑进去了，使其计算的结果更接近实际，有利于企业作出科学的决策。

复习思考题

1. 什么是本量利分析？什么是盈亏临界点分析？本量利分析和盈亏临界点分析有什么区别和联系？

2. 如何计算单一产品的盈亏临界点？公式法和图示法各有什么特点？

3. 多种产品的盈亏临界点的销售额的计算方法有哪些？如何具体进行计算？各类方法的特点是什么？

4. 什么是安全边际、安全边际率和盈亏临界点作业率？它们之间的关系是什么？

5. 什么是目标利润？确定目标利润有哪些方法？实现目标利润的业务量如何确定？

6. 什么是利润的敏感性分析？怎样进行利润的敏感性分析？

7. 什么是经营杠杆和经营杠杆系数？计算经营杠杆系数有什么作用？

8. 本量利分析建立在哪些基本假设之上？它有何局限性？

9. 怎样进行非线性条件下的本量利分析？

10. 在多品种经营下，销售结构对盈亏临界点的影响程度如何计算？

练习题

1. 信利公司生产某种产品，有关资料如下：单位产品售价 25 元，单位产品变动成本 15 元，全年固定成本 40 000 元，全年预计销售量 5 000 件。

要求：(1)绘制传统式和贡献式盈亏临界图。

(2)计算保本点的销售量和销售额。

(3)如要求实现利润 25 000 元，应有多少销售量(额)？

(4)计算安全边际量、安全边际额和安全边际率。

(5)计算预计销售量的销售利润率。

2. 运用盈亏临界点分析的基本原理，通过计算在下表空白栏处填上正确的数据，并写出计算过程。

产品	产品销量(件)	单位贡献毛益(元)	固定成本(元)	盈亏临界点(件)	安全边际(件)	利润(元)
A	2 500	2	5 000			
B		2.5		250	200	
C	500		1 050	150		
D		4		250	500	

3. 假定永安公司只产销一种产品。本年度单位变动成本为 10 元，变动成本总额为 140 000元，共获利润 30 000 元。如果该公司计划于下年度销售单价维持不变，变动成本率仍维持本年度的 40%的水平。

要求：(1)预测下年度的保本点销售量。

(2)如果下一年度将销售量提高 15%，则可获得多少利润？

4. 某企业只产销一种产品(单位：件)，本年度销售收入为 100 000 元，净利润为 10 000 元。下年度由于市场要求的限制，销量将减少 10%，销量降低后，该企业净利将减少 50%，如果下年度产品售价仍维持 50 元，单位变动成本与固定成本总额也维持不变。

要求：根据上述资料，预测下年度该企业的盈亏临界点的销售量。

5. 文华文化用品公司今年销售钢笔 100 000 支，每支售价 3.5 元，单位变动成本为 2.3 元，该公司全年固定成本为 60 000 元。

要求：(1)计算安全边际率和盈亏临界点率各是多少？

(2)该公司今年的利润是多少？

(3)若要求明年增加利润 20%，可以采取以下措施：

①减少单位变动成本，减少多少？

②提高售价，提高多少？

③增加销量，增加多少？

④减少固定成本，减少多少？

6.某公司计划年度预计收益表的资料如下：

销售收入	64 000
－变动成本	40 000
边际贡献总额	24 000
－固定成本	20 000
	4 000

该公司目前还有较大的剩余生产能力。

要求：(1)若计划期间广告宣传费用增加 5 000 元，销售收入将增加 10 000 元，请分析对净利有多大的影响。(变动成本率不变)

(2)若该公司计划期间改变行销方式，采用新的行销方式以后，销售收入将增加 15%，净利将增加 1/3，而固定成本将降低为 16 000 元，计算采用新的行销方式前后保本点的销售额。

(3)若计划期间由于市场需求量突增，致使该公司的销售收入增加了 25%，净利因此增加了一倍，试分析该公司的经营状况及工作业绩。(以上各问题相互独立，并在计算中保留两位小数，四舍五入)

7.某公司计划今年产销甲、乙、丙三种产品，有关资料如下表所示：

项目	甲产品	乙产品	丙产品
产销量(件)	500	1 000	1 500
销售单价(元)	600	750	1 600
变动成本率	60%	55%	65%
固定成本总额(元)	520 000		

要求：预计该公司计划期的保本销售额以及各种产品的保本销售额。

8.西安某厂生产和销售 A、B 两种产品，产品的单位售价分别为：产品 A 5 元，产品 B 2.5 元。边际贡献率分别为：A 产品 40%，B 产品 30%。全月固定成本为 72 000 元。

要求：(1)设本月各产品的预计售量分别为：A 产品 30 000 件，B 产品 40 000 件。请计算以下各项指标：

①盈亏临界点的销售量(用金额表示)。

②A、B 两种产品的盈亏临界点的销售量(用实物单位表现)。

③用金额表现的安全边际。

④本月的预计销售利润。

(2)设每月增加广告费用 9 700 元，可使产品 A 的月销售量增加到 40 000 件，而产品 B 的月销售量将减少到 32 000 件，请具体证明采取这一措施是否合算。

9.华山厂本年度计划产销甲产品 10 万件，计划利润为 10 万元，其固定成本总额为 30 万元。若该公司实际执行的结果是产销甲产品 12 万件，实现利润 12 万元；而产品的销价与成本水平均无变动。

要求：试用边际贡献与经营杠杆的基本知识，对该公司本年度的利润计划完成情况进行正确评价。

10.兴华厂今年产销甲产品10 000件，销售单价为26元，其变动成本率为70%，固定成本总额为18 000元。若该厂在计划期的甲产品售价与成本水平均无变动，但根据市场调查，兴华厂决定在计划期将甲产品销售量增长18%。

要求：预计兴华厂在计划期将实现多少利润。

11.长江公司计划生产销售甲、乙、丙三种产品，预计销售单价分别为15元、20元和32元，单位变动成本分别为9元、14元和20元，预计销售量分别为2 000件、1 100件和1 500件，固定成本总额为128 100元。

要求：(1)请计算长江公司全部产品的综合保本点的销售额。

(2)请计算长江公司各种产品的保本点的销售额和销售量。

12.西安雅迪公司计划生产销售A,B,C三种产品，预计A,B,C三种产品的销售单价分别为200元、250和100元。预计A,B,C三种产品的单位变动成本分别为172元、220元和90元。预计A,B,C三种产品的销售量分别为4 000件、6 400件和8 000件。A,B,C三种产品的固定成本总额为240 000元。

要求：(1)计算三种产品的加权平均贡献毛益率。

(2)计算三种产品的综合的盈亏临界点的销售额。

(3)计算各种产品的盈亏临界点的销售额和销售量。

第五章　经营预测分析

在社会主义市场经济条件下，企业面临的内外部环境越来越复杂，企业要在此环境下求得生存和发展，就必须把正确的决策放在首位，而预测是决策的前提和基础。预测按其范围的大小可分为宏观预测和微观预测，按其时间的长短可分为长期预测和短期预测。本章所述及的预测主要是涉及微观经营预测中的短期预测。本章在阐明经营预测的意义、特征、内容等相关知识的基础上，主要阐明销售预测分析、成本预测分析、资金需要量预测分析的基本方法。由于利润预测的相关内容在第四章中已有介绍，在本章不再阐述。

第一节　经营预测分析概述

一、经营预测分析的概念

预测是指用科学的方法预计、推断事物发展的必然性或可能性的行为，即根据过去和现在预计未来，由已知推断未知的过程。所谓的经营预测，是指企业根据现有的经济条件和掌握的历史资料以及客观事物的内在联系，对生产经营活动的未来发展趋势和状况进行的预计和测算。管理会计中的预测分析，是指运用专门的方法进行经营预测的过程。

二、经营预测分析的特点

(一)科学性

科学性是指经营预测不是随意的猜想，而是根据事物发展变化的客观规律，对未来事物发展变化趋势的科学判断。例如，人们可以通过对市场规律的认识，运用科学的方法对某种产品的市场占有率进行预测。

(二)系统性

系统性是把预测对象看做一个系统，以系统管理指导预测活动。从系统论的观点来看，经营预测不是孤立的，不能封闭起来，它必须同其他预测系统密切结合，相辅相成，彼此交流信息。例如，可以把市场行情作为预测对象进行系统分析。

(三)服务性

服务性是指经营预测本身不是目的，它是为经营决策服务的。企业的经营预测和经营决策是企业经营活动中两个既有区别又有联系的阶段。从总体上看，经营预测是经营决策过程中的一个重要组成部分。

(四)近似性

近似性是指经营预测的结果与未来实际的结果会有误差。由于未来的情况并不是过去和现在的简单重复,各种影响企业生产经营的因素和外部环境是错综复杂的,而且是不断变化的。所以,经营预测的结果会在一定程度上与将来发生的实际情况有些偏差。

(五)局限性

企业经营预测是人们对事物的未来发展作出的科学判断。人们对未来的经营预测,往往受到经验、知识、时间、条件、认识工具等多方面的限制,经营误差在所难免,这使得经营预测的应用范围和预测深度受到程度不同的影响。

三、经营预测分析的原则

(一)延续性原则(也称连续性原则)

它是指企业经营活动过程中,过去和现在的某种发展规律将会延续下去,并假设决定过去和现在发展的条件,同样适用于未来。预测分析根据这条原则,就可以把未来视作历史的延伸进行推测。以后提到的趋势分析法,就是基于这条原则而建立的。

(二)相关性原则

它是指企业在经营活动过程中一些经济变量之间存在着相互依存、相互制约的关系。预测分析根据这条原则,就可以利用对某些经济变量的分析研究来推测受它们影响的另一个(或另一些)经济变量发展的规律性。以后提到的因果预测分析法就是基于这条原则而建立的。

(三)类推性原则

根据客观事物之间存在着某些类似性,这种类似性具体表现在事物之间结构、模式、性质、发展趋势等方面的接近。因此,人们可以根据已知事物的某种类似的结构和发展模式,通过类推的方法对事物将来的发展前景作出预测。

(四)统计规律性原则

它是指企业在经营活动过程中对于某个经济变量所作出的一次观测结果,往往是随机的,但多次观测的结果,却会出现具有某种统计规律性的情况。预测分析根据这条原则,就可以利用概率分析及数理统计的方法进行推测。以后提到的回归分析法就是基于这条原则而建立的。

(五)定量分析法和定性分析法相结合的原则

在经营预测分析中,只有把定量分析法和定性分析法相结合,才能取得良好的预测效果。

(六)可控制性原则

可控制性原则是指企业对所预测的客观社会经济事件的未来发展趋向和进程,在一定程度上是可以控制的。当人们认识了客观事物的发展规律以后,就可以创造条件,使预测对象在企业自觉控制下朝着所希望的方向发展。利用可控制性原则,就是要利用可控制性因素,研究不可控因素,尽量避免不可控因素对预测目标可能产生的干扰。以随机现象为研究对象的数理统计方法在经营预测中的应用就是可控制性原则的体现。

四、经营预测分析的步骤

(一)确定预测目标

预测必须首先搞清对什么进行预测，将达到什么目的。这需要根据企业经营的总体目标来设计和选择，既不能盲目随意确定，又不应追求面面俱到，不突出重点。在预测目标确定的同时，还应根据预测的具体对象和内容确定预测的期限和范围。

(二)收集和整理资料

预测目标确定后，应着手搜集有关经济的、技术的、市场的计划资料和实际资料。在占有大量资料的基础上，按照一定方法对资料进行加工、整理、归纳，尽量从中发现与预测对象有关的各因素之间的相互依存关系。

(三)选择预测方法

对不同的预测对象和内容，应采用不同的预测方法，不能一成不变。对于那些可以建立数量模型的预测对象，应反复筛选比较，以确定最恰当的定量预测方法；对于那些缺乏定量资料无法开展定量分析的预测对象，应当结合以往经验选择最佳的定性预测方法。

(四)分析判断

根据预测模型及掌握的未来信息，进行分析判断，揭示事物的变化趋势，并预测其发展结果。

(五)检查验证

通过检查前期预测结论是否符合当前实际，分析产生差异的原因，来验证预测方法是否科学有效，以便在本期预测过程中及时加以改正。

(六)修正预测值

那些根据数学模型计算出来的预测值可能没有将非计量因素考虑进去，这就需要结合定性分析的结论对其进行修正和补充，使其更接近实际。

(七)报告预测结论

最终要以一定形式通过一定程序将修正过的预测结论向企业的有关领导报告。

五、经营预测分析的方法

(一)定量分析法

定量分析法，又称数量分析法，是指在完整掌握与预测对象有关的各种要素定量资料的基础上，运用现代数学方法进行数据处理，据以建立能够反映有关变量之间规律性联系的各类预测模型的方法体系。它可分为趋势外推分析法和因果预测分析法两类方法。

1. 趋势外推分析法

趋势外推分析法是指将时间作为制约预测对象变化的自变量，把未来作为历史的自然延续，属于按事物自身发展趋势进行预测的一类动态预测方法。

这类方法的基本原理是：企业过去和现在存在的某种发展趋势将会延续下去，而且过去和现在发展的条件同样适用于未来，可以将未来视为历史的自然延续。因此，该法又称“时间序列分析法”。属于这种方法的有:算术平均法、移动平均法、趋势平均法、加权平均法、平滑指数法和修正的时间序列回归分析法等。

2. 因果预测分析法

因果预测分析法是指根据变量之间存在的因果函数关系,按预测因素(即非时间自变量)的未来变动趋势来推测预测对象(即因变量)未来水平的一类相关预测方法。

这类方法的基本原理是:预测对象受到许多因素的影响,它们之间存在着复杂的关系,通过对这些变量内在规律性的研究可建立一定的数学模型,在已知自变量的条件下,可利用模型直接推测预测对象的水平。属于这类方法的有:本量利分析法、投入产出法、回归分析法和经济计量法等。

(二)定性分析法

定性分析法又称非数量分析法,是指由有关方面的专业人员根据个人经验和知识,结合预测对象的特点进行综合分析,对事物的未来状况和发展趋势作出推测的一类预测方法。它一般不需要进行复杂的定量分析,适用于缺乏完备的历史资料或有关变量间缺乏明显的数量关系等条件下的预测。

此法的特点是:计算量较少,主要根据人们积累的实际经验和掌握的科学知识进行判断,因此西方国家常常称该法为判断分析法或集合意见法。

(三)两类方法的关系

定性分析法与定量分析法在实际应用中并非相互排斥,而是相互补充,相辅相成。定量分析法虽然较精确,但许多非计量因素无法考虑。例如,国家的方针政策以及政治经济形势的变动,消费者心理以及习惯的改变,投资者的意向以及职工情绪的变动,等等。这些因素都是定量分析法无法量化的因素。而定性分析法虽然可以将这些非计量因素考虑进去,但估计的准确性在很大程度上受预测人员的经验和素质的影响,这不免使预测结论因人而异,带有一定的主观随意性。因此实际工作中常常将二者结合应用,相互取长补短,以提高预测分析的准确性和预测结论的可信性。

六、经营预测分析的基本内容

(一)销售预测

广义的销售预测包括两个方面:一是市场调查;二是销售量预测。狭义的销售预测则专指后者。市场调查是指通过了解与特定产品有关的供销环境和各类市场的情况,作出该产品有无现实市场或潜在市场以及市场大小的结论的过程。它是销售量预测的基础。销售量预测又叫产品需求量预测,是指根据市场调查所得到的有关资料,通过对有关因素的分析研究,预计和测算特定产品在未来一定时期内的市场销售量水平及变化趋势,进而预测本企业产品未来销售量的过程。

(二)利润预测

利润预测是指在销售预测的基础上,根据企业未来发展目标和其他相关资料,预计、推测或估算未来应当达到和可望实现的利润水平及其变动趋势的过程。

(三)成本预测

成本预测是指根据企业未来发展目标和有关资料,运用专门方法推测与估算未来成本水平及发展趋势的过程。成本预测包括多项内容，如全部成本预测和单项成本预测；设计成本预测和生产成本预测；目标成本预测、成本变动趋势预测以及决策成本预测。本章主要介绍目标成本预测和成本变动趋势预测。

(四)资金预测

资金预测是指在销售预测、利润预测和成本预测的基础上，根据企业未来经营发展目标并考虑影响资金的各项因素，运用一定方法预计、推测企业未来一定时期内或一定项目所需要的资金数额、来源渠道、运用方向及其效果的过程。资金需要量预测的内容很多，本章只介绍追加资金需用量的预测。

第二节　销售预测分析

一、销售预测的意义

销售预测是在对市场进行充分调查的基础上，根据市场供需情况的发展趋势，以及本企业的销售单价、促销活动、产品改进、分销途径等方面的计划安排，借助历史销售资料，对未来一定期间内企业有关产品的销售数量或销售额及其销售的变化趋势作出的预计或推测。销售预测的意义主要有以下几个方面：第一，销售预测是从事生产经营活动的基点。企业管理者只有在充分了解市场需求和销售变动的客观规律的基础上，才能正确地组织和安排未来时期的生产经营活动。第二，销售预测是开展经营预测的前提，只有在认真做好销售预测的前提下，才能正确地开展利润预测、成本预测和资金需要量的预测。第三，销售预测是制订经营决策的依据。通过销售预测，可以随时掌握企业生产经营的内外部环境的变化，能使企业管理者科学地进行各项经营决策。

二、趋势预测分析法

趋势预测分析法是应用事物发展的延续性原理来预测事物发展的趋势。该方法把本企业的销售历史资料按时间的顺序排列下来，然后运用数理统计的方法来预计、推测计划期的销售数量或销售金额。这种方法也称为“时间序列预测分析法”。这种方法的优点是收集信息方便、迅速；缺点是对市场供需情况的变动趋势未加考虑。趋势预测分析法根据所采用的具体数学方法的不同，又可分为：算术平均法、移动加权平均法、指数平滑法、回归分析法和二次曲线法等。

(一)算术平均法

该法又称为简单平均法，它是直接将若干时期实际销售业务量的算术平均值作为销售量预测值的一种预测方法。这种方法的原理是一视同仁地看待 n 期内的各期销售量对未来预测销售量的影响。其计算公式为：

$$\text{预测销售量}=\frac{\text{已知时间序列各期销售业务量之和}}{\text{时间序列期数}} \tag{5-1}$$

【例 5-1】　西安前进厂生产一种甲产品，2012 年 1—12 月份的销售资料如表 5-1 所示。要求按算术平均法预测 2013 年 1 月份的销售量。

表 5-1 销售资料 单位:吨

月份	1	2	3	4	5	6	7	8	9	10	11	12
销售数量	50	46	52	58	48	56	60	54	50	58	64	66

解:根据上述公式 5-1 计算得

2013 年 1 月份的销售量

=(50+46+52+58+48+56+60+54+50+58+64+66)÷12

=662÷12=55.17(吨)

故:按算术平均法计算的 2013 年 1 月份的预测销售量约为 55.17 吨。

这种方法的优点是计算过程简单,缺点是没有考虑远近期销售业务量的变动对预测期销售状况的不同影响程度,从而使不同时期资料的差异简单平均化。所以该法只适合于各期销售业务量比较稳定、没有季节性变动的食品和日常用品等的预测。

(二)移动平均法

移动平均法是指在掌握 n 期销售量的基础上,按照事先确定的期数(记作 m,$m<\frac{n}{2}$)逐期分段计算 m 期算术平均数,并以最后一个 m 期平均数作为未来 $n+1$ 期预测销售量的一种方法。所谓"移动"是指预测值随着时间的不断推移,计算的平均值也在不断向后顺延。此法假定预测值主要受最近 m 期销售业务量的影响,此法的计算公式是:

$$\text{预测销售量}(\bar{Q})=\text{最后 } m \text{ 期算术平均销售量}=\frac{\text{最后移动期销售业务量之和}}{m\text{ 期}}=\frac{Q_{n-m+1}+Q_{n-m+2}+\cdots+Q_{n-1}+Q_n}{m} \quad (5-2)$$

但有人认为这样计算的平均值只反映预测期前一期的销售水平,还应在此基础上,按趋势值进行修正。趋势值 b 的计算公式为:

$$\text{趋势值 } b=\text{最后移动期的平均值}-\text{上一个移动期的平均值} \quad (5-3)$$

修正的移动平均法按以下公式进行预测:

$$\text{预计期销售业务量}(\bar{Q})=\text{最后 } m \text{ 期算术平均销售量}+\text{趋势值 } b \quad (5-4)$$

【例 5-2】 仍按表 5-1 所示的资料,要求用移动平均法和修正的移动平均法预测 2013 年 1 月份的销售量(假定 $m=5$)。

解:(1)用移动平均法预测 2013 年 1 月份的销售量。

依公式 5-2,利用最后 5 期的销售量资料得

$$2013\text{ 年 1 月份的销售量}=\frac{54+50+58+64+66}{5}=58.4(\text{吨})$$

故:2013 年 1 月份预测销售量为 58.4 吨。

(2)用修正的移动平均法预测 2013 年 1 月份的销售量。

$$\text{因为:上一个移动期的平均值}=\frac{60+54+50+58+64}{5}=57.2(\text{吨})$$

则:$b=58.4-57.2=1.2$

故:2013 年 1 月份的销售量=58.4+1.2=59.6(吨)

移动平均法虽然能够克服算术平均法忽视远近期销售量对预测量影响程度不同的缺点，有助于消除远期偶然因素的不规则影响，但如果只考虑 n 期数据中的最后 m 期资料，该法就仍存在缺乏代表性的弱点。此法只适合于销售量略有波动的产品预测。

(三)趋势平均法

趋势平均法是指在按移动平均法计算 n 期时间序列移动平均值的基础上，进一步计算趋势值的移动平均值，进而利用特定基期销售量移动平均值和趋势值移动平均值来预测未来销售量的一种方法。有关公式是：

$$预测销售量(\overline{Q})=\frac{基期销售量}{移动平均值}+\frac{基期趋势值}{移动平均值}\times\frac{基期与预测期}{的时间间隔} \tag{5-5}$$

$$任意一期的趋势值=该期销售量移动平均值-上期销售量移动平均值 \tag{5-6}$$

$$基期趋势值移动平均值=\frac{最后一个移动期趋势值之和}{趋势值移动时期数} \tag{5-7}$$

$$基期与预测期的时间间隔=\frac{销售量移动时期数\ m+趋势值移动时期\ s}{2} \tag{5-8}$$

$$基期的序数值=时间序列期数\ n-\frac{销售量移动时期数\ m+趋势值移动时期数\ s-2}{2} \tag{5-9}$$

销售量移动时期数 m 和趋势值移动时期数 s 均为奇数。

【例 5-3】　仍按表 5-1 所示的资料，要求用趋势平均法预测 2013 年 1 月份的销售量(假定销售量的移动期 m 为 5，趋势平均值 s 移动期为 3，时间序列期数 n 为 5)。

解：依题意计算各期销售量移动平均值、趋势值和趋势值移动平均值，其结果如表 5-2 所示。

表 5-2　趋势平均法计算表

时间 t	销售量观测值 Q_t(吨)	5 期移动平均值 $\overline{Q}_t$(吨)	变动趋势值 b_t	趋势值 3 期移动平均数 $\overline{b}_t$
1	50			
2	46			
3	52	50.8		
4	58	52	+1.2	
5	48	54.8	+2.8	1.47
6	56	55.2	+0.4	0.53
7	60	53.6	−1.6	0.27
8	54	55.6	+2.0	0.67
9	50	57.2	+1.6	1.6
10	58	58.4	+1.2	
11	64			
12	66			

(1)基期的序数值 $=$ 时间序列期数 $n-\dfrac{销售量移动时期数\ m+趋势值移动时期数\ s-2}{2}$

$$=12-\frac{5+3-2}{2}=9$$

(2)因为基期为第 9 期，所以基期销售量移动平均值=57.2

(3)基期趋势值移动平均值=1.6

(4)基期与预测期的时间间隔$=\frac{5+3}{2}=4$

(5)2013 年 1 月的预测销售量=57.2+1.6×4=63.6(吨)

故 2013 年 1 月的预测销售量约为 63.6 吨。

趋势平均法的优点在于既考虑了销售量的移动平均数，又考虑了趋势值的移动平均数；其缺点是过于复杂。

(四)加权平均法

加权平均法是指在掌握全部 n 期资料的基础上，按近大远小的原则确定各期权数，并据以计算加权平均销量的方法。

公式为：

$$\text{预测销售量}(\bar{Q})=\frac{\sum \text{某期销售量}\times\text{该期权数}}{\text{各期权数之和}}=\frac{\sum (Q_t\cdot W_t)}{\sum W_t} \tag{5-10}$$

公式 5-10 中，权数 W_t 必须满足以下条件：$W_{t+1}>W_t(t=1,2,3,\cdots,n-1)$。

权数的确定可以按以下两种方法计算：

(1)自然权数法。该法要求按自然数 $1,2,\cdots,n$ 的顺序确定权数，即令 $W_1=1,W_2=2,\cdots,W_n=n$。则 5-10 式可改写为：

$$\text{预测销售量}(\bar{Q})=\frac{\sum \text{某期销售量}\times\text{该期权数}}{\frac{(1+\text{期数})\times\text{期数}}{2}}=\frac{\sum (Q_t\cdot W_t)}{\frac{(1+n)n}{2}} \tag{5-11}$$

(2)饱和权数法。该法要求各期权数之和为 1，即令 $\sum W_t=1$。

显然，$0<W_t<1$。

当 $n=3$ 时，可令 $W_1=0.2,W_2=0.3,W_3=0.5$ 或令 $W_1=0.1,W_2=0.3,W_3=0.6$；当 $n=5$ 时，可令 $W_1=0.04,W_2=0.08,W_3=0.13,W_4=0.25,W_5=0.5$；依次类推。按此法公式 5-10 可写为：

$$\text{预测销售量}(\bar{Q})=\sum(\text{某期销售量}\times\text{该期权数})=\sum(Q_t\cdot W_t) \tag{5-12}$$

加权平均法既可以利用 n 期全部历史数据，又充分考虑了远近期间对未来的不同影响。其缺点就是不能按统一的方法确定各期的权数值。因而也有人主张只按最后 m 期的数据计算加权平均预测销售量。按后一种形式计算加权平均值的方法叫做移动加权平均法。从理论上看,移动加权平均法与加权平均法除了在选用资料的时期长短不同外,没有本质的区别。

【例5-4】 仍以表5-1所示的资料为基础,要求:①用自然权数加权平均法预测2013年1月份的销售量;②利用最后3期销售量按饱和权数加权平均法预测2013年1月份的销售量。

解:(1)按自然权数加权平均法求解。

因为:$\sum(Q_t \cdot W_t)=50\times1+46\times2+52\times3+58\times4+48\times5+56\times6+60\times7+54\times8+50\times9+58\times10+64\times11+66\times12=4\ 484$

又因为:$\frac{(1+n)\cdot n}{2}=\frac{(1+12)\times12}{2}=78$

故:2013年1月份预测销售量$=\frac{4\ 484}{78}=57.49$(吨)

(2)按饱和权数加权平均法求解。

$m=3$时,可令$W_1=0.2, W_2=0.3, W_3=0.5$

2013年1月份预测销售量$=58\times0.2+64\times0.3+66\times0.5$

$=11.6+19.2+33=63.8$(吨)

(五)平滑指数法

平滑指数法是指在综合考虑有关前期预测销售量和实际销售量信息的基础上,利用事先确定的平滑指数预测未来销售量的一种方法。其计算公式是:

$$\text{预测销售量}(\bar{Q}_t)=\text{平滑指数}\times\text{前期实际销售量}+(1-\text{平滑指数})\times\text{前期预测销售量}$$
$$=\alpha\cdot Q_{t-1}+(1-\alpha)\cdot\bar{Q}_{t-1} \tag{5-13}$$

α表示平滑指数,这是一个经验数据,其取值范围通常在0.3~0.7之间。

平滑指数具有修匀实际数所包含的偶然因素对预测值的影响作用,平滑指数取值越大,则近期实际数对预测结果的影响就越大,平滑指数越小,则近期实际数对预测结果的影响就越小。因此,进行近期预测或销量波动较大时的预测,应采用较大的平滑指数;进行长期预测或销量波动较小时的预测,可采用较小的平滑指数。

【例5-5】 已知2012年前进厂生产一种甲产品,2012年全年的销售资料如表5-1所示。现在假定2012年1月份的预测销售量为48吨,表5-1中1月份的实际销售量是50吨。如果$\alpha=0.3$,请用平滑指数法预测2013年1月份的销售量为多少。

解:依题意按公式5-13列表计算,如表5-3所示。

表5-3　平滑指数法预测表　　单位:吨

2012年月份	前期实际销售量Q_t	$0.3\times Q_{t-1}$	$(1-0.3)\bar{Q}_{t-1}$	前期预测销售量$\bar{Q}_t$
1	50	—	—	48
2	46	15	33.6	48.6
3	52	13.8	34.02	47.82
4	58	15.6	33.47	49.07
5	48	17.4	34.35	51.75
6	56	14.4	36.23	50.63

续表 5－3

2012年月份	前期实际销售量 Q_t	$0.3\times Q_{t-1}$	$(1-0.3)\overline{Q}_{t-1}$	前期预测销售量 $\overline{Q}_t$
7	60	16.8	35.44	52.24
8	54	18	36.57	54.57
9	50	16.2	38.20	54.40
10	58	15	38.08	53.08
11	64	17.4	37.16	54.56
12	66	19.2	38.19	57.39
2013年1月	—	19.8	40.17	59.97

表5－3的计算结果表明，在平滑指数法下，前进厂2013年1月份的销售量预测值应为59.97吨。

从平滑指数法的预测公式和实例可以看出，该法的实质是在已知前期预测销售量和实际销售量的基础上，分别以平滑指数和(1－平滑指数)为权数的一种特殊加权平均法。该法比较灵活，适用范围较广；但在选择平滑指数时，存在一定的随意性。

(六)直线趋势法

直线趋势法是根据过去若干期间销售量的实际资料，确定可以反映销售量增减变动趋势的一条直线(直线方程为 $y=a+bx$)，并将此直线加以延伸，进而求出某产品销售量预测值的一种销售量预测方法。

根据直线趋势方程 $y=a+bx$，利用最小平方法，可求得标准方程组

$$\begin{cases}\sum y = na + b\sum x \\ \sum xy = a\sum x + b\sum x^2\end{cases}$$

根据以上标准方程组，可确定直线趋势方程中 a 和 b 的值，其中：

$$a = \frac{\sum y - b\sum x}{n} \tag{5-14}$$

$$b = \frac{n\sum xy - \sum x\sum y}{n\sum x^2 - (\sum x)^2} \tag{5-15}$$

现举例说明直线趋势法的具体应用。

【例5－6】 西安怡康公司产销甲产品，2006—2012年的实际销售量如表5－4所示，现要求用直线趋势法预测甲产品2013年的销售量。

表5－4 怡康公司2006—2012年的实际销售量资料 单位：万元

年度(年)	2006	2007	2008	2009	2010	2011	2012
实际销售量(万元)	28	34	36	42	50	52	56

解：首先，按直线趋势法的基本要求，对以上有关资料进行加工，其结果如表5－5所示。

表 5 - 5　直线趋势法相关数据计算表

年度	x	y	xy	x^2
2006	1	28	28	1
2007	2	34	68	4
2008	3	36	108	9
2009	4	42	168	16
2010	5	50	250	25
2011	6	52	312	36
2012	7	56	392	49
$n=7$	$\sum x=28$	$\sum y=298$	$\sum xy=1\ 326$	$\sum x^2=140$

其次，将表中的有关数据引入 a,b 的计算公式，则：

$$b=\frac{7\times 1\ 326-28\times 298}{7\times 140-28\times 28}=4.8$$

$$a=\frac{298-4.8\times 28}{7}=23.4$$

据此，可求得本例中直线趋势方程 $y=23.4+4.8x$

最后，按上述方程计算甲产品 2013 年的销售量预测值，其结果为：

$y=23.4+4.8\times 8=61.8$(万元)

在实际工作中，为简化计算，可将前述标准方程组中的公共项 $\sum x$ 加以适当处理，即令 $\sum x=0$；并将 $x=0$ 置于资料期正中间，取资料期的期间间隔为 1(若资料期为偶数，则期间间隔应为 2)。另将正中间期以前的各期依次作为 -1，-2，…；以后的各期依次作为 1，2，…，这样，a,b 值的计算公式可以简化为：

$$a=\frac{\sum y}{n} \tag{5-16}$$

$$b=\frac{\sum xy}{\sum x^2} \tag{5-17}$$

现仍按表 5 - 4 中的有关数据，具体说明简化方法的应用。

按简化方法的要求，对已知有关数据进行加工，其结果如表 5 - 6 所示。

将表 5 - 6 中的有关数据引入简化公式，其结果为：

$$a=\frac{298}{7}=42.6$$

$$b=\frac{134}{28}=4.8$$

$$y=42.6+4.8x$$

按简化后所求得的直线趋势方程，计算甲产品 2013 年的销售量预测值为：

$y=42.6+4.8\times 4=61.8$(万元)

表 5-6 简化法应用中相关数据计算表

n	y	x	x^2	xy
1	28	−3	9	−84
2	34	−2	4	−68
3	36	−1	1	−36
4	42	0	0	0
5	50	1	1	50
6	52	2	4	104
7	56	3	9	168
$n=7$	$\sum y=298$	$\sum x=0$	$\sum x^2=28$	$\sum xy=134$

三、因果预测分析法

因果预测分析法是根据过去掌握的历史资料，找出预测对象的变量与其相关事物的变量之间的依存关系，来建立相应的因果预测的数学模型。然后通过对数学模型的求解来确定预测对象在计划期的销售量或销售额。

因果预测最常用的方法是“最小平方法”，或称“回归分析法”。由于在现实的市场条件下，企业产品的销售量往往与某些变量因素（例如，人口、相关工业品的销售量）之间存在着一定的函数关系。如果我们利用这种关系，选择最恰当的相关因素建立起预测销售量或销售额的数学模型，往往会比采用趋势预测分析法获得更为理想的预测结果。

“最小平方法”的具体做法是：设 x 为影响预测对象的相关因素的销售量（或销售额），即自变量；y 为预测的销售量（或销售额），即因变量；收集本企业近年来有关因变量的历史资料，以及相关工业品有关自变量的相应统计数据。

根据直线方程式 $y=a+bx$，按照数学上最小平方法的原理来确定一条能正确反映自变量 x 与因变量 y 之间具有误差平方和最小的直线（即回归线）。它的常数项 a 与系数 b 的值可按下列公式计算：

$$a=\frac{\sum y-b\sum x}{n}$$

$$b=\frac{n\sum xy-\sum x\sum y}{n\sum x^2-(\sum x)^2}$$

a 与 b 的值求得后，结合计划期自变量（x）的预计销售量（或销售额）的信息，代入计划期 $y=a+bx$ 的公式，即可求得预测对象（y）的预计销售量或销售额。

【例 5-7】 假定咸阳双阳轮胎厂专门为马自达汽车生产轮胎，而决定轮胎销售量的主要因素是马自达汽车的销售量。假设中国汽车工业联合会最近五年关于马自达汽车的实际销售量的统计资料和双阳轮胎厂五年轮胎的实际销售资料如表 5-7 所示。

假定计划期 2013 年马自达汽车销售量根据汽车工业联合会的预测为 13 万辆，双阳轮胎厂的市场占有率为 35%。要求：采用最小平方法为双阳轮胎厂预测 2013 年的轮胎销售量。

表 5－7　2008—2012 年实际销售量统计资料

年度(年)	2008	2009	2010	2011	2012
汽车销售量(万辆)	5	6	8	9	10
轮胎销售量(万只)	32	39	40	53	60

解:(1)在 $y=a+bx$ 的公式中,设 y 代表轮胎销售量,x 代表马自达汽车的销售量,a 代表原来社会上拥有的马自达汽车对该型号轮胎的每年需要量,b 代表每销售万辆马自达汽车对轮胎的需要量。

(2)根据给定的资料进行加工计算,并编制计算表,如表 5－8 所示。

表 5－8　最小平方法相关数据计算表

年度(年)	汽车销售量 x(万辆)	轮胎销售量 y(万只)	xy	x^2
2008	5	32	160	25
2009	6	39	234	36
2010	8	40	320	64
2011	9	53	477	81
2012	10	60	600	100
$n=5$	$\sum x=38$	$\sum y=224$	$\sum xy=1\ 791$	$\sum x^2=306$

(3)根据表 5－8 最后一行数字,代入最小平方法中计算 b 与 a 的值的公式:

$$b=\frac{n\sum xy-\sum x\sum y}{n\sum x^2-(\sum x)^2}=\frac{5\times 1\ 791-38\times 224}{5\times 306-38\times 38}=5.15$$

$$a=\frac{\sum y-b\sum x}{n}=\frac{224-5.15\times 38}{5}=5.66$$

(4)根据以上计算出来的 a 与 b 的值代入计划期 $y=a+bx$ 的公式进行预测:

2013 年马自达轮胎的市场预计销售量 $y=a+bx=5.66+5.15\times 13=72.61$(万只)

2013 年双阳轮胎厂预计销售量$=72.61\times 35\%=25.413\ 5$(万只)

四、判断分析法

判断分析法是通过一些具有丰富经验的经营管理人员或知识渊博的外界经济专家对企业一定期间特定产品的销售业务量情况作出判断和预计的一种方法。此法一般适用于不具备完整可靠的历史资料,无法进行定量分析的企业。判断分析法具体又包括以下三种方法:

(一)销售员判断法

此法又称意见汇集法,是由企业的销售人员根据他们的调查,将各个顾客或各类顾客对特定预测对象的销售预测值填入卡片或表格,然后由销售部门经理对此进行综合分析以完成预测销售任务的一种方法。此法的原理是:基层销售人员最熟悉市场,能直接倾听顾客的意见,因而能够提供直接反映顾客要求的信息。

采用此法进行销售预测所需的时间短、费用低、比较实用。但这种方法是建立在假定销售人员都能够向企业反映真实情况的基础上，而销售人员素质各异，他们对形势的估计有可能过于乐观或悲观，从而干扰预测结论。如果企业在销售量方面对其规定定额，则他们就会有意地低估预测值，为自己留有充分的余地；若企业按预测销售业务量核拨业务经费，则销售员就有可能有意高估预测值。另外也可能因为顾客对预测对象不了解或销售员介绍的资料不够详细，而使得所汇报的意见过于分散。为避免这种情况的出现，应采取以下措施：

第一，把企业过去的预测与实际销售量资料、企业的未来规划以及未来的社会经济发展趋势的信息都提供给各销售人员，供他们参考。

第二，组织多人对同一产品或市场进行预测判断，再将这些数据加以平均处理，以消除人为的偏差。关于具体的平均方法已在趋势外推法中作过介绍。

（二）综合判断法

此法是由企业召集有关经营管理人员，特别是那些最熟悉销售业务的销售主管人员，以及各地经销商负责人集中开会，由他们在会上根据多年的实践经验和判断能力对特定产品未来销售量进行判断和预测的一种方法。这种方法能够集思广益，博采众长，快捷、实用，但预测结果也会受到有关人员主观判断能力的影响。因此，应用此法时，应事前向预测人员提供近期有关政治、经济形势以及市场情况的资料，并在他们各自预测的基础上进行讨论、分析、综合平衡，最终作出结论。

（三）专家判断法

此法是由见识广博、知识丰富的经济专家根据他们多年的实践经验和判断能力对特定产品的未来销售量进行判断和预测的一种方法。这里的“专家”是指本企业或同行企业的高级领导人、销售部门经理以及其他外界专家等，但不包括销售员和顾客。具体有以下三种形式：

第一种形式，专家个人意见集合法。这种方法首先向各个专家征求意见，要求他们对本企业产品销售的未来趋势和当前的状况作出独立的个人判断，然后再对此加以综合，确定预测值。采用这种方法可以集中各方面专家从不同角度反映的意见，故比销售员判断法更准确；但由于每个专家占有的资料有限，因此也不可避免地带有片面性。

第二种形式，专家小组法。专家小组法是由若干个专家组成几个预测小组，分别以小组为单位判断预测，再进行综合论证的一种方法。此法能够在预测过程中发挥集体智慧、相互启发，在一定程度上可弥补上述方法的片面性，但小组的预测结论常常会受到一两个权威人士意见的左右。

第三种形式，特尔菲法。这种方法的做法是，通过函询方式向若干经济专家分别征求意见，各专家在互不通气的情况下，根据自己的观点和方法进行预测，然后企业将各专家的判断汇集在一起，并采用不记名的方式反馈给各位专家，请他们参考别人意见修正本人原来的判断，如此反复数次，最终确定预测的结果。

【例 5－8】 西安荣达公司准备开发一种新产品，由于该新产品没有销售记录，公司特聘请 5 位专家采用特尔菲法预测其一定时期内的销售量。经过这些专家连续三次预测，对该产品最乐观、最悲观和最有可能三种情况的销售量水平作出估计。预测所取得的数据如表 5－9 所示。

表 5－9　特尔菲法专家意见汇总表　　单位：件

专家编号	第一次判断情况			第二次判断情况			第三次判断情况		
	最高	最可能	最低	最高	最可能	最低	最高	最可能	最低
1	2 300	2 000	1 500	2 300	2 000	1 700	2 300	2 000	1 600
2	1 500	1 400	900	1 800	1 500	1 100	1 800	1 500	1 300
3	2 100	1 700	1 300	2 100	1 900	1 500	2 100	1 900	1 490
4	3 500	2 300	2 000	3 500	2 000	1 700	3 000	1 700	1 490
5	1 200	900	700	1 500	1 300	900	1 700	1 500	1 095
平均值	2 120	1 660	1 280	2 240	1 740	1 380	2 180	1 720	1 395

该公司在最后一次预测销售量的基础上，按算术平均法预测该新产品未来销售量为 1 765 件，计算公式如下：

$$按算术平均法预测该新产品的未来销售量=\frac{2\ 180+1\ 720+1\ 395}{3}=1\ 765(件)$$

第三节　成本预测分析

一、成本预测的意义和基本要求

成本预测是根据企业现有的经济、技术条件和今后的发展前景，通过对影响成本变动的有关因素的分析、测算，科学规划企业未来一定期间内的成本水平和成本目标。成本预测的意义主要有以下几个方面：第一，成本预测有利于加强事前管理，通过成本预测，将成本管理纳入事前管理的轨道，可取得成本控制和成本管理的主动权。第二，成本预测有利于加强目标管理，通过成本预测，可以把握成本的历史、现状和将来的发展趋势，确定成本变动同产量（业务量）之间的相互关系，为做好企业整个的目标管理工作奠定坚实的基础。第三，成本预测有利于加强成本控制，通过成本预测获得的相关信息为成本控制和成本管理提供科学的依据。第四，成本预测有利于进行科学的经营决策。

成本预测的重要性要求成本预测工作必须遵循以下四项基本要求：第一，成本预测必须同增强企业素质，提高经济效益相结合。第二，成本预测必须同加强企业管理，提高经营管理水平相结合。第三，成本预测必须符合社会需要，力求做到企业经济效益和社会宏观效益的统一。第四，成本预测必须广泛搜集资料，科学加工数据。

二、成本预测的高低点法和加权平均法

（一）高低点法

该法是选用一定时期历史资料中最高产量和最低产量的产品总成本之差（Δy），与两者产量之差（Δx）进行对比，先求出单位变动成本（b）的值，然后再求出固定成本（a）的值，并据以推算出在计划期一定产量条件下的总成本与单位成本。高低点法是一种简便易行的预测方法。若企业产品成本的变动趋势比较稳定，采用此法比较适宜。如果企业产品的各期成本变动幅

度较大，采用该法则会造成较大的误差。由于高低点法比较简单，在本书第二章第三节的混合成本分解中已作过详细的阐述，故在这里不再举例赘述。

(二)加权平均法

该法是根据过去若干时期的单位变动成本和固定成本总额的历史资料，按其距计划期的远近分别进行加权的方法。由于距计划期愈近，对计划期的影响越大，故所加权数应大些；反之，距计划期越远，对计划期的影响越小，故所加权数应小些。另外，为了计算简便，加权时可令 $\sum W = 1$，情况与销售预测相同。其计算公式如下：

因为 $y = a + bx$

所以计划期产品总成本的预测值$(y_p) = \sum a_i W_i + \sum b_i W_i \cdot x_p$

计划期产品单位成本的预测值 $= y_p / x_p$

加权平均法一般适用于企业的历史成本资料具有详细的 a 和 b 的数据。否则，就只能采用上述的高低点法，或下面即将介绍的回归分析法。

【例 5-9】 西安秦华机床厂只产销一种甲产品，其最近五年的产量及历史成本数据，如表 5-10 所示。

表 5-10 2008—2012 年产量与成本数据资料

年度(年)	产量(x)(台)	单位变动成本(b)(元)	固定成本总额(a)(元)
2008	30	900	6 000
2009	120	450	7 800
2010	90	675	8 100
2011	60	825	7 200
2012	150	600	9 000

要求用加权平均法预测 2013 年甲产品 180 台的总成本和单位成本。加权时令 $\sum W = 1$ $(W_1 = 0.05; W_2 = 0.10; W_3 = 0.20; W_4 = 0.30; W_5 = 0.35)$。

解：根据给定的资料代入上述公式：

计划期(2013 年)甲产品总成本预测值(y_p)

$= \sum a_i W_i + \sum b_i W_i \cdot x_p$

$= (6\ 000 \times 0.05 + 7\ 800 \times 0.10 + 8\ 100 \times 0.20 + 7\ 200 \times 0.30 + 9\ 000 \times 0.35) +$

$(900 \times 0.05 + 450 \times 0.10 + 675 \times 0.20 + 825 \times 0.30 + 600 \times 0.35) \times 180$

$= 8\ 010 + 682.5 \times 180 = 130\ 860$(元)

计划期(2013 年)甲产品的单位成本预测值 $= y_p / x_p = 130\ 860 \div 180 = 727$(元)

三、成本预测的一元线性回归分析法

一元线性回归分析法也叫简单回归直线法，它是在影响成本发生变动只有一个产量因素的条件下，根据若干历史期间的产量、成本资料，经分析、计算后，确立可以反映产量与成本之间的依存关系及其变动趋势的一条直线$(y = a + bx)$，并将此直线加以延伸，进而测算未来一定期间对应于某一产量数值的成本数值。当企业的历史成本资料中，单位产品成本忽高忽低，变动幅度较大时，采用此法较为适宜。在 $y=a+bx$ 的直线方程中，其中 a 与 b 的值可按下列公式确定：

$$a=\frac{\sum y-b\sum x}{n}\qquad b=\frac{n\sum xy-\sum x\sum y}{n\sum x^2-(\sum x)^2}$$

【例 5-10】　仍依实例 5-9 中秦华机床厂最近五年的历史资料为基础。要求按一元线性回归分析法预测计划期(2013 年)甲产品 180 台的总成本和单位成本。

解：(1)根据表 5-10 给定的有关资料，按照 a 与 b 的值的计算公式的要求编制计算表，如表 5-11 所示。

表 5-11　简单回归直线法相关数据计算表

年度(年)	产量(x)(台)	总成本(y)$=a+bx$(元)	xy	x^2
2008	30	6 000+900×30=33 000	99 0000	900
2009	120	7 800+450×120=61 800	7 416 000	14 400
2010	90	8 100+675×90=68 850	6 196 500	8 100
2011	60	7 200+825×60=56 700	3 402 000	3 600
2012	150	9 000+600×150=99 000	14 850 000	22 500
$n=5$	$\sum x=450$	$\sum y=319\ 350$	$\sum xy=32\ 854\ 500$	$\sum x^2=49\ 500$

(2)将表 5-11 的最后一行数据代入 a 和 b 的计算公式，先求 b 的值，再求 a 的值：

$$b=\frac{n\sum xy-\sum x\sum y}{n\sum x^2-(\sum x)^2}=\frac{5\times 32\ 854\ 500-450\times 319\ 350}{5\times 49\ 500-450\times 450}=\frac{20\ 565\ 000}{45\ 000}=457(\text{元})$$

$$a=\frac{\sum y-b\sum x}{n}=\frac{319\ 350-457\times 450}{5}=22\ 740(\text{元})$$

(3)将 a 与 b 的值代入计划期的总成本公式：

计划期(2013 年)甲产品总成本预测值 $y_p=a+bx_p=22\ 740+457\times 180=105\ 000$(元)

计划期甲产品单位成本预测值$=y_p/x_p=105\ 000\div 180=583.33$(元)

四、成本预测的多元线性回归分析法

多元线性回归分析法也叫多元回归直线法，它是在影响成本发生变动有若干个产量因素的条件下，根据若干历史期间的产量、成本资料，经分析、计量后，确立可以反映产量与成本之间的依存关系及其变动趋势的直线($y=a+b_1x_1+b_2x_2+\cdots+b_nx_n$)，并将此直线加以延伸，进而测算未来一定期间对应于若干产量数值的成本数值。

现举例说明多元线性回归分析法的具体应用。

【例 5-11】　西安瑞元厂生产某产品，在 2008—2012 年间为生产该产品所发生的制造费用和与之有关的机器工作小时、直接人工小时资料如表 5-12 所示。

现要求预测，当 2013 年生产该产品的机器工作小时为 28 千机时、直接人工小时为 60 千工时时的制造费用总额。

表 5-12 机器工作小时和人工小时及制造费用资料

年度(年)	机器工作小时(千机时)	直接人工小时(千工时)	制造费用(千元)
2008	15	32	30
2009	14	31	20
2010	20	37	27
2011	27	55	32
2012	24	45	31

解:首先,确定回归直线方程中 a 和 $b_1, b_2, \cdots, b_n$ 的值。

因本例中影响制造费用的因素有两个,故可根据多元回归直线方程 $y=a+b_1x_1+b_2x_2$ 和本例中的实际观测数据,建立决定回归线的联立方程,即标准方程组:

$$\begin{cases}\sum y = na + b_1\sum x_1 + b_2\sum x_2 \\ \sum x_1 y = a\sum x_1 + b_1\sum x_1^2 + b_2\sum x_1x_2 \\ \sum x_2 y = a\sum x_2 + b_1\sum x_1x_2 + b_2\sum x_2^2\end{cases}$$

其次,按标准方程组的要求,对已知数据进行加工、整理,其结果见表 5-13。

表 5-13 多元线性回归分析法相关数据计算表

n	x_1	x_2	y	x_1^2	x_2^2	x_1x_2	x_1y	x_2y
1	15	32	30	225	1 024	480	450	960
2	14	31	20	196	961	434	280	620
3	20	37	27	400	1 369	740	540	999
4	27	55	32	729	3 025	1 485	864	1 760
5	24	45	31	576	2 025	1 080	744	1 395
$n=5$	$\sum x_1=100$	$\sum x_2=200$	$\sum y=140$	$\sum x_1^2=2\ 126$	$\sum x_2^2=8\ 404$	$\sum x_1x_2=4\ 219$	$\sum x_1y=2\ 878$	$\sum x_2y=5\ 734$

再次,将加工、整理后的有关数据引入联立方程,得:

$$\begin{cases}140 = 5a + 100b_1 + 200b_2 \\ 2\ 878 = 100a + 2\ 126b_1 + 4\ 219b_2 \\ 5\ 734 = 200a + 4\ 219b_1 + 8\ 404b_2\end{cases}$$

解此方程组,得:

$$\begin{cases}a = 15.97 \\ b_1 = 0.74 \\ b_2 = -0.07\end{cases}$$

为此,本例中的多元回归直线方程即是 $y=15.97+0.74x_1-0.07x_2$

最后,确定 2013 年生产该产品的机器工作小时为 28 千机时、直接人工小时为 60 千工时时的制造费用总额。

2013 年某产品制造费用总额预测值$=15.97+0.74\times28-0.07\times60=32.49$(千元)

必须指出,上述成本预测的四种最常用的方法,虽然都是根据成本的历史资料进行数学推导而来，在一定程度上能反映成本变动的趋势；但它们对于企业的外部条件（例如，市场的供需情况，国家的方针政策，原材料的供应和运输条件，以及信贷利率等）是否有变动，均未加考虑，这就必然会影响预测分析的准确性。为了使成本预测更加接近实际，在采用数学公式推导的同时，还必须与企业主管当局的经验判断结合起来，缜密地进行分析研究，才能作出实事求是的预测结论。

五、目标成本预测

目标成本是为实现目标利润所应达到的成本水平，是企业未来一定期间成本管理工作的奋斗目标。目标成本预测的方法有以下几种：

（一）按全部产品进行目标成本预测

$$目标成本＝预计销售收入－预计应缴税金－目标利润 \qquad (5-18)$$

式中：预计销售收入是指未来一定期间（预期内）计划销售的各种产品的销售收入总额；预计应缴税金，通常按国家规定的税种、税率和计税办法计算；目标利润是指未来一定期间内预定实现的利润总额，通常是在利润预测的基础上予以确定。

（二）按单项产品进行目标成本预测

$$单位产品目标成本＝预计单位产品销售价格－预计单位产品税金－预计单位产品目标利润 \qquad (5-19)$$

$$单位产品目标成本＝预计单位产品销售价格\times(1－产品税率)－目标利润预计产销量 \qquad (5-20)$$

（三）考虑市场竞争的现实需要的单位产品的目标成本

$$目标成本＝\frac{具有竞争能力的市场价格}{单位产品售价}\times 单位产品实际成本 \qquad (5-21)$$

（四）考虑同行业先进成本水平的目标成本预测

$$目标成本＝\begin{matrix}本企业某种产品\\的实际成本\end{matrix}－\begin{matrix}本企业某种产品实际成本与某先进\\企业同种产品实际成本的差额\end{matrix} \qquad (5-22)$$

（五）考虑成本同技术因素之间的相互关联的目标成本预测

当企业所经营的某种产品存在多种不同规格，且与某一功能特性或技术参数具有线性关系时，可用前述回归分析法测算有关产品的目标成本。

【例 5－12】　西安电炉厂 2012 年下年度经营功率为 60 千瓦的某系列产品，经调查测算，取得现有若干种规格的产品成本同其相应功率之间线性关系的有关资料，如表 5－14 所示。

表 5－14　产品成本与功率关系表

项目＼规格	A－1	A－2	A－3	A－4	A－5	A－6
成本（元）	210	330	390	510	630	750
功率（千瓦）	5	15	20	30	40	50

现要求确定该种功率为60千瓦的系列产品的目标成本。

解:(1)根据建立回归方程的要求,加工整理有关数据见表5-15。

表5-15 简单回归直线法相关数据计算表

n	x	y	xy	x^2
1	5	210	1 050	25
2	15	330	4 950	225
3	20	390	7 800	400
4	30	510	15 300	900
5	40	630	25 200	1 600
6	50	750	37 500	2 500
$n=6$	$\sum x=160$	$\sum y=2\,820$	$\sum xy=91\,800$	$\sum x^2=5\,650$

(2)将表5-15中的有关数据,分别代入前述a,b值的计算公式

$$b=\frac{n\sum xy-\sum x\sum y}{n\sum x^2-(\sum x)^2}=\frac{6\times 91\,800-160\times 2\,820}{6\times 5\,650-160\times 160}=\frac{99\,600}{8\,300}=12$$

$$a=\frac{\sum y-b\sum x}{n}=\frac{2\,820-12\times 160}{6}=150$$

将a,b代入$y=a+bx$中,得:$y=150+12x$

(3)功率为60千瓦的系列产品的目标成本$=150+12\times 60=870$(元)

第四节 资金需要量的预测分析

资金是企业生产经营中各种物资的货币表现。企业生产经营活动所需的资金通常分为两类:一类是用于固定资产方面的,称为“固定资金”;另一类是用于流动资产方面的,称为“流动资金”。这里所提的资金需要量的预测是指包括流动资金和固定资金在内的资金需要总量的预测。资金需要量预测的目的,就是要有意识地把生产经营活动引导到以最少的资金占用取得最佳的经济效益的轨道上来。

从企业生产经营的目前状况和未来发展的要求来考虑,资金需要量预测应包括涉及若干年度的长期资金需要量预测和只涉及一个年度的短期资金需要量预测。本节仅从资金追加需要量说明短期资金预测的基本方法,下面将用销售百分比法预测资金追加需要量。

销售百分比法,就是根据资金各个项目与销售收入总额之间的依存关系,按照计划期销售额的增长情况来预测需要相应地追加多少资金的方法。

销售百分比法一般按以下三个步骤进行:

第一个步骤,分析基期资产负债表各个项目与销售收入总额之间的依存关系。

(1)资产类项目——周转中的货币资金、正常的应收账款和存货等流动资产项目,一般都会因销售额的增长而相应地增加。而固定资产是否要增加,则需视基期的固定资产是否已被充分利用。如尚未充分利用,则可通过进一步挖掘其利用潜力,即可产销更多的产品;如基期对固定资产的利用已达饱和状态,则增加销售就需要扩充固定设备。至于长期投资和无形资

产等项目，一般不随销售额的增长而增加。

(2)权益类项目——应付账款、应付票据、应付税费和其他应付款等流动负债项目，通常会因销售的增长而自动增加。至于长期负债和股东权益等项目，则不随销售的增长而增加。

此外，计划期所提取的折旧准备(应减除计划期用于更新改造的金额)和留存收益两个项目，通常可作为计划期内需要追加资金的内部资金来源。

第二个步骤，将基期的资产负债表各项目用销售百分比的形式另行编表。

第三个步骤，按下列公式计算出计划期间预计需要追加的资金数额。

$$\text{计划期间预计需要追加的资金数额}=\left(\frac{A}{S_0}-\frac{L}{S_0}\right)(S_1-S_0)-Dep_1-S_1R_0(1-d_1)+M_1 \tag{5-23}$$

式中：S_0 为基期的销售收入总额；

S_1 为计划期的销售收入总额；

$\frac{A}{S_0}$为基期随着销售额增长而自动增加的资产项目占销售总额的比例；

$\frac{L}{S_0}$为基期随着销售额增长而自动增加的负债项目占销售总额的比例；

$(\frac{A}{S_0}-\frac{L}{S_0})$为销售额每增加 100 元所需追加资金的数额；

Dep_1 为计划期提取的折旧准备减去用于更新改造的余额；

R_0 为基期的税后销售利润率；

d_1 为计划期的股利发放率；

M_1 为计划期的零星资金需要量。

【例 5-13】　西安天龙公司在基期(2012 年度)的实际销售收入总额为400 000 元，获得税后净利 16 000 元，并发放了普通股股利 8 000 元。假定基期的厂房设备利用率已达到饱和状态。该公司 2012 年期末的简略资产负债表，如表5-16所示。

表 5-16　天龙公司资产负债表　2012 年 12 月 31 日　　单位：元

资产		权益	
现金	8 000	应付账款	40 000
应收账款	68 000	应付税费	20 000
存货	80 000	长期负债	92 000
厂房设备(净额)	120 000	普通股股本	160 000
无形资产	44 000	留存收益	8 000
资产总计	320 000	权益总计	320 000

若天龙公司在计划期间(2013 年)的销售收入总额将增至 640 000 元，并仍按基期股利发放率支付股利；折旧准备提取数为 16 000 元，其中 70%用于改造现有的厂房设备；又假定计划期间零星资金需要量为 11 200 元。要求预测 2013 年需要追加资金的数量。

解：(1)先根据 2012 年期末资产负债表各项目的性质，分析研究它们与当年销售收入总额的依存关系，并编制该年度用销售百分比形式反映的资产负债表，如表 5-17 所示：

表 5-17　天龙公司资产负债表(用销售百分比反映)　2012 年 12 月 31 日

资产		权益	
现金(8 000÷400 000)	2%	应付账款(40 000÷400 000)	10%
应收账款(68 000÷400 000)	17%	应付税费(20 000÷400 000)	5%
存货(80 000÷400 000)	20%	长期负债　(不适用)	
厂房设备(净额)(120 000÷400 000)	30%	普通股股本　(不适用)	
无形资产(不适用)		留存收益　(不适用)	
$\frac{A}{S_0}$合计	69%	$\frac{L}{S_0}$合计	15%

上表中$\frac{A}{S_0}-\frac{L}{S_0}=69\%-15\%=54\%$，即表明该公司每增加 100 元的销售收入，需要增加资金 54 元。

(2)将以上各有关数据代入公式 5-23，则

2013 年预计需要追加资金的数额

$$=(\frac{A}{S_0}-\frac{L}{S_0})(S_1-S_0)-Dep_1-S_1R_0(1-d_1)+M_1$$

$$=(69\%-15\%)\times(640\ 000-400\ 000)-(16\ 000-11\ 200)-(640\ 000\times\frac{16\ 000}{400\ 000})\times(1-\frac{8\ 000}{16\ 000})+11\ 200=123\ 200(元)$$

复习思考题

1. 经营预测的特点是什么？经营预测和经营决策有什么关系？

2. 什么是经营预测的定量分析法？什么是经营预测的定性分析法？为什么在实践中要把定量分析法和定性分析法结合起来加以应用？

3. 经营预测分析的原则有哪些？在实际的经营预测分析中怎样遵循这些原则？

4. 销售预测的意义是什么？销售预测中的定量分析法有哪些？这些定量分析法各有什么特点或优缺点？

5. 成本预测在成本管理中的地位和作用是什么？成本预测的方法有哪些？

6. 什么是资金需要量的销售百分比预测法？什么是资金需要量的回归分析预测法？这两种方法的主要区别是什么？

练习题

1. 假定红光公司 2013 年上半年各月的实际销售收入如下：

月份	1 月	2 月	3 月	4 月	5 月	6 月
实际销售额(元)	12 000	11 800	14 000	12 700	13 000	13 500

又假定 2013 年 6 月份该公司的实际销售金额的原预测数为 13 950 元。

要求：分别采用以下方法预测 2013 年 7 月份的销售额：

(1)算术平均法。

(2)移动加权平均法(令 $\sum W=1$；$W_1=0.01$；$W_2=0.04$；$W_3=0.08$；$W_4=0.12$；$W_5=0.25$；$W_6=0.5$)。

(3)指数平滑法(平滑系数采用 0.6)。

(4)回归分析法。

2. 光明厂生产一种甲产品，若其最近五年的成本历史资料如下表所示：

年度(年)	2008	2009	2010	2011	2012
产量(台)	20	80	60	40	100
单位变动成本(元)	600	300	450	550	400
固定成本总额(元)	4 000	5 200	5 400	4 800	6 000

若计划年度(2013 年)预计甲产品的产量为 115 台。

要求：根据上述资料分别采用以下三种方法为光明厂的甲产品预测其 2013 年的总成本和单位成本。

(1)高低点法。

(2)加权平均法(令 $\sum W=1$；$W_1=0.03$；$W_2=0.07$；$W_3=0.15$；$W_4=0.25$；$W_5=0.5$)。

(3)回归分析法。

3. 黄河公司 2012 年的生产能力只利用了 65%，实际销售收入总额为 800 000 元，获得税后净利 42 500 元，并以 17 000 元发放了股利。该公司 2012 年末的简略资产负债表如下：

黄河公司资产负债表

2012 年 12 月 31 日　单位：元

资产		权益	
①现金	20 000	①应付账款	100 000
②应收账款	150 000	②应付税费	50 000
③存货	200 000	③长期负债	230 000
④固定设备(净额)	300 000	④普通股股本	350 000
⑤长期投资	40 000	⑤留存收益	40 000
⑥无形资产	60 000		
资产总计	770 000	权益总计	770 000

若黄河公司计划年度(2013 年)预计销售收入总额增至 1 000 000 元，并仍按 2012 年度股利发放率支付股利。2013 年折旧准备提取数为 60 000 元，其中 70%用于更新改造原有的固定设备。又假定 2013 年零星资金需要量为 25 000 元。

要求：采用销售百分比法为黄河公司预测计划年度(2013 年)需要追加多少资金。

第六章　短期经营决策概述

现代管理科学提出："管理的重心在于经营，经营的重心在于决策。"决策是事先作出的抉择，正确的经营决策是企业正确进行生产经营活动的前提和基础。决策是否正确，不仅直接影响企业的经济效益，甚至是关系企业盛衰的核心问题。决策会计是管理会计的核心内容之一，而短期经营决策又是决策会计的重要内容。本章在介绍决策、经济决策、企业管理决策、短期经营决策概念的基础上，将介绍和阐述短期经营决策的分类、特点，以及在短期经营决策中运用的多元成本概念，在第三节和第四节还要分别介绍和阐述风险型决策和不确定型决策的方法。

第一节　决策与经济决策及企业管理决策

一、决策与经济决策

决策是人类任何活动都要遇到的普遍问题。所谓决策，就是人们为了达到预定目标，从两个或两个以上的备选方案中通过比较分析，选择一个最优的行动方案的过程。即使备选方案只有一个，对决策者来说也需要对该方案是否能采用作出决定。因此，西方学者对决策所下的最简明的定义就是："对未来的行动方案作出决定"。决策存在于人类活动的各个方面，诸如政治决策、经济决策、军事决策、文化决策、教育决策，以及日常生活的行为决策等。在这里首先要弄清楚什么是经济决策。所谓经济决策是指以一定的主体为空间范围，或在一定的经济组织内，为了实现预定的经济目标，例如目标利润，目标销售量或销售额，目标成本，或者净现值等，需要在科学预测的基础上，结合本主体范围或本单位的内部条件和外部环境，对未来的经济活动的各种备选方案，通过缜密的调查研究和分析评价，最终作出抉择和判断的过程。经济决策按范围广狭可以分为宏观经济决策和微观经济决策。宏观经济决策，通常是指在一个或几个省区，或经济部门，或在整个国民经济范围内所进行的决策。例如，建立长江三角洲经济开发区的决策，兴建三峡水利工程或南水北调工程的决策等。而微观经济决策，通常是指在一个企业或事业单位范围内所进行的决策。例如，企业的生产决策、定价决策、销售决策、购买决策，以及企事业单位的筹资决策、投资决策等。微观决策对于企业来讲就是企业的管理决策。

现代管理科学认为，企业的经营管理过程就是决策。一个组织的全部管理活动都是集团活动，决策过程就成为组织中许多个人共同参与的活动：制订计划的过程是决策；在两个以上备选方案中选择一个方案也是决策；组织的设计、部门的分割、决策权的分配等是组织方面的决策；实际业绩与预计的比较、控制方法的选择等是控制方面的决策。因此，决策并非一个独立的管理职能，它贯穿于管理的各个方面和全过程。在管理会计中，决策不是独立于管理会计规划、控制、组织三大职能而存在的，它是管理会计三大职能的本质体现。

管理决策作为现代管理科学的内容，它的产生和完善标志着企业经营管理已由过去的经验式定性管理发展到科学的定量管理。经营管理决策经过科学的计算与分析，全面衡量其得失后作出的最优抉择，一般说来具有较高的科学性与可靠性，这有助于企业决策者克服主观片面性，促进企业改进经营管理，提高经济效益。

必须指出，正确的管理决策需要有经过科学预测分析所提供的高质量的信息为基础。管理会计人员在这方面是可以大有作为的。他们可利用财务会计信息以及各种预测分析的资料，根据本企业的主客观条件，借助于成本效益分析原理和各种专门方法和技术，对每个备选方案可能导致的不同结果进行计算、分析和判断，并最终提出最优方案的建议，供管理当局"拍板"定案。从这个意义上来说，管理会计人员所做的工作是参与企业决策，而不是"越俎代庖"，替代管理当局作出决策。在我国社会主义市场经济环境下，企业管理决策的选优标准，除经济效益外，还需要重视企业对全社会应承担的责任，即社会效益。这就是说，企业管理当局在最后拍板定案的阶段，必须把经济效益与一些不能用货币计量的因素（即社会效益）结合起来进行综合判断。企业管理决策一经确定，就要编制相应的全面预算和责任预算，并通过它们来控制和评价整个企业以及各个责任单位的经济活动和业绩，促使它们有效地达到预期目标。因此，企业管理决策是对企业未来的经济活动进行规划和控制的重要组成部分，其关系到企业的兴衰胜败。

二、企业管理决策的分类

企业管理决策涉及面广，为了掌握各类决策的不同特点以便正确进行决策分析，有必要从不同的角度对企业管理决策进行分类。从管理会计的角度出发，企业的管理决策可作如下分类：

（一）按决策受益期时间长短划分

（1）长期决策。这类决策又称为投资决策，投资决策对企业经济效益的影响时间在一年以上，一般都涉及企业的发展方向及规模等重大问题。如厂房设备的新建与更新决策、新产品开发决策、设计方案选择与工艺改革决策、企业剩余资金投向决策等。这类决策一般都具有使用资金量大，对企业发展影响时间长的特点。

（2）短期决策。这类决策又称为日常经营决策，经营决策对企业经济效益的影响在一年以内，决策的主要目的是使企业的现有资源得到最充分的利用。经营决策一般不涉及对长期资产的投资，所需资金一般靠内部筹措。短期决策的内容与企业日常生产经营活动密切相关，包括企业的销售、生产、财务、组织等方面的决策。

（二）按决策条件的肯定程度划分

（1）确定型决策。确定型决策是指影响决策的相关因素的未来状况是肯定的，决策的结果也是肯定的和已知的。可以运用常规决策方法进行确切测算，并可以用具体的数字反映出方案的经济效益。管理会计决策分析中大部分都是确定型决策。

（2）风险型决策。风险型决策是指影响决策的相关因素的未来状况不能确切肯定，但该因素可能存在着几种结果，每一种结果出现的概率是已知的。比如：决策人在作销售决策时可能对计划期的销售量不能完全确定，只知道可能是 4 000 件、5 000 件或 8 000 件，其概率分别是 0.6，0.3，0.1。在这种情况下，决策人可以通过计算销售量预计期望值大小来进行决策。由于决策是依据可能的而不是确定的因素结果进行的，因此对方案的选择决策带有一定的风险。

(3)不确定型决策。不确定型决策是指影响决策的相关因素的未来状况完全不能肯定，或者虽然知道它们存在的几种可能结果，但不知道各种结果出现的概率是多少。如管理者在进行销售决策时，计划期的销售量可能为 1 000 件、2 000 件、3 000 件、4 000 件，但每种销售量的概率不知，这种决策就完全取决于决策人的经验和判断能力。

(三)按决策方案之间的关系分类

企业管理决策按决策方案之间的关系可分为采纳与否决策、互斥选择决策、最优组合决策三类。

第一类，采纳与否决策，通常是指备选待定的方案只有一个而作出的决策，亦称“接受与否的决策”。例如，亏损产品是否停产的决策，是否接受加工订货的决策，是否接受外单位投资的决策，等等。

第二类，互斥选择决策，通常是指在一定的决策条件下，存在着几个相互排斥的备选方案，通过调查研究和计算对比，最终选出最优方案而排斥其他方案的决策。例如，零部件是自制还是外购的决策，联产品是否进一步加工的决策，开发哪一种新产品的决策，固定生产设备是举债购置还是通过租赁的决策，等等。

第三类，最优组合决策，通常是指有几个不同方案可以同时并举，但在其资源总量受到一定限制的情况下，如何将这些方案进行优化组合，使其综合经济效益达到最优的决策。例如，在几种约束条件下生产不同投资项目的最优组合决策，等等。

(四)按决策的基本职能进行分类

企业管理决策按其基本职能可分为规划的决策、控制的决策两类。

第一类，规划的决策，通常是指为规划未来经济活动而作出的决策。例如，设计、研制和开发新产品的决策，采用新工艺或新技术的决策，添置新装备或改造旧设备的决策，等等。它们主要是在预测分析的基础上，探索经济发展的多种途径和可行性方案，并对各种备选方案预期可能产生的后果或影响进行测算、比较和评价，从而为选定最优方案提供科学依据。

第二类，控制的决策，通常是指为控制日常经济活动而作出的决策。例如，调整生产设备的决策，重新调配人员的决策，调整原材料供应地点或调整运输路线的决策，确定股利或各种奖金发放数额的决策，等等。它们主要是为了使企业的日常经济活动按照原定计划或预算执行，而准备采取的扬长避短、趋利避害的各项有效的控制措施。

除上述分类方法外，还有一些其他分类方法。例如按决策问题是否重复出现可分为重复性决策和一次性决策；按决策部门的层次划分为高层决策、中层决策、基层决策等。管理会计一般采用按受益时间长短分类的标准，着重分析短期经营决策和长期投资决策。

三、短期经营决策的分类和特点

(一)短期经营决策的分类

短期经营决策的主要目的是使企业的现有资源得到最好的利用，主要涉及周转期在一年内的流动资产的营运，并对日常的营业活动进行控制，该项决策按其内容分类，主要是对生产经营活动中的生产、销售、存货、财务、组织等的决策。

生产决策:包括生产产品的种类,产品品种结构、产品批量和生产时间的安排,生产能力的利用等方面的决策。

销售决策:包括市场的扩大与开拓,销售的价格与数量,销售机构的设置,广告宣传费用的开支等方面的决策。

存货决策:包括原材料存货决策、产成品存货决策,以及在产品存货决策等,同时也包括对存货的管理方法。

财务决策:包括短期贷款资金筹措、销售税后利润的分配等方面的决策。

组织决策:包括管理机构的设置、调整,权责的划分,人员的安排,业绩的考核及奖惩等方面的决策。在本教材中,短期经营决策方法的介绍主要以生产决策、销售决策和存货决策为主。

(二)短期经营决策的特点

1.短期经营决策是企业的战术性决策

长期投资决策侧重于企业的资源配置,而短期经营决策侧重于企业资源的使用效益。短期经营决策的内容通常不涉及企业生产能力的扩大问题,主要是现有生产能力和资源的有效利用,影响决策的有关因素的变化情况通常是确定的或基本确定的,许多决策问题如产品生产、材料采购和耗用等都是重复性的,因此,短期经营决策是一种战术性决策。

2.决策者通常是企业中基层管理人员

由于短期经营决策是一种战术性的决策,所涉及的是日常营运资金,所需资金少,风险小,时间短,所需资金一般靠企业内部日常周转筹措,因此,这种决策通常由企业内部各职能部门(如生产车间、销售部门、采购部门)进行并组织实施。

3.主要采用边际贡献法、差量分析法和成本平衡法

在决策方法上,由于长期投资决策所需资金量大,时间长,风险大,故长期投资决策主要应用贴现指标进行分析,如净现值法、获利指数法和内含报酬率法等,并辅以投资回收期、投资报酬率等非贴现指标,并且往往是同时采用几种指标从不同角度加以综合分析判断。而短期经营决策则主要是采用边际贡献法、差量分析法、成本平衡点法等不考虑货币时间价值的评价方法。

4.短期经营决策主要以定量分析为主

通过计算差量收入、差量成本、差量边际贡献或成本平衡点等指标,对不同的备选方案进行分析评价,选出并确定最优方案。短期经营决策一般不考虑定性因素或定性的扩展因素及变化对备选方案和最优方案的影响。例如,企业战略目标及企业战略目标的变化,长期投资决策及长期投资决策方式的变化,生产经营方式及其变化,企业与客户关系的因素及其变化等。

5.短期经营决策的目标是期间利润最大化或成本最小化

如果短期经营决策方案涉及收入和成本,那么,一般以期间利润最大化为目标。如果短期经营决策方案只涉及各种成本,一般以期间成本最小化为目标。

6.短期经营决策在决策过程中存在着许多假设条件

例如:①短期经营决策的决策方案不涉及追加长期项目的投资;②经营问题已经明确,决

策目标基本形成;③所需的预测资料齐备;④各种备选方案均具有技术可行性;⑤凡涉及市场购销的决策,均以市场上具备提供材料或吸收有关产品的能力为前提;等等。

第二节 以决策为目的的成本分类及其成本概念

在财务会计学中,成本被定义为:"为取得商品或劳务而作出的价值牺牲"。这种牺牲可以通过货币支付、财产交付或劳务交换等加以计量。在企业管理决策中,人们强调的是成本的相关性,因而,决策者奉行"不同目的,不同成本"的信条。在财务会计中以成本核算为目标,把成本按其管理职能分为制造成本和非制造成本;把成本按其时间归属分为产品成本和期间成本;把成本按其与产品的关系分为直接成本和间接成本;把成本按其与企业经营活动的联系分为经营成本和资本成本。在管理会计中,基于管理目的而进行的成本分类,首先把成本按性态分为变动成本、固定成本和混合成本,其次按控制权限把成本分为可控成本与不可控成本。本节将主要介绍以决策为目的的成本分类和决策成本概念。

一、按差异性分类

成本的差异性,是指不同备选方案发生的成本一般是不会相等(即存在着差异和分歧)的,它通常包括差别成本和边际成本。

(一)差别成本

差别成本或称为差量成本,有广义和狭义之分。广义的差别成本是指在进行方案的决策分析时,两个或两个以上备选方案之间预期成本的差异。狭义的差别成本是指两个或两个以上备选方案之间由于产量增减变化而形成的预期成本差异。差量成本可分为增量成本和减量成本。例如,假设有 A、B 两个方案,其预期成本分别为 150 000 元和 100 000 元,那么,A 方案与 B 方案对比,A 方案所增加的成本 50 000 元就是增量成本;反之,B 方案与 A 方案对比,B 方案所减少的成本 50 000 元就是减量成本。增量成本和减量成本是差别成本同一个问题的两个侧面。企业在决策分析中,只要根据需要选择其中之一即可。

在企业经营决策中,差别成本是一个广泛应用的重要的成本概念,诸如零部件外购或自制决策,应否接受特殊订货决策等,都要利用差别成本进行决策。

与差别成本相对应的是差别收入或差量收入,差别收入与差别成本的差异就是差别利润或差量利润。

【例 6-1】 某公司生产一种甲产品,若其正常生产能力的相关范围为100～500件之间,在这个相关范围内该产品的单位变动成本为 5 元,固定成本总额为 600 元。如果超过 500 件,在 600～1 000 件之间,单位变动成本将增至 6 元,固定成本总额将增至 1 134 元,现以 100 件为基础,计算每增加 100 件产品的差量成本,如表 6-1 所示。

从表 6-1 中可以看出:在生产能力范围以内(即 100～500 件),差量成本总额与变动成本总额的差异是一致的,都是 500 元。但是,如果超出相关范围,若为 600 件,则差量成本总额就要包括变动成本总额的差额 1 100 元和固定成本总额的差额 534 元,合计为 1 634 元。若再超过 600 件,如为 700～1 000 件,由于单位变动成本和固定成本总额又保持不变,于是差量成本总额和变动成本总额的差额又相同了(600 元)。因此,我们绝不能在变动成本总额与差量成本总额之间无条件地画上等号。

表 6-1　差量成本计算表　单位:元

产量/件 (x)	单位成本			总成本			每增加 100 件的差量成本		
	b	a/x	合计	bx	a	合计	bx	a	合计
100	5	6	11	500	600	1 100	—	—	—
200	5	3	8	1 000	600	1 600	500	0	500
300	5	2	7	1 500	600	2 100	500	0	500
400	5	1.5	6.5	2 000	600	2 600	500	0	500
500	5	1.2	6.2	2 500	600	3 100	500	0	500
600	6	1.89	7.89	3 600	1 134	4 734	1 100	534	1 634
700	6	1.62	7.62	4 200	1 134	5 334	600	0	600
800	6	1.417 5	7.417 5	4 800	1 134	5 934	600	0	600
900	6	1.26	7.26	5 400	1 134	6 534	600	0	600
1 000	6	1.134	7.134	6 000	1 134	7 134	600	0	600

(二)边际成本

从经济学的观点来看,边际成本是指产品成本对产品产量无限小变化的变动部分。但在生产实践中,产品产量的无限小的变化只能小到一个单位,因为如果产量低于一个单位就没有什么实际意义。因此,边际成本的实质就是指在企业的生产能力的相关范围内,每增加或减少一个单位产量而引起的成本变动。从这个意义上来说,管理会计中的单位变动成本,以及增产或减产一个单位产品的差量成本,都是边际成本这个理论概念的具体表现形式。

根据西方微观经济学的理论,边际成本的内涵是成本随产量变动的变动率,是成本函数的一阶导数。从这里我们可以引申出与边际成本相联系的两条重要规律:

第一,当某产品的平均成本与边际成本相等时,其平均成本最低。

第二,当某产品的边际收入与边际成本相等时,可使企业实现最大的利润。

上述规律在企业短期经营决策中是非常有用的。因为边际成本与单位变动成本一样,可用来判断增减产量在经济上是否合算。例如,当企业的生产能力有富余时,任何增加产量的销售单价只要略高于其单位边际成本(或单位变动成本),即使它比总的平均单位成本低些,也会使企业增加利润或减少亏损。另外,企业在产品的定价决策中,可应用上述第二条规律,选择边际收入等于边际成本的销售量和销售单价作为最佳销量和最优价格,因为它们能为企业提供最大的利润。

(三)差别成本、边际成本与变动成本之间的关系

在差别成本、边际成本与变动成本三个概念中,差别成本的含义最广,运用领域也最广泛。如前所述,差别成本存在广义差别成本和狭义差别成本之分。在相关范围内,狭义的差别成本与边际成本、变动成本取得一致。但是,如果超越了相关范围,由于差别成本和边际成本的变动可能包括固定成本和半变动成本的变动,它不等于变动成本,因此,狭义的差别成本、变动成本与边际成本就不一致。下面举例说明。

【例 6-2】　假设某企业有关成本资料如表 6-2 所示。

表 6－2 某企业成本资料

项目	正常的生产能力		
生产能力利用率(%)	70	85	125
产品产量(件)	7 000	8 500	12 500
变动成本(单位变动成本为 29 元/件)(元)	203 000	246 500	362 500
固定成本(元)	85 000	85 000	100 000
成本总额(元)	288 000	331 500	462 500

从表 6－2 可以看到，产量在 7 000～8 500 件范围内，固定成本与产量增减变动无关而始终保持不变，因此，狭义的差别成本 43 500 元(331 500－288 000)就是变动成本 43 500 元(246 500－203 000)。而产量每增减一件，其边际成本就是单位变动成本 29 元(43 500÷1 500)。但是，当产量突破 8 500 件，增加4 000件，从而达到 12 500 件时，狭义的差别成本131 000元(462 500－331 500)，不仅包括变动成本 116 000 元(362 500－246 500)，而且还包括了固定成本15 000 元(100 000－85 000)。这时，狭义的差别成本与变动成本不一致。

至于边际成本与变动成本的不一致性，可以通过成本函数加以说明。如前所述，成本函数存在三种形式。边际成本是成本函数的一阶导数。在这里，我们并没有要求成本函数要限定在特定相关范围内。而变动成本则不然，如前所述，它严格地限定于特定相关范围，超越了特定相关范围，变动成本的性态就不存在。尽管在特定的相关范围内，上述任何成本函数总是可以表现为 $TC=a+bx$，但是，超越了特定相关范围，这个结论就不正确了。例如，如果成本函数为 $TC=a+bx+cx^2$ 或 $TC=a+bx+cx^2+dx^3$，那么，根据边际成本的数学意义，对成本函数求一阶导数，边际成本为 $b+2cx$ 或 $b+2cx+3dx^2$ 而不是单位变动成本 b。因此，这时的边际成本与变动成本也不一致。

总之，差别成本、边际成本和变动成本三个概念既有联系又有区别，决策者在运用时，要根据具体情况加以区分，不可无条件地等同起来。

二、按排他性分类

成本的排他性，是指任何一项成本支出，用于某一方面就不能同时用于另一方面的特性。决策成本按其排他性可以分为机会成本与应负成本。

(一)机会成本

每项资源通常存在多种用途，但是，由于资源的稀缺性，资源用于某个用途就不能用于另一个用途。这就是说，资源在某个用途上之所得，正是由于放弃另一个用途机会之所失。在决策过程中，在若干个备选方案中，选取最满意方案而放弃另一个次满意方案所丧失的潜在利益，就构成实施最满意方案的机会成本。从会计事项关系而言，就是由于放弃某一方案实现的机会而失去的收益。这部分收益应当由被选方案的收益来补偿，如果被选方案的收益不能补偿机会成本，便不能认为被选方案是最满意的方案。机会成本虽然不是实际支出，也不记入账册，有时甚至难以计量，但是在进行决策时，要把它作为一个现实的重要因素加以考虑，否则，就可能作出错误的选择，不能取得应有的效果。

【例 6-3】 假设某公司拥有一块土地的使用权。该土地存在两种用途：一是建商品房，从事房地产经营；二是直接将土地的使用权转让给其他房地产开发商。如果该公司将土地用于自己的房地产开发和经营活动，预计可得利润 5 000 万元，如果该公司将土地的使用权转让，则可得 4 500 万元。那么，该公司如果选择了自己从事经营房地产开发的方案，则土地使用权转让的潜在收益 4 500 万元就构成了其机会成本。相反，如果该公司选择了土地使用权转让的方案，则公司从事房地产开发和经营活动的潜在收益 5 000 万元就构成了其机会成本。由此可见，考虑了机会成本之后，该公司应该选择自己从事房地产开发和经营活动的方案。值得注意的是，不管当时公司是以 4 550 万元还是以 4 560 万元购买该土地的使用权，都应该以现行市场价格 4 500 万元作为其机会成本。

必须注意，如果某项资源只有一个用途（例如，煤气公司的输气管道，自来水公司的地下水管，等等），没有其他选择机会，那么它的机会成本就等于零。机会成本在决策中的意义在于它有助于决策者全面考虑可能采取的各种行动方案和方法，以便为有限的资源寻求最为有利的使用途径。

（二）应负成本

应负成本，也称为假设成本，它是机会成本的一种表现形式。它既不是企业的实际支出，也不必记账，只是使用某种经济资源的代价。这种代价，在进行方案的选择时必须认真加以考虑。例如，企业生产性资产投资，可以选择不同的方案，各个方案所需要的资金数量、资金来源和投入时点可能不同。为了保证评价的口径一致，正确地进行决策，企业为此所需要的资金不论其来源如何都必须把利息作为机会成本进行假计。权益资本成本就是应负成本的一种形式。在这里，应负成本实际上是机会成本和货币时间价值观念在决策中的具体体现和运用。

三、按对决策影响的时效性分类

成本的时效性，是指不同时期发生的成本会对决策产生不同影响。根据这种影响的时效性，决策成本可以分为沉落成本、重置成本与付现成本。

（一）沉落成本

沉落成本（沉没成本）是过去的成本支出，广义地说，凡是过去已经发生，不是目前或将来决策所能改变的成本，都是沉落成本。狭义地说，沉落成本是指过去发生的在现在或将来都无法补偿的成本。例如，某企业过去购置了一台设备，原始价值为 80 000 元，预计使用 10 年，预计无残值，按直线折旧法计提折旧，已使用 6 年，累计折旧为 48 000 元，这台设备的账面价值为 32 000 元。由于科学技术的进步，这台设备已经完全过时，在现在的旧货市场上，该陈旧设备可卖出，得到 8 000 元的现金收入，那么，再也无法补偿的 24 000 元，就属于沉落成本。

沉落成本的特征决定了它不是差别成本，与决策不存在相关性，因而，当前的决策可以不考虑这个因素。虽然在决策中，不必考虑沉落成本，但是要注意区分和判别沉落成本，否则，可能导致决策的失误。尤其在固定资产更新决策方面要注意沉落成本问题。

（二）重置成本

重置成本，也称为现行成本，它是指按照现行市场价格购买功能与目前拥有的某项资产相同或相似的类似资产所需要支付的成本。众所周知，目前的财务会计在总体上依然以历史成本作为计量基础，历史成本是资产入账的基础。但是，在通货膨胀的环境下，对于企业的管理决策而言，历史成本信息失去了相关性。因此，与财务会计不同，管理会计立足现在，面向未来，强调信息的相关性。因此，在有关的决策如企业定价决策中，侧重考虑的是重置成本信息，而不是历史成本信息。例如，某企业三个月前购进了A产品，当时的单位进价为50元，假设当前A产品的市场价格由于通货膨胀因素，发生了较大变化，其单位进价变为60元。这时，A产品的现行市场价格60元就是其重置成本。企业在定价时要认真地考虑重置成本这个因素。如果从历史成本信息出发，企业以历史成本为基础进行定价，将价格定为55元，那么，每出售一件A产品就可以获得5元的利润。然而，仔细分析，我们看到这实际上只是一种假象。因为企业要持续经营，将A产品出售之后，重新购进它，每一件要花60元。这样，按55元定价，企业不仅不能盈利，反而亏了5元。这种错误的定价决策，将导致企业现金流量不足，长此以往，企业将走向破产。因此，重置成本对于企业的定价决策具有重要的现实意义。

(三)付现成本

付现成本是指那些由于未来某项决策所引起的需要在目前或将来动用现金支付的成本。例如，某企业拥有一台旧设备，某租赁公司愿意以“以旧换新”的方式收购该旧设备。其条件是新设备的价格为50 000元，旧设备按现行市场价格折价20 000元，余款以现金支付。这时，虽然新设备的价款是50 000元，但是，某企业只需要支付30 000元(50 000－20 000)。因此，企业的付现成本就是需要动用企业现金支付的数额，即30 000元。

在企业的经营决策中，尤其遇到企业本身的现金流量严重不足，近期没有应收账款可收回，要向金融市场融资又有困难，或者资本成本太高这样的困境时，企业管理层在决策过程中，对付现成本的考虑重于对成本总额的考虑，并且通常会选择付现成本较低而成本总额相对较高的方案，即在付现成本最低方案与成本总额最低方案之间选择付现成本最低方案，取代成本总额最低方案。

【例6－4】 假设某公司因为生产的需要急需购进甲原材料100吨，如果不能及时购进该原材料，将影响公司的正常生产经营活动，缺货成本较高。但是，该公司目前现金流量严重不足，货币资金总额为85 000元，又恰逢金融市场银根紧缩，资本成本较高。正当该公司处于进退两难，无计可施时，某供应商为了维持良好的顾客关系，同意为该公司提供所需要的100吨甲原材料，但提出了两个付款方案供该公司选择。

第一方案：每吨报价8 000元，货款共计800 000元，必须一次支付。

第二方案：每吨报价8 500元，货款共计850 000元，但是可以分10个月支付，每月支付85 000元。

根据上述情形，公司管理层为了避免停工待料，产生缺货成本，应该选择第二方案。虽然第二方案所需支付的成本总额(850 000元)比第一方案所需要支付的成本总额(800 000元)高50 000元，但是，目前的付现成本只有85 000元，远比第一方案的付现成本800 000元低得多。如此，第二方案多支付的成本50 000元可以从企业及时投入生产，保持生产经营活动的连续性，消除缺货成本所取得的收益中得到补偿。

因此，付现成本对于企业在特殊情况下，究竟是采用一次付款方式还是采用分期付款方式的决策具有一定的指导意义。

综上所述，不同时期发生的成本对决策会产生不同的影响。沉落成本、重置成本和付现成本正是分别从过去、现在和未来三个不同的时间维度说明了成本发生的时期对决策的影响。

四、按可避免性分类

成本的可避免性，是指成本中有一部分可随着管理当局的决策行动改变其数额的特性。决策成本按可避免性分为可避免成本和不可避免成本。

（一）可避免成本

可避免成本是指通过企业管理层的某项决策可以改变其发生数额的成本。也就是说，如果企业采用了某个特定的方案，与其联系的某项支出必然发生，不可避免；反之，如果企业拒绝接受该项方案，则与此相联系的某项支出就不会发生。成本的发生及其数额与决策行为密切相关，这样的成本就属于可避免成本。前述的变动成本和酌量性固定成本就属于可避免成本。例如，某企业尚有剩余的生产能力，为了充分利用现有生产能力，计划接受某项特殊订货。这时，与该订货相关的变动成本就是可避免成本。如果企业接受了该特殊订货，与此相关的变动成本必然发生；反之，如果不接受该特殊订货，则变动成本就可以不发生。进一步假设该特殊订货，顾客有一项特殊要求，为了满足这个特殊要求，某企业需要购进一项专用设备，那么，该专用设备的价款也是可避免成本。因为该专用设备价款的支出最终是否发生，完全取决于该企业是否接受该特殊订货。如果该企业不接受该特殊订货，专用设备价款的支出自然不会发生。

（二）不可避免成本

与上述可避免成本相对应，不可避免成本是指通过企业管理层的某项决策不能改变其发生数额的成本。也就是说，该项成本的发生与特定的决策方案无关，其发生与否并不取决于有关决策方案的取舍。前述的约束性固定成本就属于不可避免成本。在相关范围内，约束性固定成本主要为企业提供一定的生产经营条件而发生。这些生产经营条件一旦形成，不管其实际利用程度如何，有关费用照样发生。因此，企业管理层的决策行为不能改变其发生数额。例如，在企业生产能力尚有剩余的情况下，如果特殊订货没有特殊要求，企业接受特殊订货与否都不会改变其所发生的固定成本之数额。

由此可见，根据前述的差别成本概念，我们看到某个决策方案的取舍，主要考虑可避免成本。因为只有可避免成本才构成差别成本，不可避免成本并不是差别成本的组成部分。不可避免成本是企业当前客观存在的成本项目，不管决策方案的取舍，它都照样发生。因此，对于决策方案的取舍而言，不可避免成本并没有差别。

总之，决策成本按可避免性分为可避免成本与不可避免成本，对于企业亏损产品决策、特殊订货决策以及零部件是自制还是外购决策都具有重要的现实意义。

五、按可延缓性分类

成本的可延缓性，是指已决定选用的方案的成本中，有一部分可推迟到以后会计年度再行开支的特性。决策成本按可延缓性分为可延缓成本与不可延缓成本。

（一）可延缓成本

在企业受到资源稀缺的约束条件下，对已经选定的某方案如果推迟实施，不至于对企业的全局产生重要影响，那么，与此方案相关的成本，就称为可延缓成本。例如，某企业的办公条件较差，原来打算在计划年度改善办公条件，在办公室安装空调。现在考虑到计划年度资金比较紧张，经过讨论决定将安装空调的方案推迟到下个计划期执行。那么，与安装空调相关的成本就属于可延缓成本。因为安装空调与否，对企业的全局不会产生重要的影响。

(二)不可延缓成本

与上述可延缓成本相对应，即使企业受到资源稀缺的约束，对于已经选定的某方案也必须立即执行，不得推迟，否则，将对企业的全局产生重要影响，那么，与此方案相关的成本，就称为不可延缓成本。例如，企业某项关键设备出现严重的故障，需要立即进行大修理，否则，将影响企业的正常生产经营活动，使企业遭受重大损失。这时，即使企业资金再紧张，也必须想方设法，立即修复该项关键设备，尽快投入运行。因此，与关键设备大修理相关的成本就属于不可延缓成本。

总之，我们在决策过程中，在企业受到资源稀缺的约束，对于已经选定的方案不能同时付诸实施时，应该区分轻重缓急，确定哪些方案可延缓执行，哪些方案不可延缓执行，然后依次排队，逐步付诸实施，量力而行。只有这样，才能有效地利用企业现有的资源，提高企业资源的配置效益和使用效益。因此，决策成本按其可延缓性分为可延缓成本与不可延缓成本，这对于企业受到资源稀缺的约束条件下方案实施的时间安排具有一定的指导意义。

六、按成本的可溯性分类

成本的可溯性，是指固定成本中，有一部分可被认定归属于某些特定成本对象的特性。根据这个特性，成本可分为专属成本和共同成本。

(一)专属成本

专属成本是指明确可归属于某种、某批或某个部门的固定成本，亦可译作“特定成本”。例如，专门为生产某种零件或某批产品而专用的机床的折旧费、保险费等，都属于专属成本。

(二)共同成本

共同成本是指那些需由几种、几批产品或几个有关部门共同分担的固定成本。它与“专属成本”是相反的概念。例如，企业的管理人员工资、车间中的照明费等，都属于共同成本。

应该注意的是，变动成本绝大多数都是专属成本，没有必要按这种特性进行分类。

七、按成本的可分性分类

成本的可分性，是指在联产品或半成品成本中，有一部分可按阶段分开的特性。按照这个特性，成本可分为可分成本和联合成本。

(一)可分成本

可分成本是指联产品或半成品在进一步加工阶段中所需追加的变动成本和固定成本。在对联产品或半成品是否需要进一步加工而作出决策分析时，只要将可分成本与加工后所能增加的收入进行对比，就可作出判断。若前者小于后者，则进一步加工方案较优；反之，若前者大于后者，则以出售不加工的联产品或半成品的方案较优。

(二)联合成本

联合成本是指联产品或半成品在进一步加工前所发生的变动成本和固定成本。在对联产品或半成品是否需要进一步加工的决策分析中，联合成本属于无关成本，不必加以考虑。

八、按与决策的相关性分类

企业所发生的成本有些与决策有关，有些与决策无关。决策成本根据其与决策的相关性可以分为相关成本与非相关成本。

(一)相关成本

相关成本是指与特定决策方案相关联的成本。其基本特征是：

(1)相关成本是一种未来成本。决策总是面向未来，与之相关联的成本也只能是未来将发生的成本，而不是也不可能是已经发生的历史成本。因此，前述的沉落成本不是相关成本。

(2)相关成本是一种有差别的未来成本。即使是未来成本，只有可供选择的不同方案之间预期成本额存在差别的成本，才是与决策有关的相关成本。换言之，没有差别的未来成本也不是相关成本。例如，某公司需要更新一台关键设备，A 和 B 两种类型的设备都能够满足公司的要求。如果 A 和 B 两种类型的设备价格都是 20 000 元，那么，尽管它们都是未来成本，但是，某公司无论选定 A 型设备还是选定 B 型设备，其预期成本都没有差别。因此，从成本这个层面看，20 000 元的未来成本不是相关成本。如果我们进一步假设，A 型设备是国产设备，其价格为 20 000 元，而 B 型设备是进口设备，其价格为 22 000 元，则相关成本为 2 000 元，而不是 22 000 元或者 20 000 元。因为不管该公司选定哪一个方案，其无差别成本 20 000 元都要发生。就 A 型设备与 B 型设备的决策而言，相关成本就是这 2 000 元值不值得发生的问题。

相关成本是决策关注的焦点。前述的差别成本、边际成本、机会成本、应负成本、重置成本、付现成本、可避免成本和可延缓成本等就属于相关成本。

(二)非相关成本

与上述相关成本相对应，非相关成本是指与特定决策方案无关的成本。上述有关相关成本的阐述其实已经充分说明了非相关成本概念。前述的沉落成本、不可避免成本和不可延缓成本等就属于非相关成本。

总之，决策成本根据其与决策的相关性可以分为相关成本与非相关成本，有助于掌握成本的相关性，提高成本信息的决策有用性。因此，它对于企业正确地进行管理决策具有重要的指导意义。

第三节　短期经营决策的方法和风险型决策的方法

短期经营决策方法是管理会计方法体系中的重要组成部分。短期经营决策方法分为确定型决策方法、风险型决策方法和不确定型决策方法。确定型决策方法有差量分析法、边际贡献法、本量利分析法、最优批量法和线性规划法等。风险型决策方法有期望值列表比较法或决策树法等。不确定型决策方法有大中取大法、小中取大法、大中取小法、折衷决策法等。确定型决策方法和实务在第七章专门阐述。本节和第四节分别阐述风险型决策方法和不确定型决策方法。

一、风险型决策的含义及运用概率分析对期望值的计算

在现实经济生活中，未来的事态往往充满不确定的因素，如果决策者能根据过去的历史资

料或多年来的实践经验估计出各种情况可能出现的机会(或频率),那么借助概率论的知识就能作出一定的决策分析。由于在这样的情况下进行的决策分析都要冒一定的风险,故称为“风险型决策”。

要了解和掌握风险型决策方法,必须对概率的相关知识和概率分析的步骤有所了解,用统计学的观点来说,在一定的条件下可能发生、也可能不发生的现象,称为“随机事件”。任何一项随机事件的发生,就说明可能有某种“机会”,即所谓“概率”。因此,一项随机事件的概率可定义为在一长串的试验中,出现该事件的相对频率。

概率通常必须符合以下两条规则:

各个随机变量的概率最小为0,最大为1,即 $0 < P_i < 1$

全部概率之和应等于1,即:$\sum_{i=1}^{n} P_i = 1$

概率一般可分为“客观概率”和“主观概率”两种。凡事件出现的概率可通过客观事实加以验证的,叫做“客观概率”。例如,按照过去多年来某种产品各月份的详细销售记录来确定某月份或某季度销售数量的概率,就是客观概率。至于主观概率则是人们根据个人的经验和积累的知识,对某一事件可能出现的机会和频率的主观判断。例如,企业管理中有许多问题往往没有历史资料或过去的经验可供参考,只能凭管理人员对该事件的认识、直觉或其丰富的工作经验加以估计,如此确定下来的概率,就叫做主观概率。

概率分析是运筹学中专门针对风险型决策的不确定因素进行分析的一种专门技术。因为在企业的日常经营管理过程中,经常会遇到一些风险型的决策,而这类决策必然会牵涉到许多不确定的因素。为了摸清它们的规律性,首先要找出或估计出它们的概率,不论这些概率是客观的或主观的;然后再利用概率论的数学方法去分析问题,并寻求答案,这就是运筹学中的概率分析。

进行概率分析通常要经过以下三个步骤:

第一,首先确定这项风险型决策可能出现哪些事件,并为每个事件的发生估计一个概率。估计概率可以过去会计、统计的历史数据为基础(客观概率),也可以决策者的主观判断为基础(主观概率)。

第二,根据各种事件的具体条件的金额,即“条件价值”,以及估计的“概率”,编制“预期价值”分析表。预期价值的计算公式如下:

$$预期价值(EV) = 条件价值(CV) \times 概率(P_i)$$

第三,从预期价值分析表中选出最优方案。

【例6-5】 西安某公司准备开发新产品,现有甲、乙两种新产品可供选择,其有关售价及成本资料如表6-3所示。

表6-3 甲、乙产品售价和成本资料 单位:元

项目	甲产品	乙产品
销售单价(p)	350	320
单位变动成本(b)	296	260
固定成本总额(a)	30 000	30 000

但甲、乙两种产品的销售量经过市场调查属于随机变量，其不同的销售量及相应的主观概率如表 6-4 所示。

表 6-4　甲、乙产品不同销量下的概率资料

销售量(件)		1 100	1 200	1 300	1 400	1 500	合计
概率	甲产品	0.1	0.1	0.3	0.3	0.2	1.0
	乙产品	0.1	0.2	0.2	0.4	0.1	1.0

要求：为西安某公司作出开发哪种产品较为有利的决策分析。

解：这种典型的决策，一般可采用边际贡献分析法，先计算两种新产品的单位边际贡献，甲产品的单位边际贡献＝350－296＝54 元，乙产品的单位边际贡献＝320－260＝60 元。根据边际贡献分析法的决策标准，应以方案提供的边际贡献总额的大小作为选优标准，故这里进行概率分析时亦应以边际贡献总额作为“条件价值”，并编制“预期价值计算分析表”，如表 6-5 所示。

表 6-5　甲、乙产品预期价值计算分析表

方案	销售量(x)	条件价值(元)	概率(P_i)	预期价值(元)
	①	②＝①×单位边际贡献	③	④＝②×③
生产甲产品	1 100	59 400	0.1	5 940
	1 200	64 800	0.1	6 480
	1 300	70 200	0.3	21 060
	1 400	75 600	0.3	22 680
	1 500	81 000	0.2	16 200
	合计			72 360
生产乙产品	1 100	66 000	0.1	6 600
	1 200	72 000	0.2	14 400
	1 300	78 000	0.2	15 600
	1 400	84 000	0.4	33 600
	1 500	90 000	0.1	9 000
	合计			79 200

结论：从表 6-5 的数据中可以看出，乙产品提供的边际贡献总额的预期价值比甲产品多 6 840 元(79 200－72 360)，故西安某公司生产新产品乙较为有利。但需注意，由于销售量的不确定性，使得预期价值和分析带有很大的主观性。所以，该公司在决策前应慎重地确定各种可能的销售量的范围及其相应的概率，只有这样，才能作出接近实际的决策分析结论。

二、决策树法

决策树法是风险型问题的主要决策方法，又称为概率分析法。决策树法以网络形式把决策的各个方案分布在决策树图形上，并定量比较各个方案的实施结果，以选择最优方案。其基本要点是：

第一点，绘制决策树图形。决策树图形是决策者对某个决策问题未来发展情况的可能性和可能结果所作出的预测在图纸上的反映，所画图形因其决策分析思路为树枝状而得名，如图

6－1所示。图中，□表示决策节点，从决策节点引出的分枝叫方案分枝；○表示机会节点，或称自然状态节点，从它引出的分枝叫概率分枝，表示可能出现的自然状态数；△表示结果节点，反映每一行动方案在相应自然状态下可能的结果。

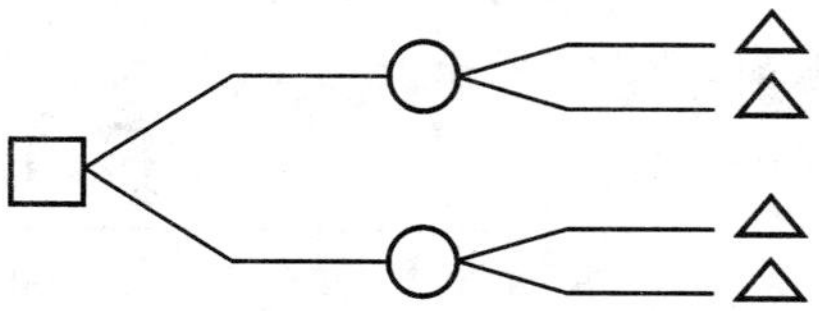

图6－1　决策树图形

第二点，计算期望值。期望值是各方案下各种可能结果的数值与其相应的概率可能性乘积之总和。

第三点，剪枝。从右到左在每个决策节点中，对各方案的分枝进行比较，剪去期望值较差的分枝，最后留下的分枝就是最优方案。

【例6－6】　某厂现生产甲产品，由于产品陈旧，在销路一般时只有微利，在销路不好时还要亏本，只有当销路高涨时才有较大盈利。现有两个改革方案可供选择：一种是购买专利来生产一种新产品乙，并取消旧产品甲；另一种是在旧产品甲的基础上研制改造成丙产品，研制成功的可能性为80%。不论生产产品乙还是产品丙，生产规模都要考虑小批量或大批量两种方案，各方案在不同销路条件下的年利润值如表6－6所示，试作出生产哪种产品的决策。

表6－6　各方案的年净利润值　　单位：万元

销路状态	甲产品		乙产品			丙产品		
	概率	原销量	概率	小批量	大批量	概率	小批量	大批量
差	0.1	－200	0.2	－400	－600	0.1	－400	－600
中	0.5	16	0.6	160	140	0.6	80	－160
好	0.4	160	0.2	300	640	0.3	360	800

由于在生产乙产品或丙产品的两个方案中，又面临着大批量或小批量生产的决策，因此这是一个多层决策问题，即在最终决策前还需要先进行某些决策。各有关方案及各状态下的净利润值在决策树图形中，如图6－2所示。

在图6－2的决策树图形中，各状态节点○的期望净利润值分别为：

(1)生产新产品乙方案。

点⑥＝0.2×(－400)＋0.6×160＋0.2×300＝76(万元)

点⑦＝0.2×(－600)＋0.6×140＋0.2×640＝92(万元)

因此，应选择大批量生产产品乙的方案，可以盈利92万元。

(2)改造旧产品甲为产品丙方案。

点⑧＝0.1×(－400)＋0.6×80＋0.3×360＝116(万元)

点⑨＝0.1×(－600)＋0.6×(－160)＋0.3×800＝84(万元)

因此，如果产品丙能成功的话，应选择小批量生产产品丙的方案，可以盈利116万元。但由于产品丙研制成功的可能性为80%，故应进一步分析研制失败继续生产旧产品甲的情况：

点④＝0.1×(－200)＋0.5×16＋0.4×160＝52(万元)

因此，改造旧产品甲为产品丙方案总的期望净利值为：

点②＝0.2×52＋0.8×116＝103.2(万元)

将旧产品甲改造为产品丙能盈利103.2万元，直接购买专利生产新产品乙能盈利92万

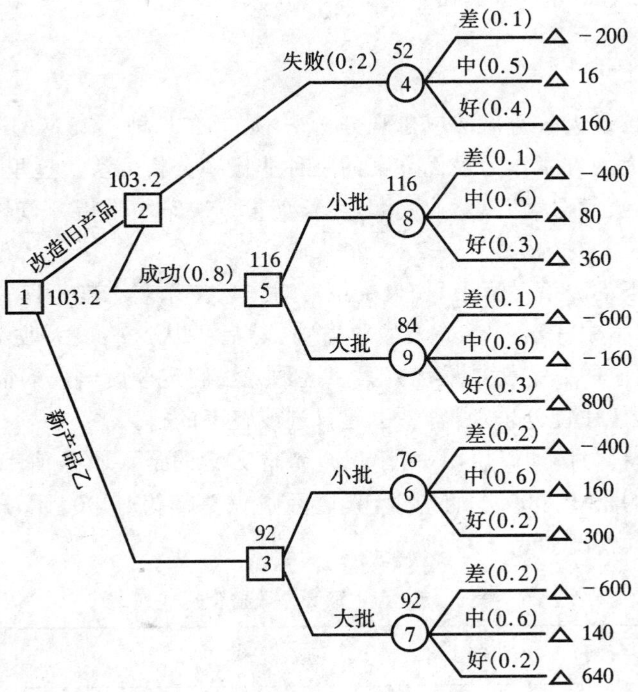

图 6-2　决策树及期望净利分布图

元，故应采用改造方案。而且，如果改造成功后，进一步应采取小批量生产的方案。

第四节　不确定型决策的方法

不确定型决策，是指决策者对未来情况虽有一定程度的了解，但又无法确定各种情况可能出现的概率，而需要作出的决策。对于这类不确定型的决策问题，其选优标准通常取决于决策者对未来所持的态度是乐观还是审慎、稳健。不同的态度所选用的决策分析方法是不相同的。但绝大多数都是先把不确定型转化为确定型或风险型，估计出各种方案的预期收益或预期损失，然后以预期收益的最大值或预期损失的最小值作为最优方案。不确定型决策的方法通常有：大中取大法、小中取大法、大中取小法、折衷决策法四种，现举例加以说明。

【例 6-7】　西安光美公司在计划年度决定开发新产品甲，根据销售部门的市场调查，提出三种不同的产量方案，即 20 000 件、22 500 件和 25 000 件。在市场销路好坏不同的情况下，三种产量方案估计可能获得的边际贡献总额的不同数据，如表 6-7 所示。

表 6-7　不同方案的边际贡献总额资料　　单位：元

销售情况 / 边际贡献总额 / 产量方案（件）	畅销	一般	滞销
20 000	40 000	29 000	17 000
22 500	44 000	25 000	19 500
25 000	49 000	28 000	15 500

要求：为西安光美公司作出最优产量方案的决策分析。

一、大中取大法

大中取大法又称最大收益值法或乐观分析法，是指在几种不确定的随机事件中选择最有利情况下收益值最大的方案作为最优方案的一种非概率分析方法。这里的"收益值"在短期经营决策中是指"边际贡献总额"或营业利润，在长期投资决策中是指"净现值"、"内部收益率"或"获利指数"。

在不确定条件下的决策过程中，如果决策者对未来持乐观态度，可采用大中取大法。其程序是：首先从每个方案中找出一个最大的收益值，然后再从这些最大收益值中选择一个最大值，则该收益值所对应的方案就是最优方案。这种方法假定今后出现的情况总是最有利的，能够获得最高的收益，往往过分乐观，容易引起冒进或轻率的行为。

以例 6－7 的资料为例加以说明，由于三个备选方案的最大收益值都集中在"畅销"栏，而最大收益值中最大的是 25 000 件的产量，其边际贡献总额为49 000元，即以此作为开发新产品甲的最优方案。其情况如表 6－8 所示。

表 6－8　大中取大法收益值比较表　　单位：元

产量方案(件)	畅销	一般	滞销	最大收益值
20 000	40 000	29 000	17 000	40 000
22 500	44 000	25 000	19 500	44 000
25 000	49 000	28 000	15 500	49 000(△)

由此可见，大中取大法的基本点是选择最有利情况下(畅销)的最大收益值作为最优方案，一般说来，是决策者对前途非常乐观并充满信心的选优标准。

二、小中取大法

小中取大法也称最小的最大收益值法或悲观分析法，是指在几种不确定的随机事件中，选择最不利情况下收益值最大的方案作为最优方案的一种非概率分析方法。在不确定条件下的决策过程中，如果决策者对未来持比较保守和稳健的态度，可采用小中取大法。此方法的程序是：先找出各方案中的最小收益值，然后从所有最小收益值中选择最大收益值，则该收益值所对应的方案即为最优方案。此法假定今后出现的情况是最不利的，但可以在不利的情况下寻求较好的方案，即坏处着眼，向好处努力。

仍以例 6－7 的资料为例加以说明。由于三个产量方案的最小收益值都集中在"滞销"栏内，而最小收益值中最大的是 22 500 件产量，其边际贡献总额为 19 500 元，即以此作为最优产量方案，其情况如表 6－9 所示。

表 6－9　小中取大法收益值比较表　　单位：元

产量方案(件)	畅销	一般	滞销	最大收益值
20 000	40 000	29 000	17 000	17 000
22 500	44 000	25 000	19 500	19 500(△)
25 000	49 000	28 000	15 500	15 500

由此可见，小中取大法的基本点是选择最不利情况下的最大收益值作为最优方案，一般来说是比较审慎、稳健的选优标准。

三、大中取小法

大中取小法又叫最小的最大后悔值法或后悔值分析法，是指在几种不确定的随机事件中选择最大后悔值中最小值的方案作为最优方案的一种非概率分析方法。此方法的程序是：首先确定各个方案的最大后悔值，后悔值又叫损失额，某种状况下特定方案的后悔值就是该状况的最大收益值与该方案收益值的差额。它表示在该状况下如果选错方案将会发生的损失额。然后选择这些最大后悔值中的最小后悔值，该最小后悔值所对应的方案就是最优方案。此法以假定决策发生失误为前提。按照这种方法进行决策，即使出现失误也会使损失达到最小。

仍以例 6－7 的资料为例加以说明，由于在不同状况下的最大收益值不同，畅销情况下的最大收益值为 49 000 元，一般情况下的最大收益值为 29 000 元，滞销情况下的最大收益值为 19 500 元。然后，依据不同状况下的最大收益值计算不同销售情况下的后悔值。

(1)畅销情况下的后悔值。

20 000 件产量的后悔值＝49 000－40 000＝9 000(元)

22 500 件产量的后悔值＝49 000－44 000＝5 000(元)

25 000 件产量的后悔值＝49 000－49 000＝0(元)

(2)一般情况下的后悔值。

20 000 件产量的后悔值＝29 000－29 000＝0(元)

22 500 件产量的后悔值＝29 000－25 000＝4 000(元)

25 000 件产量的后悔值＝29 000－28 000＝1 000(元)

(3)滞销情况下的后悔值。

20 000 件产量的后悔值＝19 500－17 000＝2 500(元)

22 500 件产量的后悔值＝19 500－19 500＝0(元)

25 000 件产量的后悔值＝19 500－15 500＝4 000(元)

将上述不同销售情况下的三种产量方案的后悔值排列成表，如表 6－10 所示。

表 6－10　不同销售情况下三种产量方案的后悔值表　　单位：元

产量方案(件)	畅销	一般	滞销	最大后悔值
20 000	9 000	0	2 500	9 000
22 500	5 000	4 000	0	5 000
25 000	0	1 000	4 000	4 000(△)

从表 6－10 中所列示的数据可以看出，最大后悔值一栏中最小的是 4 000 元，因此产量为 25 000 件的方案为最优方案。总之，大中取小法的基本点也是以各个方案的最不利情况为基础，即在总体上从几种不同方案的最大“损失额”(后悔值)中选择其最小的作为最优方案，故仍不失为是一种比较审慎、稳健的选优标准。

四、折衷决策法

折衷决策法的基本点，是要求决策者对未来情况应持一定的乐观态度，但也不要盲目乐观，而应采取一种现实主义的折衷标准。具体做法是：首先要求决策者根据实际情况和自己的实践经验确定一个乐观系数 α，α 的值要大于 0，小于 1（即 $0\leqslant\alpha\leqslant1$）。如 α 的值接近 1，则比较乐观；若接近 0，则比较悲观。其次对每个备选方案按下列公式计算出它们的“预期价值”：

$$各方案的预期价值=(最高收益值\times\alpha)+[最低收益值\times(1-\alpha)]$$

最后，从各个备选方案的预期价值中选择最大的作为最优方案。

必须注意：α 值的大小，应根据不同决策的对象和当时的具体情况而定，是个经验数据。另外，由于这种方法是赫威兹创立的，故亦称“赫威兹决策法”。

仍以例 6－7 的资料为例加以说明，若西安光美公司决策者对开发新产品甲比较乐观，并把 α 的值定为 0.7，现要求为西安光美公司用折衷决策法作出最优产量的决策分析。

根据给定的各项资料，按照上述公式分别计算三个备选方案的预期价值：

(1)产量为 20 000 件方案的预期价值

$=(40\ 000\times0.7)+[17\ 000\times(1-0.7)]=33\ 100$(元)

(2)产量为 22 500 件方案的预期价值

$=(44\ 000\times0.7)+[19\ 500\times(1-0.7)]=36\ 650$(元)

(3)产量为 25 000 件方案的预期价值

$=(49\ 000\times0.7)+[15\ 500\times(1-0.7)]=38\ 950$(元)

从以上计算的结果可见，应以产量 25 000 件的方案为最优，因为它提供的边际贡献总额的预期价值最高，为 38 950 元。

复习思考题

1. 什么是决策？什么是经济决策？什么是企业管理决策？什么是短期经营决策？什么是长期投资决策？

2. 短期经营决策的特点是什么？

3. 怎样理解不同目的的不同成本分类？管理会计中应用的决策成本概念与财务会计中应用的成本概念有什么根本不同？

4. 什么是相关成本？相关成本包括哪些成本概念？什么是非相关成本？非相关成本包括哪些成本概念？

5. 什么是“机会成本”？在决策分析中如何应用“机会成本”概念？

6. 确定型决策、风险型决策和不确定型决策有什么不同？试举例说明。

7. 什么是差量成本？什么是边际成本？什么是变动成本？它们之间有什么关系？

8. 什么是“重置成本”？什么是“付现成本”？在什么情况下需要考虑它们？

练习题

1. 假定光华公司准备生产新产品甲，但对其销路没有十分把握，通过大量的市场调查，提出以下三种产量方案：

单位:元

产量方案(吨)	最乐观的预期利润	最可能的预期利润	最悲观的预期利润
30 000	21 000	17 000	16 000
50 000	25 000	22 000	15 000
60 000	30 000	18 000	13 000
概率	0.3	0.6	0.1

要求:根据上述资料,通过概率分析,评价上述三种方案的优劣。

2.假定秦伟公司在计划年度准备从两种新产品中选出一种作为开发对象。这两种新产品的有关资料除销售量为随机变量外,其余均为肯定的数据,其情况如下表所示:

新产品名称	新产品甲	新产品乙
销售单价(元)	50	70
单位变动成本(元)	25	34
固定成本总额(元)	38 000	
销售量(件)	概率	
600	—	0.1
800	0.1	0.2
1 000	0.2	0.1
1 100	0.3	0.4
1 200	0.3	0.2
1 500	0.1	—

要求:为秦伟公司在甲、乙两种新产品中作出应推出哪种产品较为有利的决策分析。

3.假定兴平化肥公司准备在计划年度新建一个磷肥厂,经过市场调查,现有三种产量方案可供选择,它们能提供的边际贡献资料如下:

单位:万元

销售情况 / 边际贡献总额 / 产量方案(万吨)	畅销	正常	滞销
300	500	350	180
200	360	300	200
50	94	80	50

要求:分别采用以下四种方法进行优选:

(1)大中取大法;

(2)大中取小法;

(3)小中取大法;

(4)折衷决策法(假定乐观系数为0.7)。

第七章 确定型决策的基本方法

企业短期经营决策涉及的面很广，若就其具体内容来说，主要可分为生产决策、定价决策和存货决策。本章将按照生产决策的具体内容来分别具体地阐述确定型决策的基本方法。所谓确定型决策，就是在决策过程中各种相关因素可能出现的结果是已知的，采取某一方案只会有一种确定的结果。确定型决策的基本方法有差量分析法、边际贡献分析法、成本无差别点法、最优批量法、线性规划法等。由于短期经营决策的特点，管理会计师或管理会计人员在进行短期经营决策分析时，一般无需考虑货币的时间价值和短期投资的风险价值，而把方案的选优标准放在能使企业经济效益和社会效益达到最大化的目标上。当然，企业管理当局在最后“拍板”定案时，还得要结合非货币计量因素进行综合判断。从这一点来讲，管理会计的决策分析只是为企业管理当局提供管理会计信息，或者是参与企业决策而已。

第一节 生产决策

生产决策是企业短期经营决策的重要内容之一。这类决策通常解决以下三个方面的问题。首先，生产什么产品或提供什么劳务，例如，企业为了增强竞争能力，准备开发新产品或推出新的服务项目，究竟生产哪种新产品，或者提供哪种新服务项目最为有利，这需要决策。其次，生产多少数量的产品或者提供多少数量的劳务，例如，在成批生产的企业中，每批生产多少数量的产品，全年分几批生产最优。在多品种企业中怎样选择最优的产品组合进行生产。最后，如何组织和安排生产或提供劳务，例如，选择什么工艺进行加工生产，等等。虽然不同类型的生产决策问题需要采用不同的决策分析方法，但它们的最终目标是一致的，即在现有的生产条件下，如何最合理、最有效、最充分地利用企业的现有资源，取得最佳的经济效益和社会效益。总之，生产决策的正确与否，最终都将通过效益指标反映出来。

在生产决策过程中，明确生产经营能力的各种表现形式及其相互关系，对于正确确定相关业务量具有重要意义，而正确确定相关业务量对于正确确定相关收入和相关成本又具有重要意义。因此，在这里对于生产经营能力和相关业务量要着重地加以阐述。

1. 生产经营能力

生产经营能力是指在一定时期（通常为一年）内和一定生产技术、组织条件下，企业内部各个环节直接参与生产过程的生产设备、劳动手段、人力资源和其他服务条件，能够生产的各类产品产量或加工处理一定原材料的能力。它是企业生产经营活动的基本依据，是企业自身各种条件综合配置和平衡的结果，也是企业技术能力和管理能力的综合。

企业生产经营能力的利用程度，由企业管理部门根据当前经营计划，结合工程、经济和环境要求等因素来确定。生产经营能力的具体内容包括以下几种表现形式：

(1)最大生产经营能力。它又叫理论生产经营能力，即企业在不追加资金投入的前提下，百分之百有效利用工程技术、人力、物力资源而可能实现的生产经营能力，它是生产经营能力的上限。

(2)正常生产经营能力。它又叫计划生产经营能力，即已经纳入企业年度计划，充分考虑到现有市场容量、生产技术条件、人力资源状况、管理水平，以及可能实现的各种措施等情况所必须达到的生产经营能力。

(3)剩余生产经营能力。它包括绝对剩余生产经营能力和相对剩余生产经营能力两种形式。前者又叫暂时未被利用的生产经营能力，它是指企业最大生产经营能力与正常生产经营能力之差，属于生产经营的潜力；后者是指由于受市场容量或经济效益原因的影响，决策规划的未来生产经营规模小于正常生产经营能力而形成的差量，也可以理解为因临时转变经营方向而闲置的那部分生产经营能力。

(4)追加生产经营能力。它是指根据需要和可能，通过追加资金投入等措施而增加的，超过最大生产经营能力的那部分生产经营能力。它具体又包括临时性追加的生产经营能力和永久性追加的生产经营能力两种类型。前者是指通过临时性租赁而形成的生产经营能力；后者则是指通过追加固定资产投资而形成的生产经营能力。显然，永久性追加的生产经营能力会改变企业未来期间的最大生产经营能力。

2. 相关业务量

相关业务量是指在短期经营决策中必须认真考虑的、与特定决策方案相联系的产量或销量。

相关业务量对决策方案的影响往往是通过对相关收入和相关成本的影响而实现的。在本节我们将要介绍的半成品是否深加工的决策和是否接受特殊价格追加订货的决策中，都需要认真考虑相关业务量问题，而不是笼统的全部产量；并且，有时在计算某一产品的相关收入与相关成本所使用的相关业务量也不一定相同。

实践表明，在生产经营决策过程中，许多对具体决策方案的相关收入和相关成本的确认和计量所发生的失误，往往是由于对相关业务量的判断错误。因此，相关业务量是生产经营决策中一个不容忽视的重要因素。

一、差量分析法和边际贡献法及成本无差别点法

(一)差量分析法

差量分析法也叫差别损益分析法，是指在进行两个相互排斥方案(以下称互斥方案)的决策时，以差别损益指标作为评价方案取舍标准的一种方法。

由于此法需要以各有关方案的相关收入和相关成本作为基础数据，因此一旦相关收入和相关成本的内容界定得不准确、不完整，就会直接影响决策质量，甚至会得出错误结论。因此，必须进行细致的相关分析，尤其对相关成本项目必须逐一列出具体的明细项目。该法一般要通过编制差别损益分析表计算差别损益指标。差别损益分析表的一般格式如表 7－1 所示。

表 7-1 差别损益分析表

项目＼方案	A 方案	B 方案	差异额(Δ)
相关收入	R_A	R_B	ΔR
相关成本	C_A	C_B	ΔC
差别损益	$R_A - C_A = P_A$	$R_B - C_B = P_B$	ΔP

表中的差别损益等于差别收入与差别成本之差，$\Delta P = \Delta R - \Delta C$，其绝对值表示企业多获得的利润或少发生的损失；差别收入等于两方案相关收入之差，即 $\Delta R = R_A - R_B$；差别成本等于两方案相关成本之差，即 $\Delta C = C_A - C_B$。

根据差别损益作出决策的判断标准是：若差别损益 ΔP 大于零，则 A 方案优于 B 方案；若差别损益 ΔP 等于零，则 A 方案与 B 方案的效益相同；若差别损益 ΔP 小于零，则 B 方案优于 A 方案。

差别损益分析法比较科学、简单、实用，能够直接揭示中选的方案比放弃的方案多获得的利润或少发生的损失。通常适用于单一方案决策或只有两个备选方案的互斥决策，但要按此方法对两个以上互斥方案作出决策，就必须逐次进行筛选，故比较麻烦。

在短期经营决策中，如果同时出现有两个以上的方案的决策，并且每一个方案都涉及相关收入和相关成本，那么就可以用相关损益指标作为标准进行评价各个方案的优劣，其方案的相关损益是指该方案的相关收入与该方案的相关成本之差。

相关损益法的判断标准是：在若干个方案中，在相关损益大于零的前提下，哪个方案的相关利润最大，哪个方案就是最优方案。例如，现在要对 A，B，C，D，E 五个方案进行决策，这五个方案的相关损益分别是 $P_A = R_A - C_A$；$P_B = R_B - C_B$；$P_C = R_C - C_C$；$P_D = R_D - C_D$；$P_E = R_E - C_E$。假如 P_A，P_B，P_C，P_D，P_E 都大于零，P_A 最大，那么 P_A 就是最优方案。

在短期经营决策中，当各个备选方案的相关收入相等或相关收入均为零时，可以通过比较各个方案的相关成本指标，作出最优方案的选择。相关成本是个反指标，其判断标准是：哪个方案的相关成本最低，哪个方案最优。此法可以同时用于两个以上方案的决策，如业务量确定的零部件自制或外购的决策，相关成本比较法也可以通过编制相关成本分析表进行决策。其格式如表 7-2 所示。

表 7-2 相关成本分析表

项目＼方案	A 方案	B 方案	……	N 方案
增量成本	C_{A1}	C_{B1}	…	C_{N1}
机会成本	C_{A2}	C_{B2}	…	C_{N2}
专属成本	C_{A3}	C_{B3}	…	C_{N3}
……	…	…	…	…
相关成本合计	$\sum C_A$	$\sum C_B$	…	$\sum C_N$

(二)边际贡献分析法

边际贡献分析法包括单位资源边际贡献分析法和边际贡献总额分析法。

单位资源边际贡献分析法是指以有关方案的单位资源边际贡献指标作为决策评价指标的一种方法。当企业生产只受到某一项资源(如某种原材料,人工工时或机器台时等)的约束,并已知备选方案中各种产品的单位边际贡献和单位产品资源消耗额(如材料消耗额,工时定额)的条件下,可按下式计算单位资源所能创造的边际贡献指标,并以此作为决策评价指标。

$$单位资源边际贡献=单位产品边际贡献\div单位产品资源消耗定额$$

单位资源边际贡献是个正指标,根据它作出决策的判断标准是:哪个方案的该项指标大,哪个方案最优。单位资源边际贡献分析比较简单,经常被用于生产经营决策中的互斥方案的决策,如新产品开发的品种决策。

边际贡献总额分析法,就是通过对比备选方案所提供的边际贡献总额的大小来确定最优方案的方法。当有关决策方案的相关收入均不为零,相关成本全部为变动成本时,可以将边际贡献总额作为决策评价的指标。边际贡献总额是个正指标,在一般情况下,在边际贡献总额大于零的前提下,哪个方案的边际贡献总额大,哪个方案最优。边际贡献总额分析法一般被应用于不改变生产能力,固定成本总额通常稳定不变的有关方案的决策分析,如亏损产品的决策分析等。

这里要特别说明的是不论是以单位资源边际贡献作为决策标准,还是以边际贡献总额作为决策标准都是可行的和科学的,但绝对不能以单位产品提供的边际贡献作为决策标准。

(三)成本无差别点法

成本无差别点法是指在不涉及各个备选方案相关收入的前提下,如果相关的业务量不确定,通过判断处于不同水平上的业务量与成本无差别点业务量之间的关系,来作出互斥方案决策的一种方法。此法要求各方案的业务量单位必须相同,方案之间的相关固定成本水平与单位变动成本水平恰好互相矛盾(如第一个方案的相关固定成本大于第二个方案的相关固定成本,而第一个方案的单位变动成本又恰恰小于第二个方案的单位变动成本),否则无法应用该法。

成本无差别点业务量是指能使两方案总成本相等的业务量,又叫成本分界点。其基本公式为:

$$成本无差别点业务量=\frac{两方案相关固定成本之差}{两方案单位变动成本之差}$$

若令成本无差别点业务量为 X_0,A 方案固定成本为 a_1,单位变动成本为 b_1;B 方案固定成本为 a_2,单位变动成本为 b_2;且满足 $a_1>a_2$,$b_1<b_2$,则有:

$$X_0=\frac{a_1-a_2}{b_2-b_1}$$

若业务量大于成本无差别点 X_0 时,则固定成本较高的 A 方案优于 B 方案;当业务量小于成本无差别点 X_0 时,则固定成本较低的 B 方案优于 A 方案;若业务量恰好等于成本无差别点 X_0 时,则两方案的成本相等,效益无差别。

成本无差别点法通常被应用于业务量不确定的零部件取得方式的决策和生产工艺技术方案的决策。

二、新产品开发和生产能力利用的决策

新产品开发的品种决策，是指企业在利用现有的生产能力或剩余生产能力开发新产品的过程中，在两个或两个以上的可供选择的多个新产品中选择一个最优品种的决策，它属于互斥方案决策的类型。

(一)不追加专属成本条件下的品种决策

【例 7－1】 利群公司利用同一台机器可生产 A 产品，亦可生产 B 产品，若机器的最大生产能量为 1 200 机器小时。并且在生产过程中消耗一种有限的甲材料，假定企业现有的甲材料为 120 000 千克，A 产品消耗甲材料的单耗定额为 20 千克/件，B 产品消耗甲材料的单耗定额为 12 千克/件，固定成本总额为480 000元，开发新产品过程中不需要追加专属成本，有关资料如表 7－3 所示。

表 7－3 新产品开发资料表

摘要	A 产品	B 产品
每件机器小时(小时)	0.2	0.12
每件产品甲材料单耗定额(千克)	20	12
销售单价(元)	400	200
单位变动成本(元)	320	140
单位固定成本(元)	80	48

要求：作出开发何种新产品的决策。

方法一：利用产品单位资源边际贡献分析法进行分析。

解：因为

①A 产品的单位边际贡献＝400－320＝80(元/件)

②B 产品的单位边际贡献＝200－140＝60(元/件)

又因为

①开发 A 产品可获得的单位资源的边际贡献

＝80÷20＝4(元/千克)或＝80÷0.2＝400(元/小时)

②开发 B 产品可获得的单位资源的边际贡献

＝60÷12＝5(元/千克)或＝60÷0.12＝500(元/小时)

通过计算可知 B(5)＞A(4)，B(500)＞A(400)，所以开发 B 产品比开发 A 产品更有利。

方法二：利用边际贡献总额分析法进行分析。

解：(1)计算利用甲材料分别开发 A,B 产品方案的最大产量：

①开发 A 产品的最大产量＝120 000÷20＝6 000(件)

②开发 B 产品的最大产量＝120 000÷12＝10 000(件)

或③开发 A 产品的最大产量＝1 200÷0.2＝6 000(件)

④开发 B 产品的最大产量＝1 200÷0.12＝10 000(件)

(2)开发 A 产品可获得的边际贡献总额＝(400－320)×6 000＝480 000(元)

开发 B 产品可获得的边际贡献总额＝(200－140)×10 000＝600 000(元)

因为：B(600 000)＞A(480 000)

所以：开发B产品比开发A产品更有利。

由于利用单位资源边际贡献分析法与利用边际贡献总额分析法进行决策得到的结论相同，说明两种方法都是可行和科学的，只是应用的前提条件不同而已，但不能用单位产品的边际贡献作为决策标准进行决策。

(二)追加专属成本的产品品种决策

当新产品开发的品种决策方案中涉及追加专属成本时，就无法继续使用单位资源边际贡献分析法或边际贡献总额分析法，可以用差量分析法进行决策。

【例7-2】　仍用例7-1的资料，在开发新产品过程中需要装备不同的专用模具，开发A产品需追加的专属成本为16 000元，开发B产品需追加的专属成本为140 000元。要求：用差量分析法作出开发新产品的决策分析。

解：依题意编制差量分析计算表，如表7-4所示。

表7-4　差别损益分析表　　单位：元

项目＼方案	开发A产品	开发B产品	差异额
相关收入	6 000×400＝2 400 000	10 000×200＝2 000 000	＋400 000
相关成本合计	1 936 000	1 540 000	＋396 000
其中：增量成本	6 000×320＝1 920 000	10 000×140＝1 400 000	
专属成本	16 000	140 000	
差量损益	464 000	460 000	＋4 000

由表7-4可见，评价指标差别损益为＋4 000元，大于零，可以据此判定应当开发A产品，这样可以使企业多获得4 000元的利润。

(三)剩余生产能力利用的决策

一个可以生产多种产品的企业，当企业的外部环境以及企业的供应、生产能力和销售等方面都允许增加产量时，就存在着应增加何种产品以有效地利用剩余生产能力的决策问题。

【例7-3】　光大公司目前生产甲、乙、丙三种产品，原设计生产能力为200 000机器小时，现在该厂的生产能力(用机器小时表示)的利用程度只达到90%，尚有20 000机器小时的生产能力未被利用，为把剩余的10%的生产能力充分地利用起来，以增产哪一种产品为宜？甲、乙、丙三种产品的有关资料如表7-5所示。

表7-5　甲、乙、丙产品的基本资料

项目	甲产品	乙产品	丙产品
单位产品售价(元)	400	240	440
单位产品变动成本(元)	240	160	360
单位产品的边际贡献(元)	160	80	80
单位产品的标准工时(小时/件)	200	80	160
全公司固定成本总额(元)		40 000	

解：本决策中的固定成本总额保持不变，是一种非相关成本，只需比较各产品的单位资源所提供的边际贡献的大小或者比较各产品所提供的边际贡献总额的大小即可。根据上述资料，编制边际贡献计算表，如表 7－6 所示。

表 7－6　边际贡献计算表

项目＼产品	甲产品	乙产品	丙产品
最大产量(件)	20 000÷200＝100	20 000÷80＝250	20 000÷160＝125
单位小时的边际贡献(元/小时)	160÷200＝0.8	80÷80＝1	80÷160＝0.5
边际贡献总额(元)	160×100＝16 000	80×250＝20 000	80×125＝10 000
(或边际贡献总额)(元)	20 000×0.8＝16 000	20 000×1＝20 000	20 000×0.5＝10 000

上述分析表明，剩余生产能力应该用于生产乙产品 250 件，可获得边际贡献 20 000 元。但是，如果经市场预测，乙产品的市场容量只有 200 件，那么，单位小时边际贡献指标的大小表明了用剩余生产能力生产产品的选择次序。即先生产乙产品 200 件，耗用 16 000 机器小时(200×80)，提供 16 000 元的边际贡献总额(200×80＝16 000 或者 16 000×1＝16 000)；然后将剩余的 4 000 机器小时用于生产甲产品，可生产甲产品 20 件(4 000÷200)，提供边际贡献总额为 3 200 元(4 000×0.8＝3 200 或 20×160＝3 200)。搭配生产甲产品 20 件和乙产品 200 件，共提供边际贡献总额 19 200 元，比单独全部生产乙产品 250 件少提供边际贡献 800 元，但是比生产乙产品 200 件和生产丙产品 25 件(4 000÷160＝25)多提供边际贡献总额 1 200 元[19 200－(16 000＋2 000)]。

三、亏损产品是否停产或转产的决策分析

(一)亏损产品是否停产的决策分析

从事多种产品生产的企业，如果某种产品按财务会计的全部成本法计算利润小于零，那么该产品就称为亏损产品。当生产亏损产品的生产经营能力无法转移时，就要求管理当局在“继续按原规模生产亏损产品”和“停止生产亏损产品”两个备选方案之间进行选择。

所谓生产亏损产品的生产经营能力无法转移或者说是生产亏损产品的生产经营能力没有其他用途，进一步说就是指由于停止亏损产品的生产而导致的闲置生产经营能力无法被用于企业生产经营的其他方面，既不能转产，也不能将有关设备对外出租。在这种情况下，只要亏损产品的边际贡献总额大于零，就不应当停产，要继续按原规模生产亏损产品。这是因为，继续生产能够提供正的边际贡献的亏损产品至少可以为企业补偿一部分固定成本，如果停止生产，作为沉落成本的固定成本仍然还要发生，就要转由其他产品负担，最终导致整个企业减少相当于该亏损产品所能提供的边际贡献总额的那么多利润。如果站在财务会计的角度，盲目停止边际贡献总额大于零的亏损产品，不但不能使企业增加利润，反而使其多损失相当于该亏损产品所能提供的边际贡献总额的那么多的利润。

但是，如果生产亏损产品的生产经营能力无法转移，而且亏损产品提供的边际贡献总额又小于零，即销售收入不能弥补变动成本，而且该亏损产品又不属于国计民生的必需产品，就应该停止该亏损产品的生产。现举例加以说明。

【例 7-4】　假定三民公司本年生产甲、乙、丙三种产品，年终按全部成本法算出三种产品的成本与各产品的销售收入比较，甲产品的净利为 20 000 元，乙产品净亏 8 000 元，丙产品净利是 4 000 元，全公司净利合计为 16 000 元，又假定三种产品的销售量、销售单价及成本资料如表 7-7 所示。在亏损产品乙的生产经营能力无法转移的前提下，要求为三民公司作出是继续生产乙产品还是停产的决策分析。

表 7-7　三民公司相关资料表

摘要	甲产品	乙产品	丙产品
销售量(x)	2 000 件	1 000 件	800 件
销售单价(p)	40 元/件	120 元/件	50 元/件
单位变动成本(b)	18 元	92 元	30 元
固定成本总额(a)	72 000 元(按各产品的销售比例分摊)		

解：根据给定的资料，可知乙产品全年净亏 8 000 元，表面看来三民公司为了减少亏损、增加盈利好像应该停止乙产品的生产。但是应用了边际贡献总额分析法以后，就会得出不同的结论。根据上述资料采用变动成本计算法编制贡献式收益表，如表 7-8 所示。

表 7-8　贡献式收益表　　单位：元

产品名称	甲产品	乙产品	丙产品	合计
销售收入总额(px)	80 000	120 000	40 000	240 000
变动成本总额(bx)	36 000	92 000	24 000	152 000
边际贡献总额($px-bx$)	44 000	28 000	16 000	88 000
固定成本总额(a)	24 000	36 000	12 000	72 000
净利(或净亏)	20 000	(8 000)	4 000	16 000

从表 7-8 可以看出，甲、乙、丙三种产品都为公司提供了边际贡献总额。而乙产品之所以亏损是因为它需分担固定成本总额的 1/2，即 36 000 元，而它的边际贡献总额只有 28 000 元，故净亏 8 000 元。但是甲、乙、丙三种产品的边际贡献合计数为 88 000 元，抵补全公司的固定成本总额 72 000 元以后，全公司还有 16 000 元的利润。

必须注意，在生产亏损产品的生产经营能力无法转移的条件下，全公司的固定成本总额 72 000 元，不论乙产品停产与否总是要发生的，属于非相关成本。若将乙产品停产，则全公司的边际贡献总额就少了 28 000 元，而乙产品原来分担的固定成本 36 000 元则会转嫁给甲、丙两种产品去承担，其结果反而造成了整个公司的全面亏损，使公司减少了相当于该亏损产品所能提供的边际贡献总额那么多的利润 28 000 元(-12 000-16 000=-28 000)。乙产品停产以后的利润计算如表 7-9 所示。

结论：在生产亏损产品的生产经营能力无法转移时，只要亏损产品提供的边际贡献总额大于零，就不应该停止亏损产品的生产。乙产品能提供边际贡献总额 28 000 元，故不应停产。

表 7-9 乙产品停产以后的边际贡献与净利计算表 单位:元

产品名称	甲产品	丙产品	合计
销售收入总额(px)	80 000	40 000	120 000
变动成本总额(bx)	36 000	24 000	60 000
边际贡献总额($px-bx$)	44 000	16 000	60 000
固定成本总额(a)	48 000	24 000	72 000
净利(或亏损)	(4 000)	(8 000)	(12 000)

(二)亏损产品是否转产的决策分析

生产亏损产品的生产经营能力可以转移,就是指由于停产而导致的闲置能力能够被用于企业经营的其他方面,如用于承揽零星加工业务,生产其他产品,或将有关设备对外出租等。至于亏损产品是否要转产的决策分析,主要看转产的产品确实是利用亏损产品停产后腾出来的生产能力而不占用其他产品的生产能力;同时,转产产品所提供的边际贡献总额要大于原亏损产品所提供的边际贡献总额,那么这项转产方案就是可行的。若是相反的情况,就不可行。同样道理,有些企业对亏损产品停产后,不是搞转产,而是将停产所腾出来的厂房、机器设备等出租给别的单位。在这样的情况下,只要出租收入(即租金收入减去合同上规定的应由出租单位承担的维修费后的净额)大于原亏损产品提供的边际贡献总额,那么出租方案可行,否则就不行。

【例 7-5】 仍以例 7-4 的资料为基础,假定生产乙产品的生产能力可以转移加工丁产品,并且不占用其他产品的生产能力,产销丁产品的年产量为 1 500 件,销售单价为 80 元/件,单位产品的变动成本为 55 元,原有的生产乙产品的固定成本 36 000 元不变,要求为三民公司作出生产乙产品的生产能力是否要转产丁产品的决策分析。

解:(1)计算转产丁产品以后的边际贡献总额=1 500×80-1 500×55=120 000-82 500=37 500(元)

(2)因为 37 500 元大于 28 000 元,故可以转产丁产品,并且转产丁产品以后,三民公司的总利润=20 000+(37 500-36 000)+4 000=25 500 元,比原来继续生产乙产品多 9 500 元(25 500-16 000),正好是丁产品的边际贡献总额与原来乙产品的边际贡献总额之差(37 500-28 000=9 500)。

四、是否接受低价追加订货的决策分析

是否接受低价追加订货的决策,是指企业在正常经营过程中对于是否安排低于正常订货价格的追加订货生产任务所作的决策,又称是否接受特殊价格追加订货的决策。

这里所说的正常订货是指已纳入年度生产经营计划的订货,又称正常任务;其售价为正常价格。追加订货通常是指在计划执行过程中,由外单位临时提出的额外订货任务。

是否接受低价追加订货的决策属于“接受或拒绝方案”的决策类型,往往涉及“接受追加订货”和“拒绝接受追加订货”两种选择。其中,拒绝追加订货方案的相关收入和相关成本均为零;接受追加订货方案的相关收入等于追加订货的价格与追加订货量的乘积,该方案相关成本

的具体内容可分别按以下两种情况讨论。

(一)简单条件下,是否接受低价追加订货的决策

所谓简单条件,就是假定以下三个条件同时具备的情况:

第一,追加订货量小于或等于企业的绝对剩余生产能力(后者为企业最大生产能力与正常订货量之差)。这样,企业就有可能利用其绝对剩余生产能力来组织追加订货的生产,而不冲击正常任务的完成。

第二,企业的绝对剩余生产能力无法转移。

第三,要求追加订货的企业没有提出任何特殊的要求,不需要追加投入专属成本。

在此情况下,接受追加订货方案的相关成本只有增量成本一项内容。

显然,在简单条件下,只要追加订货方案的相关收入大于其相关成本,即该方案的相关损益大于零,就可作出接受追加订货的决策。

另外,也可以通过判断追加订货的单价是否大于该产品的单位变动生产成本,作出相应的决策。这种直接根据上述条件进行决策的方法又叫简单法。

【例 7-6】　简单条件下是否接受低价追加订货的决策举例

已知:A 企业只生产一种产品,每年最大生产能力为 24 000 件甲产品。本年已与其他企业签订了 20 000 件甲产品的供货合同,平均价格为 2 400 元/件,单位完全成本为 2 000 元/件,单位变动生产成本为 1 600 元/件。假定该企业的绝对剩余生产能力无法转移。一月上旬,B 企业要求以 1 800 元/件的价格向 A 企业追加订货 2 000 件甲产品,年底前交货;追加订货没有特殊要求,不涉及追加投入专属成本。

要求:(1)计算用产量表现的绝对剩余生产能力,并据以判断该项追加订货是否冲击正常任务。

(2)计算“接受追加订货”方案的相关收入。

(3)计算“接受追加订货”方案的增量成本。

(4)用简单法作出是否接受此项追加订货的决策。

(5)用差别损益分析法验证简单法结论的正确性。

解:(1)企业的绝对剩余生产能力＝最大生产能力－正常任务＝24 000－20 000

＝4 000(件)

剩余生产能力 4 000 件大于追加订货量 2 000 件,可以判定该项追加订货不会冲击正常任务。

(2)“接受追加订货”方案的相关收入＝1 800×2 000＝3 600 000(元)

(3)“接受追加订货”方案的增量成本＝1 600×2 000＝3 200 000(元)

(4)“接受追加订货”方案的相关收入 3 600 000 元大于其增量成本 3 200 000 元,相关损益为 400 000 元大于零,追加订货的价格 1 800 元大于甲产品的单位变动成本 1 600 元,应当接受此项追加订货。

(5)依题意编制差别损益分析表,如表 7-10 所示。

差别损益指标为＋400 000 元,应接受此项追加订货,这样可使企业多获得 400 000 元利润。

用差别损益分析法得出的结论与简单法所得的结论完全一致,这表明简单法是正确的。

表 7-10 差别损益分析表 单位:元

方案 项目	接受追加订货	拒绝追加订货	差异额
相关收入	3 600 000	0	+3 600 000
相关成本	3 200 000	0	+3 200 000
其中:增量成本	3 200 000	0	—
差别损益			400 000

(二)复杂条件下,是否接受低价追加订货的决策

复杂条件又分以下三种具体情况:

第一种情况,追加订货冲击正常任务。如果追加订货量大于企业的绝对剩余生产能力,企业就不可能完全利用其绝对剩余生产能力来组织追加订货的生产,而只能用一部分正常订货量来弥补追加订货量超过企业的绝对剩余生产能力的部分,从而妨碍本期正常任务的按时完成。因此,"接受追加订货"方案就会发生因冲击正常任务、减少正常收入而带来的机会成本。此项机会成本等于正常价格乘以冲击正常任务量(后者为追加订货量与绝对剩余生产能力之差)。

同时,由于绝对剩余生产能力小于追加订货量,只能生产出一部分追加订货,因此,在"接受追加订货"的方案中,计算相关收入的相关业务量为追加订货量,而计算相关增量成本的相关业务量只能是绝对剩余生产能力。

此外,如果因为被冲击的正常任务无法正常履行合同,还需要交纳一定的违约赔偿金的话,那么这部分赔偿金也应列作"接受追加订货"方案的专属成本。

【例 7-7】 复杂条件下是否接受低价追加订货的决策举例

已知:仍按例 7-6 所提供的材料(假定不考虑 B 企业的追加订货)。合同规定,如正常订货不能如期履约交付给客户,企业须支付给客户 20 000 元违约金。一月上旬,C 公司要求以 1 840元/件的价格向 A 企业追加订货 5 000 件甲产品,年内足量交货;追加订货没有特殊要求,不需要追加投入专属成本。

要求:(1)计算"接受追加订货"方案的相关收入。

(2)计算"接受追加订货"方案的增量成本。

(3)计算因接受此项追加订货而无法正常履约的正常任务。

(4)计算"接受追加订货"方案与冲击正常任务有关的机会成本。

(5)确定"接受追加订货" 方案与冲击正常任务有关的专属成本。

(6)用差别损益分析法作出是否接受此项追加订货的决策。

解:(1)该方案的相关收入=追加订货单价×追加订货量=1 840×5 000=9 200 000(元)

(2)该方案的增量成本=单位变动成本×绝对剩余生产能力=1 600×4 000

=6 400 000(元)

(3)因接受此项追加订货而无法正常履约的正常任务

=追加订货量-绝对剩余生产能力=5 000-4 000=1 000(件)

(4)与冲击正常任务有关的机会成本=1 000×2 400=2 400 000(元)

(5)与冲击正常任务有关的专属成本为 20 000 元。

(6)依题意编制差别损益分析表,如表 7－11 所示。

差别损益指标为 380 000 元,应接受此项追加订货,这可使企业多获得380 000元利润。

表 7－11　差别损益分析表　单位:元

项目＼方案	接受追加订货	拒绝追加订货	差异额
相关收入	9 200 000	0	9 200 000
相关成本合计	8 820 000	0	8 820 000
其中:增量成本	6 400 000	0	—
机会成本	2 400 000	0	—
专属成本	20 000	0	—
差别损益			380 000

第二种情况,企业的绝对剩余生产能力可以转移。在这种情况下,“接受追加订货”方案的相关成本中必然会涉及与可以转移的剩余生产能力有关的机会成本。需要注意的是,应当将其与冲击正常任务有关的机会成本区别对待,不能混淆。

【例 7－8】　复杂条件下是否接受低价追加订货的决策举例

已知:仍按例 7－6 中 B 公司追加订货资料。假定 A 公司的绝对剩余生产能力可承揽零星加工业务,预计可获得 450 000 元。其他条件不变。

要求:用差别损益分析法作出是否接受此项追加订货的决策。

解:依题意编制差别损益分析表,如表 7－12 所示。

差别损益指标为－50 000 元,不应接受此项追加订货,否则将使企业多损失 50 000 元利润。

表 7－12　差别损益分析表　单位:元

项目＼方案	接受追加订货	拒绝追加订货	差异额
相关收入	3 600 000	0	3 600 000
相关成本合计	3 650 000	0	3 650 000
其中:增量成本	3 200 000	0	—
机会成本	450 000	0	—
差别损益			－50 000

第三种情况,订货的企业有特殊要求,要完成追加订货必须追加投入一定专属成本。与正常任务相比,如果追加订货在加工工艺或交货期方面有特殊要求,必须追加专属成本才能完成时,则应当将其纳入“接受追加订货”方案的相关成本之中。同样道理,不能将这种专属成本同因冲击正常任务而带来的专属成本混为一谈。

【例 7－9】　复杂条件下是否接受低价追加订货的决策举例

已知:仍按例 7－6 中 B 公司追加订货资料。假定 B 公司的追加订货有特殊的工艺要求,需要 A 公司追加投入 480 000 元。其他条件不变。

要求：用差别损益分析法作出是否接受此项追加订货的决策。

解：依题意编制差别损益分析表，如表 7-13 所示。

表 7-13 差别损益分析表 单位：元

项目＼方案	接受追加订货	拒绝追加订货	差异额
相关收入	3 600 000	0	3 600 000
相关成本合计	3 680 000	0	3 680 000
其中：增量成本	3 200 000	0	—
专属成本	480 000	0	—
差别损益			−80 000

差别损益指标为−80 000 元，不应接受此项追加订货，否则将使企业多损失 80 000 元利润。

五、半成品是否需要进一步深加工的决策分析

半成品是否深加工的决策，是指企业对于那种既可以直接出售，又可以经过深加工变成产成品之后再出售的半成品所作的决策，又称为是否直接出售半成品的决策。它属于“互斥方案”的决策类型，涉及“将半成品深加工为产成品”和“直接出售半成品”两个备选方案。

在“将半成品深加工为产成品”方案中，需要考虑的相关成本包括：按深加工业务量计算的将半成品深加工为产成品的加工成本，为了形成深加工能力而追加的专属成本或与已经具备且可以转移的深加工能力有关的机会成本。

在“直接出售半成品”方案中，相关成本为零。因为半成品的成本（无论是固定成本还是变动成本）属于与决策方案无关的沉落成本，故不予考虑。

上述两个方案的相关收入需要按照产成品和半成品的单价分别乘以它们的相关业务量确定。

在认定相关业务量时，应充分考虑实际具备的深加工能力的大小和半成品与产成品的投入产出关系。

半成品是否深加工的决策可以用差别损益分析法来完成，分简单和复杂两种条件讨论。

(一)简单条件下，半成品是否深加工的决策

所谓简单条件，就是假定企业已具备将全部半成品深加工为产成品的能力，且无法转移，半成品与产成品的投入产出比为 1∶1。

在此情况下，“将全部半成品深加工为产成品”方案的相关成本只有“加工成本”一项内容，其相关业务量等于“直接出售半成品”方案的相关业务量，即全部半成品产量。

【例 7-10】 用差别损益分析法作出半成品是否深加工的决策举例

已知：某企业常年组织生产甲半成品，其单位成本为 180 元/件，市场售价为 200 元/件，年销售量 2 000 件，单位变动成本 160 元/件，固定成本总额 40 000 元。甲半成品经过深加工可加工成市场销售价为 400 元的乙产成品，每完成一件乙产成品另须追加变动性的加工成本 150 元。假定甲与乙的投入产出比为1∶1；企业已具备将全部甲半成品深加工为乙产成品的能力，且无法转移（本题暂不考虑年度内加工进度问题）。

要求:(1)确定各决策备选方案的相关业务量。

(2)用差别损益分析法作出是否将全部甲半成品深加工为乙产成品的决策。

解:(1)依题意,各决策方案的相关业务量均为2 000件。

(2)依题意编制差别损益分析表,如表7-14所示。

表7-14　差别损益分析表　　单位:元

项目＼方案	将全部甲半成品深加工为乙产成品	直接出售甲半成品	差异额
相关收入	400×2 000=800 000	200×2 000=400 000	+400 000
相关成本	300 000	0	+300 000
其中:加工成本	150×2 000=300 000	0	—
差别损益			+100 000

决策结论:应当将全部甲半成品深加工为乙产成品,这样可以使企业多获得100 000元的利润。

(二)复杂条件下,半成品是否深加工的决策

复杂条件具体又分以下四种情况:

第一种情况,企业虽已具备100%的深加工能力,但能够转移。在企业已具备100%的深加工能力,但能够转移的情况下,"将全部半成品深加工为产成品"方案的相关成本中,必然包括与可以转移的深加工能力有关的"机会成本"。

【例7-11】　用差别损益分析法作出半成品是否深加工的决策举例

已知:仍按例7-10的资料。假定企业已具备将全部甲半成品深加工为乙产成品的能力,但如果可以将与此有关的设备对外出租,预计一年可获得30 000元边际贡献总额,该设备年折旧为12 000元,其他条件均不变(即将甲加工成乙的设备可以转移)。

要求:(1)确定"将全部甲半成品深加工为乙产成品"方案的机会成本。

(2)说明设备折旧12 000元是否为相关成本。

(3)用差别损益分析法作出是否将全部甲半成品深加工为乙产成品的决策。

解:(1)依题意,机会成本为30 000元。

(2)12 000元设备折旧不是相关成本,因为该项成本为沉落成本,与决策无关。

(3)依题意编制差别损益分析表,如表7-15所示。

表7-15　差别损益分析表　　单位:元

项目＼方案	将全部甲半成品深加工为乙产成品	直接出售甲半成品	差异额
相关收入	400×2 000=800 000	200×2 000=400 000	+400 000
相关成本合计	330 000	0	+330 000
其中:加工成本	150×2 000=300 000	0	—
机会成本	30 000	0	—
差别损益			+70 000

决策结论：应当将全部甲半成品深加工为乙产成品，这样可以使企业多获得 70 000 元的利润。

第二种情况，企业尚不具备深加工能力。在企业尚不具备深加工能力的情况下，"将全部半成品深加工为产成品"方案的相关成本中，必然包括与追加深加工能力有关的"专属成本"。

【例 7－12】 用差别损益分析法作出半成品是否深加工的决策举例

已知：仍按例 7－10 的资料。假定企业尚不具备深加工能力，如果每年支付 40 000 元租入一台专用设备，可将全部甲半成品深加工为乙产成品。其他条件均不变。

要求：(1)确定"将全部甲半成品深加工为乙产成品"方案的专属成本。

(2)用差别损益分析法作出是否将全部甲半成品深加工为乙产成品的决策。

解：(1)依题意，专属成本为 40 000 元。

(2)依题意编制差别损益分析表，如表 7－16 所示。

表 7－16 差别损益分析表 单位：元

项目＼方案	将全部甲半成品深加工为乙产成品	直接出售甲半成品	差异额
相关收入	400×2 000＝800 000	200×2 000＝400 000	＋400 000
相关成本合计	340 000	0	＋340 000
其中：加工成本	150×2 000＝300 000	0	—
专属成本	40 000	0	—
差别损益			＋60 000

决策结论：应当将全部甲半成品深加工为乙产成品，将使企业多获得 60 000 元的利润。

第三种情况，企业已具备部分深加工能力。在企业已具备部分深加工能力的情况下，两个方案的相关业务量必须按实际深加工能力和投入产出比来确定；同时还必须考虑已经具备的深加工能力能否转移，企业是否需要追加投入以弥补深加工能力的不足。

【例 7－13】 用差别损益分析法作出半成品是否深加工的决策举例

已知：仍按例 7－10 的资料。假定企业已具备将 80％的甲半成品深加工为乙产成品的能力但可以将有关设备对外出租，预计一年可获得 30 000 元边际贡献总额，该设备年折旧为 12 000元。其他条件均不变。

要求：(1)分别计算各方案的相关业务量。

(2)确定"将 80％的甲半成品深加工为乙产成品"方案的机会成本。

(3)用差别损益分析法作出是否将 80％的甲半成品深加工为乙产成品的决策。

解：(1)依题意，两个方案的相关业务量均为：2 000×80％＝1 600(件)

(2)依题意，机会成本为 30 000 元。

(3)依题意编制差别损益分析表，如表 7－17 所示。

决策结论：应当将 80％的甲半成品深加工为乙产成品，这样可以使企业多获得 50 000 元的利润。

表 7-17 差别损益分析表 单位:元

项目 \ 方案	将80%的甲半成品深加工为乙产成品	直接出售80%的甲半成品	差异额
相关收入	400×1 600=640 000	200×1 600=320 000	+320 000
相关成本	270 000	0	+270 000
其中:加工成本	150×1 600=240 000	0	—
机会成本	30 000	0	—
差别损益			+50 000

可以结合例 7-13 的数据考虑如下问题:如果要弥补深加工能力的不足,企业最多可以承受的追加专属成本的上限金额是多少?

第四种情况,半成品与产成品的投入产出比不是1∶1。在半成品与产成品的投入产出比不是1∶1的情况下,必须根据实际的投入产出比来计算两个方案的相关业务量;同时还必须考虑是否已经具备深加工能力,以及已经具备的深加工能力能否转移。

【例 7-14】 用差别损益分析法作出半成品是否深加工的决策举例

已知:仍按例 7-10 的资料。假定企业已具备将全部甲半成品深加工为乙产成品的能力,且不能转移;但甲和乙的投入产出比为1∶0.85。其他条件不变。

要求:(1)确定各个方案的相关业务量。

(2)用差别损益分析法作出是否将全部甲半成品深加工为乙产成品的决策。

解:(1)“将全部甲半成品深加工为乙产成品”方案的相关业务量为:

2 000×0.85=1 700(件)

“直接全部出售甲半成品”方案的相关业务量为2 000件

(2)依题意编制差别损益分析表,如表 7-18 所示。

表 7-18 差别损益分析表 单位:元

项目 \ 方案	将全部甲半成品深加工为乙产成品	直接出售甲半成品	差异额
相关收入	400×1 700=680 000	200×2 000=400 000	+280 000
相关成本	255 000	0	+255 000
其中:加工成本	150×1 700=255 000	0	—
差别损益			+25 000

决策结论:应当将全部甲半成品深加工为乙产成品,这样可以使企业多获得25 000元的利润。

可以结合例 7-14 的数据考虑如下问题:如果本例中与深加工能力相联系的设备可以对外出租,相关的租金收入至少要达到多少,企业才能作出直接出售甲半成品的决策?

六、联产品是否需要进一步加工的决策分析

在工业企业生产中,特别在某些石油化工企业生产中,经常会出现在同一生产过程中同时

生产出若干种经济价值较大的联产品。这些联产品有的可以在分离后立即出售，也可以在分离后经过继续加工再行出售。对这类决策问题，可以采用差量分析法。但应注意的是联产品进一步加工前所发生的成本，不论是变动成本或固定成本，在决策分析中均属于无关成本，不必加以考虑。问题的关键在于分析研究联产品在加工后所增加的收入是否超过在进一步加工过程中所追加的成本(即“可分成本”)。如果前者大于后者，则以进一步加工联产品的方案较优；反之，若前者小于后者，则以不加工联产品的方案较优。

【例 7-15】 兰州某石化公司在同一生产过程中可同时生产出 A,B,C,D 四种联产品，其中 A,B 两种联产品可在分离后立即出售，亦可继续加工后再行出售，其有关的产量售价及成本资料如表 7-19 所示。

表 7-19　有关产量售价及成本资料

联产品名称		A 产品	B 产品
产量(千克)		20 000	8 000
销售单价(元/千克)	分离后出售	5	11
	加工后出售	12	20
加工前的联合成本(元)		28 000	40 000
加工过程中追加的成本(元)	单位变动成本	4	10
	专属固定成本	20 000	3 000

要求：为兰州某石化公司作出 A,B 两种联产品是否需要进一步加工的决策分析。

解：根据上述资料分别对 A，B 两种联产品编制差量分析表，如表 7-20 和表 7-21 所示。

表 7-20　A 联产品差量分析表　　单位：元

方案	加工	不加工	差量(Δ)
差量收入 加工后的收入 $p_1x_1=12\times20\ 000$ 不加工的收入 $p_2x_2=5\times20\ 000$	240 000	100 000	$\Delta px=140\ 000$
差量成本 加工需追加的成本 $y_1=a+bx=20\ 000+4\times20\ 000$ 不加工的成本 $y_2=0$	100 000	0	$\Delta y=100\ 000$
加工方案的差量收益	140 000	100 000	40 000

表 7-21　B 联产品差量分析表　　单位：元

方案	加工	不加工	差量(Δ)
差量收入 加工后的收入 $p_1x_1=20\times8\ 000$ 不加工的收入 $p_2x_2=11\times8\ 000$	160 000	88 000	$\Delta px=72\ 000$

续表 7－21

方案	加工	不加工	差量(Δ)
差量成本 加工需追加的成本 $y_1=a+bx=3\ 000+10\times 8\ 000$ 不加工的成本 $y_2=0$	83 000	0	$\Delta y=83\ 000$
加工方案的差量收益(或损失)	77 000	8 8000	(11 000)

结论：从以上差量分析的结果可知，A 联产品分离后继续加工再行出售可获得盈利 40 000 元，而 B 联产品若继续加工再行出售反而要损失 11 000 元，故 A 联产品分离后继续加工再行出售为佳，而 B 联产品则以分离后立即出售方案较佳。

【例 7－16】 西安某企业对同一种原材料进行加工，可同时生产出甲、乙、丙三种联产品，其年产量分别为甲 5 000 千克、乙 3 000 千克、丙 2 000 千克。其中甲、乙两种联产品只能立即出售，不能进一步加工，只有丙联产品既可以直接出售，也可以加工成为丁产品再进行出售。企业已经有将 80％的丙联产品深加工为丁产品的能力，而且将丙加工为丁的生产能力无法转移。每深加工 1 千克丙产品需额外追加可分成本(变动成本)40 元。丙产品与丁产品的投入产出比例为 1∶0.7。如果企业每年额外支出 88 000 元的租金租入一台设备，可以使深加工能力达到 100％。

丙联产品不加工直接出售的单价为 270 元，加工为丁产品再行出售的单价为 480 元。计划年度企业可以在以下三个方案中作出选择：①将 80％的丙联产品深加工为丁产品；②将全部丙联产品深加工为丁产品；③直接出售丙联产品。

要求：(1)确定各个方案的相关业务量、相关收入和相关成本。

(2)用相关损益分析法作出丙联产品是否深加工为丁产品的决策。

解：(1)“将 80％的丙联产品深加工为丁产品”方案确认的相关收入的相关业务量包括丁产品的产销量和直接出售的丙联产品的销量：

①丁产品的产销量＝2 000×80％×0.7＝1 120(千克)

直接出售的丙联产品销量＝2 000×(1－80％)＝400(千克)

相关收入＝480×1 120＋270×400＝645 600(元)

②该方案确认可分成本的相关业务量是丙联产品的产量，为 2 000 千克。

可分成本＝2 000×80％×40＝64 000 (元)

(2)“将全部丙联产品深加工为丁产品”方案确认相关收入的相关业务量就是丁产品的产销量：2 000×0.7＝1 400(千克)

①相关收入＝480×1 400＝672 000(元)

②该方案确认可分成本相关业务量是丙联产品的产量，为 2 000 千克。

可分成本＝2 000×40＝80 000(元)

专属成本＝88 000(元)

(3)“直接出售全部丙联产品”方案的相关业务量为 2 000 千克，相关收入＝270×2 000＝540 000(元)，相关成本＝0

将以上分析的结果编制成相关损益分析表，如表 7－22 所示。

表 7－22　相关损益分析表　　单位：元

项目＼方案	将丙联产品深加工为丁产品		直接出售丙联产品
	深加工 80％	深加工 100％	
相关收入	645 600	672 000	540 000
相关成本合计	64 000	168 000	0
其中：加工成本	64 000	80 000	0
专属成本	0	88 000	0
边际贡献总额	581 600	504 000	540 000

通过表 7－22 的计算可以看出，应将 80％的丙联产品加工成丁产品后再出售为最佳方案。再以例 7－15 和例 7－16 的比较可见，例 7－15 联产品与经过深加工而形成的最终产品之间的投入产出比是 1∶1，而例 7－16 联产品与经过深加工而形成的最终产品之间的投入产出比是 1∶0.7，前者的计算和分析相对简单，而后者的计算分析要相对复杂，这就要求要具体问题进行具体分析。

七、零部件是自制还是外购的决策分析

零部件自制或外购的决策，是指企业围绕既可自制又可外购的零部件的取得方式而开展的决策，又叫零部件取得方式的决策。它属于“互斥方案”的决策类型，通常涉及“自制零部件”和“外购零部件”两个备选方案。这些方案不涉及相关收入，只需考虑相关成本因素。

（一）企业已经具备自制能力，自制能力又无法转移，并且零部件的全年需用量为固定常数

如果企业已经有能力自制零部件，则与自制能力有关的固定生产成本就属于沉落成本，在决策中，不应予以考虑。如果自制能力无法转移，也就是说自制的生产能力除了自制外再没有其他用途，“自制零部件”方案的相关成本只包括按零部件全年需用量计算的变动生产成本，固定生产成本根本不需要考虑，因为在这种情况下，自制还是不自制，其固定生产成本都要发生。由于“外购零部件”方案的相关成本也是按零部件的全年需用量计算的，因此，只要直接比较自制零部件的单位变动生产成本和外购单价的大小，就可以作出相应的决策。即应当选择上述两个因素中水平较低的方案。中选比放弃方案所节约的成本等于上述两个因素之差乘以零部件的全年需要量。

【例 7－17】　西安某企业在常年生产过程中需要甲零件 100 000 件，该零件既可以自制，又可以外购。目前企业已具备自制生产能力，自制甲零件的单位完全生产成本为 60 元，其中：直接材料 30 元，直接人工 12 元，变动性制造费用 8 元，固定性制造费用 10 元。假定甲零件的外购单价为 54 元，并且自制的生产能力无法转移。要求为该企业作出甲零件是自制还是外购的决策分析。

解：(1)自制甲零件的单位变动生产成本＝30＋12＋8＝50(元/件)

自制甲零件的相关成本＝50×100 000＝5 000 000(元)

(2)外购甲零件的相关成本＝54×100 000＝5 400 000(元)

(3)自制比外购节约的成本＝(54－50)×100 000＝400 000(元)

故应自制。

或者：因为自制甲零件的单位变动生产成本50元小于外购甲零件的单价54元，所以应当自制甲零件。

(二)企业已经具备自制能力，但自制能力可以转移，并且零部件的全年需用量为固定常数

在自制能力可以转移的情况下，"自制零部件"方案的相关成本除了包括按零部件全年需用量计算的变动生产成本外，还包括与自制能力转移有关的机会成本，无法通过直接比较单位变动生产成本与外购单价作出决策，必须采用相关成本分析法。

【例7-18】 仍以例7-17所提供的资料为基础。假定自制甲零件的生产能力可以对外出租，每年预计可以获得净的租金收入600 000元，其他条件不变。要求为该企业作出自制甲零件还是外购甲零件的决策分析。

解：(1)自制甲零件的机会成本600 000元

自制甲零件的相关成本＝50×100 000＋600 000＝5 600 000(元)

(2)外购甲零件的相关成本＝54×100 000＝5 400 000(元)

(3)决策结论：应当安排外购甲零件，这样可以使企业节约200 000元的成本(5 600 000－5 400 000＝200 000)

(三)企业尚不具备自制能力，或者只具备部分自制能力，并且零部件的全年需要量不确定

在企业尚不具备自制能力，要进行自制就必须增加生产能力，或者只具备部分自制能力，要完全自制某种零件，就必须追加生产能力即追加专属成本，并且零部件在一定会计期间的需要量不确定，这就要求采用成本无差别点法确定零部件的需要量在什么范围内自制方案较优，又在什么范围内外购方案较优。

【例7-19】 西安大众汽车制造厂过去制造农用小型卡车需要一种甲零件，如果在市场上购买，购入单价为1 000元。该厂目前还有不能移作他用的剩余生产能力可以自制该甲零件。经过技术部门与会计部门的共同估算，自制每个甲零件的单位完全成本为1 100元，其中：直接材料为360元，直接人工为250元，变动性的制造费用为230元，固定性的制造费用为260元。另外，如果要进行自制，每年还必须增加专属固定成本32 000元。要求根据上述资料为大众汽车制造厂确定该甲零件的全年需要量在什么情况下采用自制方案为宜？又在什么情况下采用外购方案较优？

解：(1)由于在自制方案中每个甲零件负担的专属固定成本是随产量的增减呈反比例变动的，当产量超过一定限度，自制方案较为有利，如果低于这个限度，则以外购为宜。因此，这项决策首先要通过计算成本无差别点来确定"成本分界点"。另外，自制方案是在剩余生产能力不能移作他用的前提下自制的，故固定性的制造费用属于无关成本，决策分析时无需加以考虑。

(2)设成本无差别点为x件，则：

外购方案的预期成本 $y_1=a_1+b_1x=1\,000x$

自制方案的预期成本 $y_2=a_2+b_2x=32\,000+(360+250+230)x=32\,000+840x$

令 $y_1=y_2$　$1\,000x=32\,000+840x$　$x=200$(件)

(3)若全年甲零件的需要量$x=200$件，两方案成本相等，外购方案与自制方案均属可行。

若全年甲零件的需要量$x<200$件，$y_1<y_2$，则外购甲零件的方案较优。

若全年甲零件的需要量$x>200$件，$y_1>y_2$，则自制甲零件的方案较优。

八、选择不同工艺进行加工的决策分析

不同生产工艺技术方案的决策，是指企业在组织生产过程中，围绕不同的生产工艺技术方案所作的决策。它属于“互斥方案”的决策类型，各备选方案通常只涉及相关成本，而不涉及相关收入。

采用先进的生产工艺技术，由于劳动生产率高，劳动强度低，原材料消耗相对少，并且产品质量高，可能会导致较低的单位变动成本，但往往采用较先进的设备装置，导致固定成本高。而采用普通的或落后的生产工艺技术，情况会相反，因设备比较简陋，虽然固定成本较低，但单位变动成本可能较高。由于单位产品中的固定成本是与产量呈反比例增减的，因此，当产量较大时，采用先进工艺技术较为有利，相反，若产量较小，则采用较为落后的工艺技术较为经济。由此可见，不同工艺方案的选择，必须同产品加工批量的大小联系起来分析研究，即采用成本无差别点法进行决策。另外，在决策过程中，除了考虑各个备选方案不同的单位变动成本和不同的固定成本外，还应充分地考虑市场情况和加工的业务量水平，因地制宜地选择合适的生产工艺技术方案。

【例 7-20】 西安惠农公司决定生产农机上用的 A 零件，有甲、乙两种不同的工艺方案可供选择。如果采用较先进的生产设备进行生产，其固定成本为 192 000 元，单位变动成本为 64 元/件。如果采用普通设备进行生产，其相关的固定成本为 128 000 元，但是单位变动成本为 96 元/件。要求用成本无差别点法为该公司作出采用何种工艺方案的决策。

解：(1)甲方案的成本函数：$y_1=a_1+b_1x=192\ 000+64x$

乙方案的成本函数：$y_2=a_2+b_2x=128\ 000+96x$

(2)当 $y_1=y_2$ 时，$x=(a_1-a_2)/(b_2-b_1)=(192\ 000-128\ 000)\div(96-64)=2\ 000$(件)

(3)决策结论：当 A 零件的需用量小于 2 000 件时，应选择乙方案；当 A 零件的需用量等于 2 000 件时，甲方案或乙方案均可；当 A 零件的需用量大于 2 000 件时，应选择甲方案。

九、最优生产批量的决策方法及应用

在成批生产的企业里，经常会遇到究竟每批生产多少数量，全年分几批生产最为经济的问题。这就是“最优生产批量”的决策问题。对最优生产批量进行决策分析，主要考虑“调整准备成本”和“储存成本”两个成本因素。至于制造产品的直接材料、直接人工等生产成本，属于与批量无关的非相关成本，不予考虑。另外，也不考虑由于停工待料造成的缺货成本。

“调整准备成本”是指在每批投产前，需要进行调整机器、清理现场、准备工卡模具、布置生产线、下达派工单、领取原材料、准备生产作业记录和成本记录等一些调整准备工作而发生的成本。这种成本与每批数量的多寡没有直接联系，但与生产的批数成正比，具有固定成本的性质。

“储存成本”是指单位产品(或零部件)在储存过程中所发生的仓储费、搬运费、保险费、占用资金支付的利息等，这部分储存成本与储存量的多寡呈正比例变动，具有变动成本的性质。另一部分储存成本是指仓库房屋、机械设备的折旧费、维修费、固定资产税、通风照明费等，这部分储存成本在一定期间内的发生额是固定不变的，具有固定成本的性质。

成批生产的全年总产量(或需要量)一般是固定的，每批的产量越大，全年生产的批数(或批次)就越少，生产的调整准备成本就越低，但是每批的产量越大，又会增加期末存货量，从而增加平均储存成本。相反，每批的产量越小，全年生产的批数(或批次)就越多，生产的调整准

备成本就越高，但是，每批的产量越小，又会使期末存货量下降，从而减少平均储存成本。可见，与最优生产批量有关的成本就是每批投产前的调整准备成本和跟着储存量变动而变动的平均储存成本。实际上这两类成本的性质是相互矛盾的，因为调整准备成本与批量无关，但与批数成正比，若要降低全年的调整准备成本，则应减少批数。而减少批数，就要增大批量，从而提高了全年的平均储存成本。

最优生产批量法就是在决策分析过程中要确定一个适当的生产批量，使其全年的调整准备成本与全年的平均储存成本之和最低。因此最优生产批量亦称为“经济生产批量”或“最低成本批量”。

(一)用数学模型法对单一产品的最优生产批量进行决策分析

最优生产批量决策与材料采购决策不同。在产品的生产过程中，存货往往不是一次到货入库陆续领用的，本工序在产品或半成品的生产完工往往是陆续入库并转移供下一工序陆续领用。假设下一工序对本工序半成品的全年需要量(即本工序的全年总产量)为 A，本工序每日的生产量为 P，下一工序每日耗用需要量为 D。又假定每批的调整准备成本为 S，每件半成品的单位储存成本为 C。如果每批的生产量(即批量)为 Q，而每日产量为 P，则该批产品的生产周期为 Q/P。又由于下一工序对本工序的生产要求量为 D，因此本工序生产周期内产品被下一工序耗用量为 $D\times\frac{Q}{P}$，本工序产品期末存货的最高库存量 $Q-D\times\frac{Q}{P}$。因此有如下公式：

(1)全年批数 $=\dfrac{\text{全年需要量}}{\text{每批产量}}=\dfrac{A}{Q}$

(2)全年调整准备成本 = 每批零件的调整准备成本 × 全年批数 $=S\times\dfrac{A}{Q}$

(3)每批生产终了时的最高储存量 $=\dfrac{\text{每批产量}}{\text{每天产量}}\times(\text{每天产量}-\text{每天领用量})$

$$=\frac{Q}{P}\times(P-D)=Q\times(1-\frac{D}{P})$$

(4)平均存储量 $=\dfrac{1}{2}\times$ 每批生产终了时的最高储存量 $=\dfrac{Q}{2}\times(1-\dfrac{D}{P})$

(5)全年平均储存成本 = 单位零件的全年平均储存成本 × 平均储存量

$$=C\times\frac{Q}{2}\times(1-\frac{D}{P})$$

(6)全年总成本(T) = 全年调整准备成本 + 全年平均储存成本

$$=S\times\frac{A}{Q}+C\times\frac{Q}{2}\times(1-\frac{D}{P})$$

为了建立最优生产批量及其最低成本的数学模型，可用微分法求最优生产批量的全年总成本(T)为极小值时的 Q 值：

以 Q 为自变量，求 T 的一阶导数 T'

$$T'=\frac{\mathrm{d}T}{\mathrm{d}Q}=C\times\frac{1}{2}\times(1-\frac{D}{P})-\frac{AS}{Q^2}$$

令 $T'=0$，则有公式

$$Q=\sqrt{\frac{2AS}{C\times(1-\frac{D}{P})}}$$

另外可以根据 Q 值计算最优生产批数$\frac{A}{Q}$。

$$\frac{A}{Q}=\sqrt{\frac{AC\times(1-\frac{D}{P})}{2S}}$$

同理，将 Q 值代入全年总成本(T)公式中，可求出最优生产批量的全年总成本(T)的值。

$$T=\sqrt{2ASC\times(1-\frac{D}{P})}$$

【例 7－21】 假定西安秦川机械厂全年需要甲零件 18 000 件，专门生产甲零件的设备每天能生产 75 件，每天一般平均领用 60 件。每批调整准备成本为 150 元，单位零件全年的平均储存成本 2 元。要求：为西安秦川机械厂作出最优生产批量的决策分析。

解：(1)最优生产批量：

$$Q=\sqrt{\frac{2AS}{C\times(1-\frac{D}{P})}}=\sqrt{\frac{2\times 18\ 000\times 150}{2\times(1-\frac{60}{75})}}=\sqrt{\frac{5\ 400\ 000}{0.4}}=3\ 674.23\ (\text{件})$$

(2)最优生产批数：

$$\frac{A}{Q}=\sqrt{\frac{AC\times(1-\frac{D}{P})}{2S}}=\sqrt{\frac{18\ 000\times 2\times(1-\frac{60}{75})}{2\times 150}}=\sqrt{24}=4.9\ (\text{批})$$

(3)最优生产批量的全年总成本(T)：

$$T=\sqrt{2ASC\times(1-\frac{D}{P})}=\sqrt{2\times 18\ 000\times 150\times 2\times(1-\frac{60}{75})}$$

$$=\sqrt{2\ 160\ 000}=1\ 469.7\ (\text{元})$$

(二)用逐次测试列表法对单一产品的最优生产批量进行决策分析

【例 7－22】 仍以例 7－21 的资料为基础，假定不同的生产批量分别为 2 000 件，3 000 件，3 600件，4 500 件，6 000 件，12 000 件，18 000 件，并计算不同生产批量下的全年总成本，确定最优生产批量为多少。最优生产批量的最低成本逐次测试如表 7－23 所示。

从表 7－23 的最后一行数据中可以看出，全年总成本最低为 1 470 元，其相应的批量为 3 600件，那么，3 600 件就是最优生产批量，相对应的最优生产批数是一年投产 5 批。

表 7－23 最优生产批量的最低成本逐次测试表

每批产量(Q)	2 000	3 000	3 600	4 500	6 000	12 000	18 000
全年批数(A/Q)	9	6	5	4	3	1.5	1
平均存储量$\frac{Q}{2}(1-\frac{D}{P})$	200	300	360	450	600	1 200	1 800
全年调整准备成本 $S\times\frac{A}{Q}$	1 350	900	750	600	450	225	150
全年平均存储成本 $C\times\frac{Q}{2}\times(1-\frac{D}{P})$	400	600	720	900	1 200	2 400	3 600
全年总成本(T)	1 750	1 500	1 470	1 500	1 650	2 625	3 750

十、线性规划法及其应用

线性规划是运筹学的一个重要组成部分，是专门用来对具有线性联系的极值问题进行求解的一种现代数学方法。所谓“线性”，是指所有变动因素的相互影响是直线关系。它能帮助管理人员在有若干约束条件(例如，机器设备的生产能力条件、材料供应条件、人员配备条件、资金供应条件、生产技术条件、产品销售条件等)的情况下，对合理组织人力、物力、财力作出最优决策，使企业的有限资源得到最佳应用，并以最低化的成本获得最大的经济效益和社会效益。

线性规划研究的问题主要有以下两类：其一是对于已拥有一定数量的人力、物力和财力资源，研究如何合理使用，才能发挥它们的最大经济效益。其二是对于已确定的一项任务，研究如何统筹安排，才能以最少的人力、物力和财力资源完成该项任务。上述两类问题实质上是同一问题的两个方面，就是寻求实际经济问题的某个整体指标的最优化。如从数学上进行量的分析，就是求函数的最大值或最小值。

在生产多品种产品的企业中，经常会碰到在一定的约束条件下，如何把有限的经济资源充分地加以利用，并在各产品之间作出最有利分配的优化决策问题，例如，为了充分利用材料、设备、工时、资金等有限资源，往往就需要应用线性规划的方法来实现产品生产的最优组合，以便实现利润最大值或成本最小值。

一般来说，线性规划的问题都应具有以下三个特点：第一，在问题中必须有一个“目标函数”。它是通过函数形式表现的在一定条件下可能达到的最优结果，如“利润最大值”或“成本最小值”。第二，在问题中还必须包括若干个“约束条件”。即在追求目标函数最大值或最小值的实现时，必须遵守这些条件的约束。例如，在追求最大贡献毛益时，可能要受到材料库存数量约束，生产能力的总工时或机器小时的约束，以及产品在市场上的销售数量的约束，等等。第三，上述目标函数与约束条件，必须具有直线性的关系，或至少具有与直线相近的关系，并都能用一次方程代数式表示。因为只有这样，这项问题才能用数学方法建立线性规划模型。对于简单的线性规划问题的解法，主要通过几何解法进行，另外也可以用行列式法、单纯形法进行。

【例 7－23】 华山公司今年第二季度拟生产甲、乙两种产品，其售价、成本及约束条件的资料如表 7－24 所示。

表 7－24 甲、乙产品售价和成本及约束条件资料

产品名称	售价及成本资料			约束条件		
	销售单价（元）	单位变动成本（元）	固定成本总额（元）	原材料消耗定额	电力消耗定额	市场最大销售额
甲	102	66	11 760	3.6 千克/件	7.2 千瓦/件	无限制
乙	108	78		4.8 千克/件	4.8 千瓦/件	500 件
最高用量				2 880 千克	4 320 千瓦	

要求：采用几何解法为华山公司作出应如何安排甲、乙两种产品的生产，才能获得最大的边际贡献总额的决策分析。

解：(1)设华山公司今年二季度共生产甲产品 x_1 件，乙产品 x_2 件，建立两种产品边际贡献总额的目标函数：

$S=(102-66)x_1+(108-78)x_2=36x_1+30x_2$

现建立数学模型如下：

$$\text{在三项约束条件下}\begin{cases}3.6x_1+4.8x_2\leqslant 2\ 880\ (\text{材料供应的约束条件})\\7.2x_1+4.8x_2\leqslant 4\ 320\ (\text{电力供应的约束条件})\\x_2\leqslant 500\ (\text{产品销售的约束条件})\end{cases}$$

求目标函数 $S=36x_1+30x_2$ 为极大值时 x_1 与 x_2 的值。

(2)采用绘制几何图形的方法来确定产品组合的可行性面积。

根据约束条件的三个代数方程式，在平面直角坐标系中做图，如图 7－1 所示。

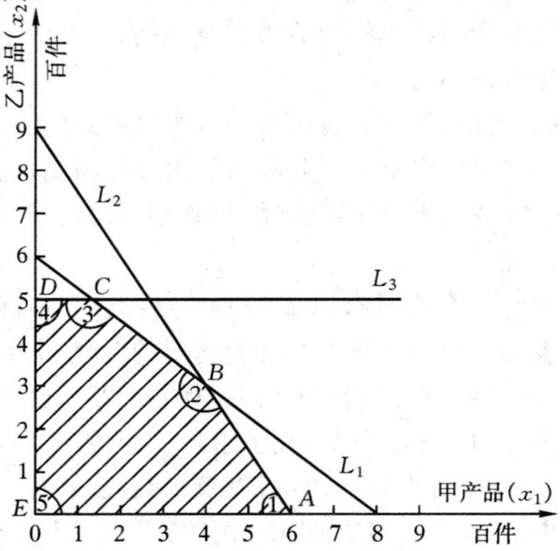

图 7－1　产品组合的可行性面积示意图

令横轴代表甲产品的产量(x_1)，纵轴代表乙产品的产量(x_2)，并按下列步骤绘出三根代表约束条件的直线：

①将材料供应的约束条件在坐标图上画一根直线 L_1。

因为：$3.6x_1+4.8x_2=2\ 880$

设 $x_2=0$，$x_1=800$ 件；设 $x_1=0$，$x_2=600$ 件

所以：在横轴上取 $x_1=800$ 件的一点，与在纵轴上取 $x_2=600$ 件的一点，用直线连接起来，即为 L_1(在这条直线上的任何一点均符合材料供应约束条件)。

②将电力供应的约束条件在坐标图上画一根直线 L_2。

因为：$7.2x_1+4.8x_2=4\ 320$

设 $x_2=0$，$x_1=600$ 件；设 $x_1=0$，$x_2=900$ 件

所以，在横轴上取 $x_1=600$ 件的一点与在纵轴上取 $x_2=900$ 件的一点，用直线连接起来，即为 L_2(在这条直线上的任何一点均符合电力供应的约束条件)。

③将乙产品销售的约束条件在坐标图上画一根直线 L_3。

在纵轴上取 $x_2=500$ 件的一点，画一根与横轴平行的一条水平线，即为 L_3(在 L_3 线上的

任何一点均符合销售量的约束条件)。

④确定产品组合的可行性面积。由上述代表三个约束条件的直线 L_1,L_2 与 L_3 所围成的一个共同区域(即图 7-1 的阴影部分),就是产品组合的可行性面积。阴影的每根线即华山公司进行生产和销售业务必须受到的限制。在阴影内的任何产品组合都是可行的。

(3)求最优解,即确定甲产品和乙产品的最优组合,找出既能满足约束条件的要求,又能使目标函数达到最大值的那一点。在线性规划中,较佳的组合都是处于“可行性面积”每个角的顶点上。因此只要比较各个顶角的目标函数值,就能找到线性规划的最优解。

在图 7-1 的可行性面积中,共有五个顶角,分别是 A,B,C,D,E。角 A 的坐标值是(600,0),即 $x_1=600$ 件,$x_2=0$;角 B 的坐标值是(400,300),是通过方程 $3.6x_1+4.8x_2=2\,880$ 和 $7.2x_1+4.8x_2=4\,320$ 联立求解而得到的;角 C 的坐标是(133,500),是通过方程 $x_2=500$ 和 $3.6x_1+4.8x_2=2\,880$ 联立求解而得到的;角 D 的坐标是(0,500),即 $x_1=0,x_2=500$;角 E 的坐标是(0,0)。

现将 5 个顶角的坐标值分别代入目标函数 $S=36x_1+30x_2$ 中,计算出各个顶角所提供的边际贡献总额,如表 7-25 所示。

表 7-25　各顶角边际贡献总额计算表

顶角	产品组合		目标函数 $S=36x_1+30x_2$	边际贡献总额 S(元)
	x_1(件)	x_2(件)		
A	600	0	36×600+30×0	21 600
B	400	300	36×400+30×300	23 400
C	133	500	36×133+30×500	19 788
D	0	500	0×36+30×500	15 000
E	0	0	0×36+0×30	0

从表 7-25 中的数据可见,顶角 B 的目标函数值 23 400 元最大,故甲产品生产 400 件,乙产品生产 300 件是最优生产组合,它们可为华山公司提供最大的边际贡献总额 23 400 元。

第二节　定价决策

为生产的产品或提供的劳务制定售价,是企业生产经营业务的一项重要决策。一般说来,售价高低与销售量、单位销售成本和销售利润的大小均有直接联系。定价是否合理,直接影响着销售量,而销售量的多少又决定着生产量的高低,并影响产品成本的水平和盈利的多寡。销售量给定,销售单价越高,销售总收入就越多;但销售单价定得太高,就会影响产品的销路,使销售量减少;这样,单位产品的成本又会随销售量的下降而提高。相反,销售单价如定得太低,又难以补偿成本的开支,当然也就无法保证企业目标利润的实现。因此,企业管理当局必须作出合理的定价决策,以保证企业的长远利益和最佳经济效益的实现。总之,定价决策的适当与否,直接关系着企业的生存和发展。

定价决策涉及的面很广,采用的方法也多种多样。本节主要介绍以最大利润作为决策目标定价法、标准产品的成本加成定价法、以特殊要求为导向的定价决策方法。

一、以最大利润作为决策目标定价法

以最大利润作为决策目标定价法又分为公式求导法和列表法两种方法。

(一)公式求导法

当收入函数和成本函数均为可微函数,可以用公式求导法确定最优售价。

【例 7－24】 假定某企业A产品的成本相关范围为1 600件,在1 600件之内(包括1 600件)生产时的单位变动成本为40元,固定成本为16 800元。根据历史资料,在不同销售量下的单价水平如表7－26所示,试作出产品最优定价决策。

表 7－26 A 产品资料表 单位:元

销售量(x)(件)	销售单价(R)	销售收入(S)	总成本	单位成本	利润总额
0	120	0	16 800	—	－16 800
200	110	22 000	24 800	124	－2 800
400	100	40 000	32 800	82	7 200
600	90	54 000	40 800	68	13 200
800	80	64 000	48 800	61	15 200
1 000	70	70 000	56 800	56.8	13 200
1 200	60	72 000	64 800	54	7 200
1 400	50	70 000	72 800	52	－2 800
1 600	40	64 000	80 800	50.5	－16 800

解:从表7－26中可以看出,单价与销售量保持线性递减关系,每降低10元单价,销售量提高200件。设销售量为x,销售单价为R,销售收入为S,总成本为C,利润总额为P。根据高低点法,先确定单价与销售量的关系,有:

单价变动率$=\Delta R/\Delta x=(40-120)\div(1\ 600-0)=-0.05$(元/件)

因此:销售单价$R=120-0.05x$

销售收入$S=R\times x=120x-0.05x^2$

总成本$C=16\ 800+40x\ (0\leqslant x\leqslant 1\ 600$件)

在0～1 600件时,利润总额曲线为:$P=S-C=-0.05x^2+80x-16\ 800$

当边际利润为零时,利润总额最大,即有:$P'=-0.1x+80=0$

$x=800$(件)

最大利润 $P=-0.05\times 800^2+80\times 800-16\ 800=-32\ 000+64\ 000-16\ 800$

$=15\ 200$(元)

【例 7－25】 假定已知某产品的售价与销量有以下关系:$R=60-2x$;单位变动成本与销量的关系是:$b=20+0.5x$,固定成本$a=70$元。要求:用公式求导法求销量和售价的最优组合(即求最优售价)。

解:$\because$ $R=60-2x$

$\therefore$ 销售收入$S=60x-2x^2$

又$\because$ $C=a+bx=70+(20+0.5x)x=70+20x+0.5x^2$

∴ 利润 $P=S-C=60x-2x^2-(70+20x+0.5x^2)=-2.5x^2+40x-70$

$P'=-5x+40$ 令 $P'=0$ $x=8$(件)

最优售价 $R=60-2x=60-2\times8=44$(元/件)

最大利润 $P=-2.5\times8^2+40\times8-70=90$(元)

(二)列表法

对于最优价格和数量的组合决策,也可以根据边际收入等于边际成本,边际利润为零、利润最大的原理,通过列表法进行定价。

【例 7-26】 某企业生产某产品,最大生产能力为每年 20 台,目前的年销售量仅为 6 台。该产品单位售价 3 800 元,单位变动成本 1 200 元,固定成本总额 15 000 元。为了充分利用生产能力,提高企业盈利水平,现拟将该产品年销量扩大到 15 台。但因某些条件的限制,目前只有采取降价措施,才能达到增加销售的目的。经市场调查,确认当该产品单位售价每降低 200 元,其销售量将相应地递增 1 台。现要求确定,该企业应为该产品建立何种价格与数量的组合,才可使其年盈利达到最高水平。

解: 首先分别计算该产品在不同价格和数量组合情况下的边际收入和边际成本,其计算结果如表 7-27 所示。

表 7-27 边际收入和边际成本计算表 单位:元

销售价格	销售数量	销售收入总额	边际收入	成本总额	边际成本	边际利润
3 800	6	22 800	—	22 200	—	—
3 600	7	25 200	2 400	23 400	1 200	1 200
3 400	8	27 200	2 000	24 600	1 200	800
3 200	9	28 800	1 600	25 800	1 200	400
3 000	10	30 000	1 200	27 000	1 200	0
2 800	11	30 800	800	28 200	1 200	(400)
2 600	12	31 200	400	29 400	1 200	(800)
2 400	13	31 200	0	30 600	1 200	(1 200)
2 200	14	30 800	(400)	31 800	1 200	(1 600)
2 000	15	30 000	(800)	33 000	1 200	(2 000)

其次,确定该产品的最优价格和数量的组合。从表 7-27 的计算可知,当该产品的单位销售价格为 3 000 元,销售数量为 10 台时,边际收入正好同边际成本相等,边际利润为零,这时的利润总额最大,为 3 000 元(30 000-27 000)。

二、标准产品的成本加成定价法

对标准产品制定正常的、长期性的价格,最常用的是成本加成定价法。它首先是以按全部成本法或变动成本法计算出来的单位产品成本为基础,然后在这个基础上加上预定的百分率,作为该产品目标售价的定价方法。成本加成实质上是一种成本导向的定价策略。

成本加成定价法的理论基础是:对产品规定的售价除补偿"全部成本"外,还应为投资者提供合理的报酬。这里的"全部成本",从管理会计角度来说,既包括变动成本,又包括固定成本,即任何成本都是定价决策的相关成本。

由于按全部成本法或变动成本法计算出来的单位产品成本的内涵各不相同，因而加成的内容也各有所异。

(一)采用全部成本法的成本加成定价法

成本基础是指单位产品的制造成本，加成的内容包括非制造成本及目标利润。

【例 7－27】 西安东方公司正在研究制定标准产品甲的售价，总经理通知会计部门提供甲产品修改设计后的估计成本资料。现将甲产品 1 000 件的估计成本数据列示如下：直接材料 100 000 元，直接人工 88 000 元，变动制造费用72 000元，固定制造费用 140 000，变动销售及管理费用 40 000 元，固定销售及管理费用 20 000 元，合计 460 000 元。要求：根据总经理的决定，在甲产品的单位制造成本上加成 50％作为目标售价。

解：(1)按照全部成本法计算甲产品的单位制造成本＝100＋88＋72＋140＝400(元)

(2)目标售价＝400×(1＋50％)＝400＋400×50％＝600(元)

(3)从上述计算过程可见：所谓的“制造成本加成 50％”的内涵，实质上不只是目标利润，而且包括非制造成本(变动的和固定的销售及管理费用)60 元在内。

(二)采用变动成本法的成本加成定价法

成本基础指单位产品的变动成本，加成内容包括全部固定成本及目标利润。

【例 7－28】 仍以例 7－27 的甲产品的估算成本资料，根据总经理的决定，要求在甲产品的单位变动成本上加成 100％作为目标售价。

解：(1)按变动成本计算法计算甲产品的单位变动成本＝100＋88＋72＋40＝300(元)

(2)目标售价＝(100＋88＋72＋40)×(1＋100％)＝300＋300×100％＝600(元)

(3)从上述计算过程可以看出：所谓的“变动成本加成”的内涵，实质上不只是目标利润，而且包括全部固定成本 160 元(140＋20)在内。因此，成本加成定价法中的所谓“加成”，不论是采用全部成本法或是变动成本法，均包含有一部分成本或费用项目在内。因此，在制定加成百分率时，必须审慎从事，务使它除能为企业提供预期的目标利润以外，还需包括一切应该补偿的所有成本项目。

(三)成本加成百分率的确定

通常应以企业的目标利润(即以企业的投资总额×预期的投资报酬率)为依据，再结合产品成本的不同计算方法进行估算。其计算公式如下：

(1)若产品成本采用全部成本法计算，则：

$$加成百分率=\frac{投资总额\times预期的投资报酬率+非制造成本总额}{产品的制造成本总额}\times100\%$$

(2)若产品成本采用变动成本法计算，则：

$$加成百分率=\frac{投资总额\times预期的投资报酬率+全部固定成本总额}{产品的制造成本总额}\times100\%$$

【例 7－29】 仍以例 7－27 的资料，假定西安东方公司的投资总额(即全部资产的平均余额)为 1 000 000 元，预期的投资报酬率为 14％。要求：分别计算在采用全部成本法和变动成本法的情况下的加成百分率。

解：(1)在采用全部成本法下：

$$加成百分率=\frac{1\ 000\ 000\times14\%+60\ 000}{400\ 000}\times100\%=50\%$$

(2)在采用变动成本法下：

$$加成百分率=\frac{1\ 000\ 000\times 14\%+160\ 000}{300\ 000}\times 100\%=100\%$$

采用成本加成法制定产品的目标售价，其主要缺点在于没有考虑价格与销售量的关系。例如，例7-27中的甲产品若按每件600元的定价出售，可能由于市场上的竞争出现了供过于求的局面，使东方公司全部销售量达不到预定的目标销售量1 000件。当然，也可能出现由于甲产品在市场上的需求量激增，出现了供不应求的局面，使东方公司因缺货而丧失许多获利机会。因此，为了使成本加成定价法能切合实际，一般可采取以下两项补救措施：第一，用公式计算出来的目标售价绝不能一成不变，需根据市场竞争形势的变化，由企业管理当局作出上下浮动的决定。第二，每个企业不应对其全部产品采用同一种加成百分率，而需根据市场上对各种产品需求的不同情况、各地区的习惯、同行业的惯例，分别制定不同产品的加成百分率。

三、以特殊要求为导向的定价决策方法

(一)按贡献方式定价

按贡献方式定价，就是把实际售价定在基础价格和最高价格之间，这里的基础价格指的是单位变动成本，这里的最高价是指目标售价(目标售价＝变动成本＋固定成本＋预期利润)。虽然从长远来看，企业应以目标售价作为最佳目标，但是在实际工作中，为了对付市场竞争，管理当局往往需要将售价压低在弹性范围以内，但也不宜低于基础价格，至少要略高于单位变动成本。例如，在企业的剩余生产能力无法移作他用时，是否接受追加订货的决策(参见第一节)。

(二)保本基础定价法

保本基础定价法是根据保本分析的原理而建立的一种以保本为目的的定价方法。这种方法是企业为了扩大或维护企业的市场占有率，而把产品价格定在保本或者微利；或者是企业为了方便在参加国内外订货会、贸易洽谈会或投标活动时，能迅速报价而提供的一系列在不同销售量(x)情况下的产品“保本价格”。其公式如下：

保本价格＝单位变动成本＋(固定成本/预计销售量)

(三)保利基础定价法

保利基础定价法就是利用本量利分析原理中介绍过的实现目标利润的价格计算公式进行定价的方法。其公式是：

$$保利价格=单位变动成本+\frac{固定成本+目标利润}{预计销售量}$$

第三节　存货决策

一、存货决策的意义和基本要求

存货是企业所拥有的产品(商品)、在产品(半成品)和原材料，它是从事生产经营所必备的资源条件，是保证供应、生产和销售活动得以顺利进行的物质基础。认真做好存货决策工作，对加强企业管理、提高经济效益具有重要意义。对于工业生产企业而言，存货决策的意义主要是保证生产经营活动对存货的正常需要，这就要求企业管理者权衡利弊，正确决策，力求达到

既不因存货过多而造成资金积压，又不因存货过少而出现缺货、停产的双重目的。存货决策的基本要求首先是存货决策既要确定存货的订购次数，又要确定存货的订购数量；其次存货决策既要使存货数量满足生产经营的正常需要，又要使存货成本处于现有条件下的最低水平。因此，存货管理的主要任务就是用最低的存货成本实现对企业生产经营活动所需物资的正常供应。

二、材料存货成本的构成

材料存货成本是指有关存货从订货、购入、储存一直到出库的整个过程中所发生的各种费用以及因缺货而造成的经济损失。一般说来，材料存货成本包括以下四种：

(一)采购成本(也叫购入成本或购置成本)

它是指货物本身的成本，指由商品材料物资的买价和运杂费所构成的成本。采购成本总额是采购单价与数量的乘积，但采购单价一般不随采购数量的变动而变动。因此，在大批量购买没有优惠折扣的情况下，采购成本对于经济订货量来讲是无关成本。除非供应商规定，如大批量购买可享受优惠折扣，则采购成本就成为决策分析的相关成本。

(二)订货成本

订货成本指由于每次订货业务而发生的文件处理和验收成本。例如，邮资、电话、电报、电传、文件复印和验收、付款等方面支出的费用(这部分与订货次数的多寡成正比，属于变动成本的性质，但与每次订货数量的多少无直接关系)，以及采购部门的管理费、采购人员的工资和差旅费等(这部分是在一定期间维持采购部门开展正常活动所必需的，属于固定成本的性质)。

(三)储存成本

储存成本亦称“持有成本”，指存货在储存过程中所发生的仓储费、搬运费、保险费、占用资金支付的利息等(这部分与储存量的多寡呈正比例变动，属于变动成本的性质)，以及仓库房屋、机械设备的折旧费和维修费、通风照明费、空调取暖费、固定资产税、存货过时的损失等(这部分在一定期间内的发生额是固定不变的，属于固定成本的性质)。

(四)缺货成本

缺货成本指由于未能保持足够的存货而给企业的生产和销售带来的一切损失。例如，因材料、零件的存量不足造成停工待料的损失；由于缺乏资金不能大量购买而丧失的购货折扣损失；因临时增加购买造成额外的运输费用；因延期交货而付出的罚金损失等。应该注意的是：缺货成本大多属于机会成本中的估算成本，计算比较复杂。但为了满足某些企业在存货规划决策中的需要，还应算出单位缺货成本。例如，在商业企业中，由于存货不足，丧失销售机会而造成的损失，需要计算短缺一个单位商品存货一次给企业带来的平均损失。又如，在工业企业中，由于存料不足造成停工待料，需计算短缺一个单位材料存货而造成的人工浪费，以及一个单位材料造成的产品的潜在利润的丧失，等等。

综上所述，年存货总成本应为：

年存货成本＝年采购成本＋年订货成本＋年储存成本＋年缺货成本

三、每批订货一次全额到达，提前期为零，在供应周期内陆续均衡耗用时的经济订货量

所谓的经济订货量，是指能使年存货总成本为最低的一次订货数量。在订货一次全部到

达，提前期为零，陆续均衡耗用的条件下，不存在缺货问题，故年存货总成本中不含缺货成本。另外，为简化计算工作量，暂不考虑价格折扣，因而年采购成本对经济订货量不发生影响。这就是说，在此情况下，同经济订货量相关联的存货总成本即由年相关订货成本和年相关储存成本两部分构成。

在生产经营过程中，某项存货的需用量在年度内是相对固定的，每次订货数量越多，年订货次数就越少，平均库存量就越大，从而使相关的储存成本相应增加，使相关的订货成本相应减少。与此相反，如果每次订货数量越少，那么年订货次数就越多，平均库存量就越小，因而相关的订货成本将相应地增加，相关的储存成本则将相应减少。此时，要求企业管理者在订货成本和储存成本的矛盾与制约中，确定可使二者之和为最低的经济订货量。确定经济订货量的方法有建立数学模型求解法、逐次测试列表法和图示法。

(一)建立数学模型求解法

(1)现将数学模型法中的字母代表的含义列表，如表 7－28 所示。

表 7－28　数学模型中字母含义表

字母	字母代表的含义	字母	字母代表的含义
D	代表存货的年需要量	C	代表单位存货的全年平均储存成本
Q	代表每次订货的数量	x	代表到货期内每日的到货量
K	代表每次订货成本	y	代表供应周期内每日的耗用量
u	代表采购单价	T	代表全年存货相关总成本
d	代表折扣率	N	最优订货次数

(2)下面列出相关指标的计算公式：

$$\text{订货次数}=\frac{\text{全年需要量}}{\text{每次订货量}}=\frac{D}{Q}$$

$$\text{全年相关的订货总成本}=\text{每次订货成本}\times\text{订货次数}=K\times\frac{D}{Q}$$

$$\text{平均库存量}=\frac{\text{每次订货量}}{2}=\frac{Q}{2}$$

$$\text{全年相关的平均储存总成本}=\text{单位存货的全年平均储存成本}\times\text{平均存货量}=C\times\frac{Q}{2}$$

$$\text{全年存货的相关总成本}=\text{全年相关订货总成本}+\text{全年相关的平均储存总成本}$$

$$=\frac{D}{Q}\times K+\frac{Q}{2}\times C$$

(3)根据以上公式建立数学模型

$$T=\frac{D}{Q}\times K+\frac{Q}{2}\times C \tag{7-1}$$

以 Q 为自变量，求 T 的一阶导数 T'

$$T'=\frac{\mathrm{d}T}{\mathrm{d}Q}=\frac{C}{2}-\frac{DK}{Q^2}$$

令 $T'=0$，则　$\frac{C}{2}-\frac{DK}{Q^2}=0$　$Q^2=\frac{2DK}{C}$

$$Q=\sqrt{\frac{2DK}{C}} \tag{7-2}$$

由于以上的计算结果，可使 T 得到最小值，故这里的 Q 即经济订货量。将公式 7-2 代入公式 7-1 中

$$T=\frac{D}{\sqrt{\frac{2DK}{C}}}\times K+\frac{\sqrt{\frac{2DK}{C}}}{2}\times C=\sqrt{2DKC} \tag{7-3}$$

将公式 7-2 代入 $N=\frac{D}{Q}$ 中

$$N=\frac{D}{\sqrt{\frac{2DK}{C}}}=\sqrt{\frac{DC}{2K}} \tag{7-4}$$

(4)举例说明。

【例 7-30】 西安雅芳公司全年需用甲种原材料 7 200 千克，每次订货费用 20 元，每千克甲材料的全年储存费用 0.8 元。现要求确定甲材料的经济订货量和甲材料的年最低存货成本。

解：$Q=\sqrt{\frac{2DK}{C}}=\sqrt{\frac{2\times 7\ 200\times 20}{0.8}}=\sqrt{360\ 000}=600$（千克）

$T=\sqrt{2DKC}=\sqrt{2\times 7\ 200\times 20\times 0.8}=\sqrt{230\ 400}=480$（元）

(二)逐次测试列表法

以例 7-30 的资料为基础，可将不同的每次订货数量和年订货次数的年订货成本、年储存成本和年存货总成本列表，如表 7-29 所示。

表 7-29　逐次测试法计算表

每次订货数量(千克)(Q)	年订货次数(次)(N)	平均储存量(千克) Q/2	年储存成本(元) $\frac{Q}{2}\times C$	年订货成本(元) $\frac{D}{Q}\times K$	年存货总成本(元) $\frac{Q}{2}\times C+\frac{D}{Q}\times K$
200	36	100	80	720	800
240	30	120	96	600	696
300	24	150	120	480	600
360	20	180	144	400	544
400	18	200	160	360	520
480	15	240	192	300	492
600	12	300	240	240	480
720	10	360	288	200	488
800	9	400	320	180	500
900	8	450	360	160	520
1 200	6	600	480	120	600
1 440	5	720	576	100	676
1 800	4	900	720	80	800
2 400	3	1 200	960	60	1 020

从表 7 - 29 的有关数据可见，每次订货数量同年订货次数二者之间存在着反向关系，年储存成本同年订货成本二者之间也存在着反向关系。至于年存货总成本，开始由多到少逐渐下降，当其下降到最低点(480 元)，即年储存成本(240 元)和年订货成本(240 元)相等后，继而又由少到多逐渐上升。在此，最低年存货总成本(480 元)相对应的每次订货数量 600 千克，即为经济订货量，同其相对应的年订货次数(12 次)，即为经济订货次数。

(三)图示法

表 7 - 29 中，年存货总成本同订货数量之间的相互关系，可用图 7 - 2 表示。

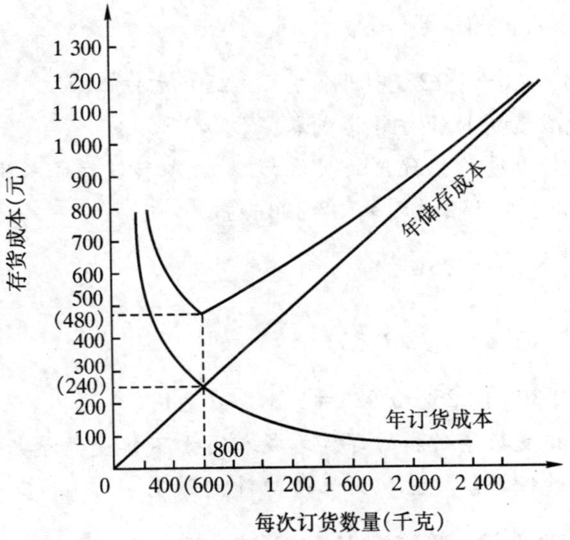

图 7 - 2　订货数量与存货成本关系图

四、享有数量折扣时的经济订货量

所谓的数量折扣，是指每批(次)购买某种物资或商品的数量达到或超过一定限度，即可享受价格上的优待，这种价格优待通常称为数量折扣。实行数量折扣，是企业鼓励用户增加购买量，扩大其产品销售的手段。

对用户(买方)而言，实行数量折扣制度，可以获得商品降价的收益、运费上的节约、采购订货费用的减少等经济上的利益，但也存在着增加储存费用、积压资金、多付利息等不利因素。企业管理者在这个问题上的职责是，全面权衡接受数量折扣的利弊得失，为保障企业的经济利益而制定正确的存货数量折扣决策。

存货数量折扣决策分析的一般方法是“成本比较法”。所谓成本比较法，是对接受数量折扣条件下的存货总成本和不接受数量折扣仅按经济订货量购货的存货总成本进行比较，从中选取成本较低者为决策行动方案的一种经济分析方法。

【例 7 - 31】　三秦公司生产 A 产品，全年需用甲种材料 4 500 千克，每千克买价 30 元，每次订货成本为 75 元，每千克甲材料年储存成本为 7.5 元。甲材料供货单位规定，凡每次购买数量达到 1 500 千克，买价可优惠 2%。现在要求确定，三秦公司应否接受对方提出的数量折扣条件。

解：(1)首先，计算不接受数量折扣的存货总成本。依本例所给资料，甲材料的经济订货量应为：

$$Q=\sqrt{\frac{2DK}{C}}=\sqrt{\frac{2\times 4\ 500\times 75}{7.5}}=\sqrt{90\ 000}=300\ (\text{千克})$$

甲材料的总成本应由买价、订货成本和储存成本构成，其中：

①买价 $=4\ 500\times 30=135\ 000$(元)

②订货成本 $=\frac{4\ 500}{300}\times 75=1\ 125$(元)

③储存成本 $=\frac{300}{2}\times 7.5=1\ 125$(元)

④存货总成本 $=135\ 000+1\ 125+1\ 125=137\ 250$(元)

(2)其次，计算接受数量折扣的存货总成本。

甲材料的总成本应由享受价格优惠的买价、订货成本和储存成本构成，其中：

①买价 $=4\ 500\times[30\times(1-2\%)]=132\ 300$(元)

②订货成本 $=\frac{4\ 500}{1\ 500}\times 75=225$(元)

③储存成本 $=\frac{1\ 500}{2}\times 7.5=5\ 625$(元)

④存货总成本 $=132\ 300+225+5\ 625=138\ 150$(元)

(3)计算结果表明，接受数量折扣的存货总成本高于不接受数量折扣的存货总成本，故三秦公司仍应按照甲材料的经济订货量购买此种材料。

五、一次订货、边进库、边消耗时的经济订货量

所谓边进库、边消耗，是指每次所订购的货物不是一次全额到达，而是分批陆续到达；而企业因生产经营的需要，也不是等到货物全部运抵仓库后才开始耗用，而是边补充、边耗用。在这种情况下，有关存货的进库速度通常大于出库速度；而当一次订货全部到达后，有关存货将只出不进，其经常储备不断下降。在存货经常储备下降到零时，下一批订货又将开始分批陆续到达，如此循环往复。

一次订货、边进库、边消耗时经济订货量的计算方法是：设以 x 代表存货每日进库量，以 y 代表每日消耗量，则有以下公式：

(1)库存形成周期 $=\frac{Q}{x}$

(2)入库期间消耗量 $=\frac{Q}{x}\times y$

(3)每日实际库存量 $=x-y$

(4)最高库存量 $=\frac{Q}{x}\times(x-y)$

(5)平均库存量 $=\frac{1}{2}\times\frac{Q}{x}(x-y)=\frac{Q}{2x}(x-y)$

(6)订货成本 $=\frac{D}{Q}\times K$

(7)储存成本$=\frac{Q}{2x}(x-y)\times C$

(8)存货总成本 $T=\frac{DK}{Q}+\frac{Q}{2x}(x-y)\times C$

以 Q 为自变量,对 T 求导,并令其为 0。

$$\frac{\mathrm{d}T}{\mathrm{d}Q}=\frac{-DK}{Q^2}+\frac{x-y}{2x}\times C=0$$

$$\frac{DK}{Q^2}=\frac{x-y}{2x}\times C$$

$$Q^2=\frac{2xDK}{(x-y)\times C}=\frac{2DK}{\frac{x-y}{x}\times C}$$

$$\text{经济订货量 } Q=\sqrt{\frac{2DK}{\frac{x-y}{x}\times C}}$$

【例 7-32】　西安红光有限公司生产某产品,全年需用乙种材料 10 000 千克,每次订货成本 30 元,每千克乙种材料年储存成本为 0.5 元,该材料在供应周期内每日进库量为 125 千克,每日消耗量为 45 千克。现要求确定该公司购买乙种材料的经济订货量。

解:将本例有关数据代入经济订货量计算公式中:

则 $Q=\sqrt{\frac{2DK}{\frac{x-y}{x}\times C}}=\sqrt{\frac{2\times 10\,000\times 30}{\frac{125-45}{125}\times 0.5}}=\sqrt{\frac{600\,000}{0.32}}=\sqrt{1\,875\,000}=1\,369.3$(千克)

计算结果表明,红光有限公司在现有边进库、边消耗的条件下,乙种材料的经济订货量应为 1 369.3 千克。

六、再订货点的确定

“再订货点”,就是指企业发出订货单时的储存量。企业要规划存货必须首先确定每次订购多少数量的货物最为经济,这个问题已通过前述经济订货量的计算得到了解决。接下来的问题就是:存货的储存量达到什么程度时需要提出订货申请?这在管理会计就是“再订货点”的确定问题。

要确定“再订货点”,必须具备和掌握熟悉以下数据:①全年需要量以及经济订货量;②预计平均每天(或每周)的正常耗用量;③预计每天(或每周)的最大耗用量;④从提出订货申请直至收到订货的期间是多长,也就是“订货提前期”的正常天数是多少;⑤为了防止临时用量增加,或交货误期等特殊原因而预计的保险储备量,即“安全存量”。有了以上数据后,具体确定订货点时,应先计算安全存量,然后再据以确定再订货点。其具体的计算公式如下:

安全储存量=(预计每天或每周的最大耗用量-平均每天或每周正常耗用量)×订货提前期

再订货点=平均每天或每周正常耗用量×订货提前期+安全存量

【例 7-33】　东昌公司每年耗用甲材料 8 000 千克,每次订货成本为 20 元,每千克的甲材料存货全年平均储存成本为 2 元,平均每天正常耗用量 8 000÷360=22.2 千克,预计每天最大耗用量 30 千克,订货提前期为 10 天,要求:根据给定的资料,为东昌公司确定“再订货点”是多少。

解:(1)经济订货量 $Q=\sqrt{\frac{2DK}{C}}=\sqrt{\frac{2\times 8\ 000\times 20}{2}}=400$(千克)

(2)安全存量=(30−22.2)×10=78(千克)

(3)再订货点=22.2×10+78=300(千克)

结论:当东昌公司的甲材料的库存量达到300千克时,即需立即提出申请订货400千克。

复习思考题

1.什么是生产经营能力?什么是最大生产经营能力?什么是正常生产经营能力?什么是剩余生产经营能力?什么是追加生产经营能力?区别以上概念的含义和特征,对于正确地进行生产经营决策有什么意义?

2.确定型决策的基本方法有哪些?这些方法在什么条件下和在什么范围内应用?

3.有人说:"为了扭亏转盈,凡是亏损的产品都应当停产。"这句话对不对?为什么?

4.有人说:"生产决策中应用贡献毛益分析法,就是通过对比各备选方案所提供的单位贡献毛益的大小来确定最优方案。"这句话对不对?为什么?

5.在零件是自制还是外购的决策分析中如何应用机会成本?试举例说明。

6.什么是经济订货量?它与最优生产批量有哪些异同?什么是"再订货点"?怎样确定"再订货点"?

练习题

1.假设乐华公司原来生产甲产品,现拟利用现有的无法转移的剩余生产能力开发新产品子或新产品丑。如开发子产品则老产品甲需减产1/3;如开发丑产品则老产品甲需减产1/2。这三种产品的有关数据如下:

产品名称	老产品甲(实际数)	新产品子(预计数)	新产品丑(预计数)
生产量(件)	3 000	1 000	1 400
销售单价(元)	50	90	70
单位变动成本(元)	30	65	48
固定成本总额(元)	18 000		

要求:根据上述资料作出开发哪种新产品较为有利的决策分析。

2.某厂同时产销甲、乙、丙三种产品,按财务会计方法编制的利润表如下:

单位:元

项目	甲产品	乙产品	丙产品	合计
销售收入	140 000	260 000	200 000	600 000
销售成本	170 000	125 000	205 000	500 000
销售毛利	(30 000)	135 000	(5 000)	100 000
营业费用	20 000	25 000	30 000	75 000
税前利润	(50 000)	110 000	(35 000)	25 000

根据成本分解结果，已知甲、乙、丙三种产品成本中变动成本占销售成本的比例分别为：甲产品90%；乙产品87.36%；丙产品80%。甲、乙、丙销售成本中的变动成本分别是：153 000元；109 200元；164 000元。营业费用均属于固定费用。

要求：(1)根据上述资料，试分别判断甲、丙两种亏损产品应否停产(假设亏损产品的设备停产后无法转作他用)。

(2)若丙产品停产后腾出的生产能力可用来转产丁产品，根据市场预测，丁产品年销量可达到1 500件，单位售价为90元，单位变动成本为60元。试分析判断应否转产生产丁产品。

(3)若丙产品停产后，原生产设备可出租给其他单位，月租金收入为2 000元，试分析判断应否出租设备。

3.假定晨光机器厂只生产甲机床，全年最大生产能力为100台，正常产销数量为80台。甲机床的销售单价为1 000元，其单位产品成本单如下：

直接材料	300元
直接人工	200元
制造费用：	
变动制造费用	100元
固定制造费用	200元
单位产品成本合计	800元

要求：(1)现有外商前来订货20台，只愿出价每台700元，试问此项订货能否接受？请用数据加以证明。

(2)若外商前来订货40台，这时晨光厂如接受该项订货就将减少正常的产品销售量20台，但对方出价仍为每台700元，试问此项订货能否接受？请用数据加以证明。

4.假定三兴公司每年生产甲产品8 000件，单位变动成本为4元，单位固定成本为2元，销售单价为10元。如把甲产品进一步加工为乙产品，销售单价可提高到15元，但需追加单位变动成本3元，专属成本14 000元。

要求：作出是生产甲产品还是生产乙产品的决策分析。

5.利源公司专门制造汽车发动机，其中某项零件过去都是自制，全年需要8 000个。近有某外商愿提供该项零件，开价每个18元。公司要求财会科就此项零件编制最近一年的实际成本单，以便决定取舍。成本单的数据有如下表所示：

成本项目	单位零件的实际成本
直接材料	6元
直接人工	5元
变动制造费用	3元
固定制造费用(专属)	2元
固定制造费用(共同)	6元
单位成本合计	22元

要求：(1)假定该公司停止生产该项零件，其有关生产设备无其他用途。那么，利源公司应否向外商购入该项零件？请用数据加以证明。

(2)假定该公司停止生产该项零件后，其有关生产设备可改用来生产另一种新产品，每年可提供 50 000 元的净利，那么，利源公司应否向外商购入该项零件？请用数据加以证明。

6. 某企业生产某种型号的齿轮，该齿轮可用普通铣床加工，也可用万能铣床或数控铣床加工，有关资料如下：

单位:元

	每次调整准备费	每个齿轮的加工费
普通铣床	10	0.50
万能铣床	30	0.30
数控铣床	60	0.10

要求：(1)确定根据不同批量选用不同铣床进行加工的成本分界点，并分析在何种情况采用哪种加工方式生产？

(2)该齿轮实际加工数量为 124 个时，应选择何种铣床进行加工？

7. 假定欧亚公司全年需用甲零件 1 600 个，专门生产甲零件的设备每天生产 10 个，每日领用 5 个，每批调整准备成本为 50 元，每个零件的年平均储存成本为 2 元，每个零件的生产成本为 14 元。

要求：采用公式法分别计算甲零部件的最优生产批量、最优生产批数以及全年最低的总成本。

8. 设某厂生产 A,B 两种产品，每种产品都要经过部门Ⅰ和部门Ⅱ进行加工才能完成。部门Ⅰ可利用的生产能力为 500 小时，生产产品 A 每单位需用 2 小时，产品 B 每单位需用 1 小时；部门Ⅱ现有生产能力 480 小时，生产产品 A 每单位需用 1.5 小时，产品 B 每单位需用 2 小时。产品 A 每单位边际贡献 3 元，产品 B 每单位边际贡献 2 元。

要求：请据以确定如何合理安排 A,B 两种产品，才能为企业提供最多的边际贡献(用"图解法"求解)。

9. 乐华公司每年需用甲材料 100 000 千克，该项材料的耗用率全年基本上保持均匀(全年生产期平均为 360 天)，但有时也会超过平均耗用量的 10%。该公司最近作过一次调查，得知甲材料的采购成本为 8 元/千克，年平均储存成本为每千克 0.60 元，采购一次的订货成本为 75 元，根据以往经验，材料采购自提出申请后，需要六天才能由供货单位交货入库。

要求：①计算该公司的经济订货量及每年的订货次数。②计算该公司全年的订货及储存的总成本。③计算该公司的安全存量。④计算该公司的再订货点。

10. 宝鸡烽火收录机厂，每年需要微型电动机 30 000 个，如果向外购买，市场批发价为 12 元。该厂现有剩余生产能力，可以自制，并且可达到外购的质量，经会计部门核算每个电动机的自制成本为 14 元，其单位产品成本构成为：直接材料 8 元；直接人工 2 元；变动制造费用1.5 元；固定制造费用 2.5 元。

要求：(1)为该厂作出微型电机是应自制或外购的决策。

(2)假定该收录机厂自制微电机时，每年要增加专属固定成本 18 000 元，试问微电机应自制或外购？

(3)假定如果该厂自己不生产微电机，可将设备租给外厂，每月可获租金收入 1 200 元，在这种情况下，微电机是应自制还是外购？

第八章　长期投资决策的基本方法

长期投资决策是企业为适应今后若干年生产经营上的长远需要，通过增加生产经营能力，而投入大量资本作出的决定。长期投资决策方案的实施不但耗资量大，而且实施以后将影响到企业一年以上的财务状况和经营成果，决定了企业将来的生产经营方向、发展规模和生产经营结构。故长期投资决策要建立在货币时间价值的基础上，而且要充分考虑风险因素和通货膨胀及其他相关因素对投资方案的影响。

第一节　计算货币时间价值对象的确定——现金流量

货币时间价值的计算，是以财务会计的利润指标为对象，还是以现金流量为对象？如果以利润指标作为计算货币时间价值的对象，那么，首先就会过高地估计收入或者过低地估算成本，形成在投资决策中过高地估计投资项目的投资效益，使决策冒更大的风险。其理由是：①在购置固定资产并付出大量现金时不计入成本；②将固定资产的价值以折旧折耗的形式逐期计入成本时，却并不需要付出现金；③计算利润不考虑垫支在流动资本上的数量和时间；④只要销售行为已经确定，就计算为当期的销售收入，尽管其中有一部分并未于当期收到现金，只是形成了应收账款；⑤项目寿命终了时，以现金收回的固定资产残值和垫支的流动资本，在利润的计算中得不到反映。其次，计算利润时由于存货估价、费用摊派和折旧等均有几种不同的方法可供选择，使利润的计算具有一定的主观随意性。以这种主观随意性的信息资料作为决策的依据就会失去其可靠性。但与此不同的现金流量，却能明确地表明现金流入和现金流出以及现金净流量发生的时间，克服了利润发生时间的模糊性。现金流量还具有客观性，避免了利润计算的主观随意性。故计算货币时间价值应以现金流量为对象。

现金流量是指一项长期投资方案所引起的在未来一定时期不同点上发生的现金流出与流入数量的统称。对于一个长期投资方案在未来的现金流出量有以下内容：①在项目的初始阶段，有在固定资产上的投资，诸如购入设备、建造成本、运输成本和安装成本等，还有在流动资产上的投资，诸如需要增加的材料，在产品、产成品和货币资金等。②在项目的营运阶段，有固定资产的修理及维护费用，使用固定资产需要增加的变动成本，付现的销售及管理费用，以及销售税金的支出。③在项目的终结阶段，有固定资产的清理费用。

与此相对应，一个长期投资方案在未来的现金流入量有以下内容：①在项目的初始阶段，有固定资产更新改造时，旧固定资产的变价收入；②在项目的营运阶段，有每年增加的营业收入（或降低成本）；③在项目的终结阶段，有固定资产的残值收入和固定资产使用期满收回原垫支的流动资产。从现金流入量的内容来说，现金流入量包括经营期的利润和折旧之和以及固定资产的中途变价收入与结束时回收的流动资产和固定资产残值。

这里还须弄清楚总的现金净流量和年现金净流量。总的现金净流量指一个投资方案在建设期和生产经营期总的现金流入量超过现金流出量的差。而年现金净流量是指一个投资项目完全投产以后,每年的现金流入量超过现金流出量的净额。用公式表示如下:

(1)总的现金净流量 $=\sum$(各年的营业利润+各年的折旧)+固定资产残值+回收的流动资产-固定资产投资-流动资产投资

(2)年现金净流量=各年使用该固定资产而产生的营业收入(或降低成本的金额)-各年使用该固定资产需要增加的营运成本

或=各年使用该固定资产获得的营业净利+各年使用该固定资产计提的折旧

第二节 计算货币时间价值依据的选择——资本成本

一、资本成本的概念、意义及一般模式

企业以各种来源筹集的资本都要付出代价。资本成本就是以百分率表示的,企业取得并使用资本所负担的成本。资本成本在长期投资决策中有着特殊的意义,在进行净现值和现值指数的计算时,用资本成本作为贴现率来折算现金流入量和现金流出量的总现值;在进行内含报酬率的决策分析中,资本成本作为确定投资方案取舍的切割率。

资本成本就量的计算而言,是使企业取自投资者的净得现值同各年对投资者的各种付款等值的报酬率或贴现率。其一般模式为:

$$c_0=\frac{c_1}{(1+k)}+\frac{c_2}{(1+k)^2}+\cdots+\frac{c_n}{(1+k)^n} \qquad (8-1)$$

或简写为:

$$c_0=\sum_{t=1}^{n}\frac{c_t}{(1+k)^t}$$

式中:c_0——第一年初企业筹集资本时的净得现金;

c_t——第 t 年末企业对投资者的付款;

n——企业收到现金至最后一次向投资者付款的持续年数;

k——资本成本率。

从公式可见:当企业取得的现金 c_0 和年数 n 一定时,c_t 越大,资本成本 k 越大;c_t 越小,资本成本 k 就越小。

二、单项资本成本的计算

(一)长期债券成本率

企业发行长期债券通常要事先规定出利息率。债券利息是在税前利润中支付的,这样企业实际上就少缴一部分所得税,企业实际负担的债券利息应为:债券利息×(1-所得税率)。另外企业发行债券要发生一笔筹资费用,企业实际得到的资金净额为:债券发行总额×(1-筹资费率)。

故
$$B_0(1-f)=\sum_{t=1}^{n}\frac{B_t+I_t(1-T)}{(1+K_i)^t} \tag{8-2}$$

式中：B_0——销售债券的价格；

f——筹资成本率，即筹资成本占债券价格的百分率；

B_t——第 t 年末偿还的债券本金；

I_t——第 t 年末支付的债券利息；

T——所得税率；

K_i——债券成本率。

如果准备在最后一年全部一次偿还债券的本金，则公式 8－2 可演变为：

$$B_0(1-f)=\sum_{t=1}^{n}\frac{(1-T)}{(1+K_i)^t}+\frac{B_n}{(1+K_i)^n} \tag{8-3}$$

如果债券的期限很长，而每年的利息相同，也可以视同永续年金，而利用简化公式计算债券成本率的近似值：

$$B_0(1-f)=I(1-T)\cdot\frac{1-(1+K_i)^{-n}}{K_i}+\frac{B_n}{(1+K_i)^n}$$

当 $n\to\infty$ 时，则

$$B_0(1-f)=\frac{I(1-T)}{K_i}$$

$$K_i=\frac{I(1-T)}{B_0(1-f)} \tag{8-4}$$

【例 8－1】　某公司发行长期债券 350 万元，筹资费率为 2%，债券年息为 10%，所得税率为 30%。则长期债券资本成本率：

$$K_i=\frac{350\times 10\%\times(1-30\%)}{350\times(1-2\%)}=7.14\%$$

(二)优先股成本率

优先股与债券相同的地方就在于公司要履行优先股定期支付股息的规定，而所不同的是，优先股股息要用税后净利来支付，因此这种股息的支付不能减少应缴纳的所得税。此外，优先股的股本是企业在收回优先股股票时，一次性地偿还给股票持有人的。于是优先股成本率的计算公式应该是：

$$P_0(1-f)=\sum_{t=1}^{n}\frac{d_t}{(1+K_p)^t}+\frac{P_n}{(1+K_p)^n} \tag{8-5}$$

式中：P_0——优先股股票的销售价格；

d_t——第 t 年末支付的优先股的股息；

K_p——优先股的成本率；

P_n——第 t 年末偿还给股票持有人的股本。

优先股是没有到期日的，如果每年股息相等，则可以把它视为永续年金而用下列公式计算：

$$P_0(1-f)=d\cdot\frac{1-(1+K_p)^{-n}}{K_p}+\frac{P_n}{(1+K_p)^n}$$

当 $n\to\infty$ 时，则

$$K_p = \frac{d}{P_0(1-f)^t} \tag{8-6}$$

【例 8－2】 某企业发行面值为 2 500 元的优先股 1 000 份，筹资成本率为 5%，股息为 12%，优先股按面值销售，则优先股的成本可用公式计算如下：

$$K_p = \frac{2\,500 \times 1\,000 \times 12\%}{2\,500 \times 1\,000 \times (1-5\%)} = 12.63\%$$

(三)普通股成本率

普通股虽然没有期限，但又可以假定若干年后收回股票，而若干年后的股票价格是可以预测的，这就可以采用与优先股相仿的公式来计算普通股的成本；但普通股的股利是不固定的，通常是逐年增长的。如果每年以固定的比率 g 增长，第 1 年股利为 D_c；则第 2 年为$D_c(1+g)$；第 3 年为 $D_c(1+g)^2$；第 n 年为$D_c(1+g)^{n-1}$，因此普通股成本率的计算公式为：

$$K_c = \frac{D_c}{P_c(1-f)} + g \tag{8-7}$$

式中：K_c——普通股的成本率；

P_c——普通股的销售价格；

f——普通股的筹资费率；

D_c——每年发放的固定股利。

【例 8－3】 某企业发行普通股股票市价为 2 500 元，共 1 000 份，共计 250 万元，筹资成本为 5%，上一年度股利率为 10%，以后每年增长 6%，则普通股的成本率为：

$$K_c = \frac{250 \times 10\%}{250 \times (1-5\%)} + 6\% = 16.52\%$$

(四)留存盈余的成本率

企业的税后利润除一部分用于支付普通股的股利外，还需有一部分用于追加投资。这种留存盈余相当普通股的股东对企业的再投资，形成企业的一种内部资源，属于股东权益的一部分。普通股的持有者虽然没有以股息的形式取得这部分利益，但可以从股票市价的提高中得到补偿。股东对这部分投资与以前缴给企业的股本一样，也要求相同百分率的报酬。因此，企业对这部分资本并非无偿占用，也应该计算资本成本率。留存收益成本率的计算方法，与普通股基本相同，但不用考虑筹资费用。其计算公式如下：

$$K'_c = \frac{D_1}{P_0} + g \tag{8-8}$$

式中：K'_c——留存收益成本率；

D_1——按留存收益额和普通股上年的股利率计算的股息；

g——年股利的增长率。

【例 8－4】 某企业的留存收益为 150 万元，上年普通股的股利率为 15%，年股利的增长率为 4%，则：

$$K'_c = \frac{150 \times 15\%}{150} + 4\% = 19\%$$

三、加权平均资本成本率的计算

同一企业不同资本来源的资本成本率不同，其具体的计算方法也不同。当企业进行长期投资决策时,需要一个综合的资本成本率作为决策的依据。这种综合资本成本率的计算,是以各种资本来源所占的比重为权数,根据各种资本来源的资本成本,用加权平均的方法计算出来,所以称为加权平均的资本成本率。其计算公式为:

$$K_0 = \sum_{j=1}^{n} W_j K_j \tag{8-9}$$

式中:K_0——加权平均的资本成本;

W_j——资本来源 j 所占的比重;

K_j——资本来源 j 的资本成本。

【例 8-5】 某企业的各种成本和资产负债表如表 8-1 所示,试计算 K_0 的值。

表 8-1　资产负债表　　单位:万元

资产		权益	
固定资产净值	800	长期债券	350
流动资产	400	优先股	250
		普通股	250
		留存收益	150
		流动负债	200
合计数	1 200	合计数	1 200

计算出各种资本来源的比重分别为:35%,25%,25%和 15%。根据前述资料计算的各种资本来源的成本率分别为:7.14%,12.63%,16.53%,19%。

则 $K_0 = 7.14\% \times 35\% + 12.63\% \times 25\% + 16.53\% \times 25\% + 19\% \times 15\% = 12.64\%$

第三节　货币时间价值的计算

在自然经济条件和简单的商品经济条件下,货币只是在执行其自身的职能时,不存在时间价值。只有在借贷关系普遍存在的高度发展的商品经济条件下,货币通过转化为资本或资金才具有时间价值。

从表面上看,今天货币的所有者将 10 000 元存入银行,一年以后从货币的使用者那里得到 11 098 元,这多得的 1 098 元就是货币的时间价值。其实货币的时间价值是货币转化为资本或资金以后,在生产过程中由工人创造的剩余价值或剩余劳动的一部分。剩余价值或剩余劳动量的多少取决于投入资本或资金的数量及其循环和周转的时间的长短。故资本或资金总的价值量在循环和周转中按几何级数增长,资本或资金投入生产经营以后,经历一定的时期价值会增加,使得资本或资金具有了时间价值。

但在实际的经济生活中,货币随着时间的推移而增值是由许多因素综合作用的结果,除了货币时间价值外,还有通货膨胀和风险因素的影响。故货币的时间价值就是在不考虑风险和通货膨胀的条件下,货币的所有者按放弃使用货币量的大小和时间的长短而计算的,从货币的使用者那里得到的报酬,它实际上是剩余价值或剩余劳动的一部分。

货币时间价值通常用银行存款利率、各种债券利率和股票的股利率这些相对数作为代表,它的计算通常包括单利、复利和年金终值与现值的计算。所谓的终值就是指现在某一特定的金额在若干期后按规定的利率计算的未来价值，现值是指若干期后某一特定金额按规定的利率折算的现在价值。

一、单利终值与现值的计算

单利是指就本金计算利息。

用 P 代表现值；用 S_n 代表终值；用 I 代表利息；用 i 代表利率；用 n 代表期数；则

$$S_n = P + I = P(1 + in) \tag{8-10}$$

$$P = \frac{S_n}{1 + in} \tag{8-11}$$

二、复利终值与现值的计算

复利是指本金不仅要计算利息，而且利息也要计算利息。其公式分别为：

$$S_n = P(1 + i)^n \tag{8-12}$$

$$P = S_n \times \frac{1}{(1 + i)^n} = S_n \times (1 + i)^{-n} \tag{8-13}$$

其中$(1+i)^n$称为一元钱的复利终值系数，可在书末的“复利终值系数表”中查得；$(1+i)^{-n}$称为一元钱的复利现值系数，可在书末的“复利现值系数表”中查得。

【例 8-6】 某公司一次存入 100 000 元，准备 10 年后购买设备，银行的年复利率为 10%，试问该公司 10 年后可得多少款项？

$S_n = P(1+i)^n = 100\ 000 \times (1+10\%)^{10}$

查“复利终值系数表”：$S_{\overline{10|}\,10\%} = 2.594$

则 $S_n = 100\ 000 \times 2.594 = 259\ 400$(元)

【例 8-7】 假定某公司希望在 8 年后有 200 000 元购买一台设备，若银行的复利率为 10%，试问现在需一次存入银行多少款项？

$P = S \times (1+i)^{-n} = 200\ 000 \times (1+10\%)^{-8}$

查“复利现值系数表”：$P_{\overline{8|}\,10\%} = 0.467$

则 $P = 200\ 000 \times 0.467 = 93\ 400$(元)

那就是说，现在向银行一次存款 93 400 元 8 年后可得到购买设备款200 000 元。

三、年金终值与现值的计算

年金就是每隔一定相同时期的收入或支出相等金额的款项。例如定期收入或支出的租金、保险费、工资等。

年金有多种形式，凡是收入或支出在每期期末的年金叫做普通年金或后付年金；凡收入或支出在每期期初的年金叫预付年金或即付年金；凡收入或支出在第一期以后的某一时间的年金，称为递延年金；凡无限期继续收入或支出的年金，叫做永续年金。

(一)普通年金终值与现值的计算

1. 普通年金终值的计算

普通年金终值实际上是一定期间内的每期期末收付款项的复利终值之和。

如果用 R 代表年金；S_A 代表年金终值；i 代表利率；则

$$S_A = R(1+i)^{n-1} + R(1+i)^{n-2} + R(1+i)^{n-3} + \cdots + R(1+i)^2 + R(1+i) + R$$

$$S_A = R \times \frac{(1+i)^n - 1}{i} \tag{8-14}$$

其中$\frac{(1+i)^n-1}{i}$称为一元的年金终值系数，可在书末的“年金终值系数表”中查得。

根据式 8－14 可推导出偿债基金的计算公式

$$R = \frac{S_A}{\frac{(1+i)^n - 1}{i}} = S_A \times \frac{i}{(1+i)^n - 1} \tag{8-15}$$

公式$\frac{i}{(1+i)^n-1}$是年金终值系数的倒数，称为偿债基金系数，它可以把年金终值折算为每年需要支付的金额。它表明在复利率为 i 和 n 年的情况下，要积累将来一元钱，需要每年末存储年金额。偿债基金可以制成表格备查，亦可根据年金终值系数求倒数确定。

【例 8－8】 设某公司有一项目需 5 年建成，每年末投资 900 000 元。项目建成投产以后，估计每年收回净利和折旧为 270 000 元。若该公司投资款项是向银行借来的，借款利率为 10%，试问此项投资方案是否可行？

解：首先计算 5 年的总投资额是多少，因为每年投资都是 900 000 元，属于年金问题。则 5 年的年金终值是：

$$S_A = R \times \frac{(1+i)^n - 1}{i} = 900\,000 \times \frac{(1+10\%)^5 - 1}{10\%}$$

查年金终值系数表得 $S_{A\,\overline{5}|10\%} = 6.105$

$S_A = 900\,000 \times 6.105 = 5\,494\,500$(元)

其次，针对这笔投资总额计算一下每年需支付给银行多少利息，按单利计算：

$I = Pin = 5\,494\,500 \times 10\% \times 1 = 549\,450$(元)

从以上计算的结果可见，项目投产以后，每年回收的净利和折旧 270 000 元，还不够归还利息(549 450 元)，故此方案不可行。

2. 普通年金现值的计算

普通年金现值就是每期收入或支出的等额款项的复利现值之和。设 P_A 代表普通年金现值，则

$$\begin{aligned} P_A &= R(1+i)^{-1} + R(1+i)^{-2} + \cdots + R(1+i)^{-(n-1)} + R(1+i)^{-n} \\ &= R \times \frac{1}{1+i}\left[1 + \frac{1}{1+i} + \frac{1}{(1+i)^2} + \frac{1}{(1+i)^3} + \cdots + \frac{1}{(1+i)^{n-1}}\right] \\ &= R \times \frac{1}{i}\left[1 - \frac{1}{(1+i)^n}\right] \\ &= R \times \left[\frac{1-(1+i)^{-n}}{i}\right] \end{aligned} \tag{8-16}$$

其中$\frac{1-(1+i)^{-n}}{i}$称为一元的年金现值系数，可以在书末的“年金现值系数表”中查得。

根据公式 8－16 可推导出：

$$R = \frac{P_A}{\frac{1-(1+i)^{-n}}{i}} = P_A \times \frac{i}{1-(1+i)^{-n}} = P_A \times \frac{i(1+i)^n}{(1+i)^n - 1} \tag{8-17}$$

其中$\frac{i}{1-(1+i)^{-n}}$或$\frac{i(1+i)^n}{(1+i)^n-1}$称为一元的资本回收系数，它表明在复利率$i$和$n$年内，投入现值一元，需要在以后每年末回收的年金值。在实际计算时，其数值可从资本回收系数表中查得，或通过普通年金系数的倒数求得。

【例 8－9】 某公司准备购置一台现代化的固定设备，需款项 200 000 元，可用 10 年，期满后无残值；预计该项设备每年可为企业增加净利 45 000 元，若公司购置设备的款项向银行借入，目前借款利率为 15%，试问此项方案是否可行？

解：首先，计算 10 年增加的净利折成总现值是多少。

$$P_A = R \times \frac{1-(1+i)^{-n}}{i} = 45\,000 \times \frac{1-(1+15\%)^{-10}}{15\%}$$

查年金现值系数表得 $P_{A\,\overline{10}|15\%}=5.019$

$P_A=45\,000\times5.019=225\,855$（元）

由于 10 年所获净利的总现值 225 855 元比原投资款 200 000 元多，故此方案是可行的。

（二）即付年金终值与现值的计算

1. 即付年金终值的计算

即付年金终值可通过查“普通年金终值系数表”求得。现在我们比较一下四期普通年金终值与三期即付年金终值，就能发现它们之间的关系。用 S_d 代表即付年金终值，用 S_A 代表普通年金终值。

$$S_{A(4)}=R(1+i)^3+R(1+i)^2+R(1+i)+R(1+i)^0$$
$$S_{d(3)}=R(1+i)^3+R(1+i)^2+R(1+i)$$

通过比较可知：四期的普通年金终值比三期的即付年终金值多一个不用货币时间价值换算的R，推而广之，$n+1$期的普通年金终值比n期的即付年金终值多一个不用货币时间价值换算的R。

则

$$\begin{aligned} S_{d(n)} &= R\times\frac{(1+i)^{n+1}-1}{i}-R \\ &= R\left[\frac{(1+i)^{n+1}-1-i}{i}\right] \\ &= R(1+i)\left[\frac{(1+i)^n-1}{i}\right] \\ &= R\times S_{A\,\overline{n}|i}(1+i) \end{aligned} \tag{8-18}$$

该式说明即付年金终值等于普通年金终值再乘以$(1+i)$。

2. 即付年金现值的计算

即付年金现值可通过普通年金现值系数表求得。现在我们比较一下二期的普通年金现值与三期的即付年金现值，就能发现它们之间的关系。用 P_d 代表即付年金现值，用 P_A 代表普通年金现值。

$$P_{A(2)} = R(1+i)^{-1}+R(1+i)^{-2}$$
$$P_{d(3)} = R(1+i)^0+R(1+i)^{-1}+R(1+i)^{-2}$$

通过比较可知：二期的普通年金现值比三期的即付年金现值少一个不用货币时间价值换算的R，推而广之，$n-1$期的普通年金现值比n期的即付年金现值少一个不用货币时间价值换算的R。

则 $$P_{d(n)}=R\times\frac{1-(1+i)^{-(n-1)}}{i}+R=R\left[\frac{1-(1+i)^{-n+1}+i}{i}\right]$$

$$=R(1+i)\left[\frac{1-(1+i)^{-n}}{i}\right] \quad (8-19)$$

$$=R\times P_A(1+i)$$

该式说明，即付年金现值等于普通年金现值乘以$(1+i)$。

(三)递延年金终值与现值的计算

递延年金终值与递延期的长短无关，计算方法与普通年金相同。递延年金现值的计算可分为两个步骤：①将递延年金视同普通年金，将其现值计算到递延期末；②再将递延期末的"现值"再折到第一期初。如果设递延期为m，实际收支期为n，则可用公式表示：

$$P_{dy}=A\times P_{A\overline{n}|i}(1+i)^{-m} \quad (8-20)$$

(四)永续年金的终值与现值

永续年金的终值是无穷大，不必计算。现值可通过普通年金现值公式推导出来。

$$P_A=R\times\frac{1-(1+i)^{-n}}{i}$$

当$n\to\infty$时，$(1+i)^{-n}$的极限为0，则

$$P_A=R\times\frac{1}{i} \quad (8-21)$$

第四节　长期投资决策的方法

长期投资决策的方法按是否考虑货币时间价值分为动态方法和静态方法两类。凡考虑货币时间价值的方法称为动态方法，主要有净现值法、现值指数法、内含报酬率法。凡不考虑货币时间价值的方法称为静态方法，有回收期法和投资报酬率法。

一、投资决策的动态方法

根据货币时间价值的原理：同一数量的货币在不同时点上的价值不相等，其价值差异表现为货币的时间价值；不同数量的货币在不同时点上的价值量更不相等，其价值差异不但包括了货币的时间价值差异，而且也包括了货币的数量价值差异。而货币的时间价值差异只有转化为货币的数量价值差异以后才能比较。这就要求把处在不同时点上的同一数量的货币或不同数量的货币都按照资本成本换算到同一点上使其具有共同的可比基础，然后采用现值法进行比较、评价和选优。

(一)净现值法

所谓的净现值法就是指某一方案未来现金流入量的总现值超过现金流出量的总现值的金额，或者是指某一投资方案未来现金流入量的总现值与现金流出量的总现值的代数和。净现值法就是根据净现值的大小来评价投资方案是否可行或何者为最优的决策分析方法。按照这种方法所有的未来现金流入量和流出量都按资本成本或预定的贴现率计算它们的现值，然后再计算它们的差。当净现值为正值，说明该方案的投资报酬率大于资本成本，企业盈利，为优

方案；当净现值为负值或等于零，说明该方案的投资报酬率小于或等于资本成本，企业亏损或保本，就要舍弃此方案，这是对单独方案的决策准则。而对于择优决策来讲，在原投资额相同，而且净现值为正值的情况下，净现值大者为优，小者为劣。

用 k 代表投资涉及的年限，I_k 代表第 k 年的现金流入量，A_k 代表第 k 年的现金流出量，i 为预定的贴现率或资本成本，NPV 代表净现值，则

$$NPV=\sum_{k=1}^{n}\frac{I_k}{(1+i)^k}-\sum_{k=1}^{n}\frac{A_k}{(1+i)^k}$$

这个计算净现值的一般公式在实际工作中，应遵循以下两个步骤来计算。首先对未来各年的现金净流量进行预测，如果各年的现金净流量相等，则按年金折成现值，如果各年的现金净流量不相等，则按普通复利现值系数折成现值，如果固定资产有期末残值或中途的变价收入，以及期末回收的流动资产都要按普通复利现值系数折成现值，将以上的现值分别相加，就是投资方案未来报酬的总现值。其次，确定并计算原投资额的现值。然后从未来报酬的总现值中减去原投资额的现值就是净现值。

【例 8-10】 某公司有三个投资方案，年初一次投资都是 70 000 元，其中 A 方案无残值，B,C 方案有残值 4 000 元。三个方案采用直线法计提折旧，公司的资本成本为 10%，各方案的现金净流量如表 8-2 所示，试用净现值法进行决策。

表 8-2　A,B,C 方案的现金流量　　单位：元

时间（年）	方案 A	方案 B	方案 C
	现金净流量	现金净流量	现金净流量
0	(70 000)	(70 000)	(70 000)
1	18 000	10 000	30 000
2	18 000	15 000	25 000
3	18 000	20 000	20 000
4	18 000	25 000	15 000
5	18 000	30 000	10 000
现金流入量合计	90 000	100 000	100 000

解：首先 A 方案的各年现金净流量相等，可用普通年金现值的方式计算。

净现值（NPV）$=18\ 000\times P_{A\ \overline{5}|10\%}-70\ 000=18\ 000\times 3.791-70\ 000=-1\ 762$（元）

其次 B,C 方案的净现值可计算如表 8-3 所示。

表 8-3　B,C 方案的净现值计算表　　单位：元

时间（年）	复利现值系数 (1)	B方案		C方案	
		年现金净流量 (2)	现值 (3)=(1)×(2)	年现金净流量 (4)	现值 (5)=(1)×(4)
1	0.909	10 000	9 090	30 000	27 270
2	0.826	15 000	12 390	25 000	20 650
3	0.751	20 000	15 020	20 000	15 020
4	0.683	25 000	17 075	15 000	10 245
5	0.621	30 000	18 630	10 000	6 210

续表 8-3

时间（年）	复利现值系数 (1)	B方案		C方案	
		年现金净流量 (2)	现值 (3)=(1)×(2)	年现金净流量 (4)	现值 (5)=(1)×(4)
∑现金净流量的现值			72 205		79 395
期末残值的现值		4 000×0.621	2 484	4 000×0.621	2 484
现金流入量的总现值			74 689		81 879
原投资额			70 000		70 000
净现值			4 689		11 879

由计算可知，A方案的净现值为负数，说明其投资报酬低于资本成本10%，不可取。B,C方案的净现值都是正值，说明它们的投资报酬率都在10%以上，其中C方案的净现值最大，其次是B方案，如果原始投资额相同，净现值越大，说明投资报酬率越高。B方案和C方案，虽然原始投资额、累计现金净流入量和残值都相同，但是现金流入的先后时间却有很大的差别，也就是说在5年中，C方案的现金流入量早期大于后期，而B方案与此相反，才出现了净现值的差别。

净现值所依据的原理是：假设预计现金流入在年末肯定可以实现，并把原始投资额看成是按预定的贴现率借入的，当净现值为正数时，偿还本息后该项目仍有剩余收益，当净现值为零时，偿还本息后一无所获，当净现值为负数时，说明项目的收益不足以偿还本息，这一原理可以通过B方案的还本付息表8-4来说明。

表 8-4　B方案还本付息表　单位：元

年份	年初债款	年利10%	年末债款	偿还现金	借款余额
1	70 000	7 000	77 000	10 000	67 000
2	67 000	6 700	73 700	15 000	58 700
3	58 700	5 870	64 570	20 000	44 570
4	44 570	4 457	49 027	25 000	24 027
5	24 027	2 402.7	26 429.7	34 000	7 570.3

* 34 000 含残值

从计算可知，B方案在第5年还清本息后，尚有7 570.3元的剩余，折合成现值就是4 701元(7 570.3×0.621=4 701)，即约为该方案的净现值。

说明：4 701－4 689=12 差数属计算中四舍五入所致。

净现值法具有广泛的适用性，在理论上比其他方法更完善，由于充分考虑了货币时间价值和现金流量的因素，将收入的现值弥补成本的现值并以收益现值的大小来选择最优方案，比较容易理解，但是此方法并不能揭示投资方案实际可以达到的投资报酬率究竟是多少，而且原投资额不相同，净现值就缺乏可比性，故要利用现值指数来解决。

(二)现值指数法

现值指数是指任何一项投资方案的未来现金流入量按资本成本折算的总现值与原投资额的现值之比。现值指数也称“获利指数”，或“已折现的收益成本率”，其计算公如下：

$$现值指数(PVI)=\frac{未来报酬的总现值}{原投资额的现值}$$

$$=\sum_{k=1}^{n}\frac{I_k}{(1+i)^k}\Big/\sum_{k=1}^{n}\frac{A_k}{(1+i)^k}$$

$$=\frac{\left(\sum_{k=1}^{n}\frac{I_k}{(1+i)^k}-\sum_{k=1}^{n}\frac{A_k}{(1+i)^k}\right)+\sum_{k=1}^{n}\frac{A_k}{(1+i)^k}}{\sum_{k=1}^{n}\frac{A_k}{(1+i)^k}}$$

$$=\frac{NPV}{\sum_{k=1}^{n}\frac{A_k}{(1+i)^k}}+1$$

现值指数法就是根据现值指数是否大于 1 及程度来判断方案是否可行，何者最优的方法，从公式可以看出现值指数与净现值存在着以下关系：当净现值＞0，现值指数＞1，说明投资报酬率大于资本成本，故方案可行，且在择优决策中大者为优；当净现值＜0，现值指数＜1，说明投资报酬率小于资本成本，方案不可行，当净现值＝0，现值指数＝1，说明投资报酬率等于资本成本，方案也不可行。

根据例 8 - 10 的资料，可计算 A，B，C 三个方案的现值指数如下：

A 方案的现值指数$(PVI)=\frac{68\ 238}{70\ 000}=0.97$

B 方案的现值指数$(PVI)=\frac{74\ 689}{70\ 000}=1.07$

C 方案的现值指数$(PVI)=\frac{81\ 879}{70\ 000}=1.17$

从上述计算可知，方案 C 的现值指数最大，其次是 B，再次是 A。这一点同净现值指标的决策结果是一致的。有时，也可以采用净现值指数法直接计算投资一元钱的现值能获取多少现值的收益，它的计算是用方案的净现值除以原投资额的现值，其决策准则为：当净现值指数大于零，方案可行，当净现值指数小于或等于零，方案不可行。现值指数和净现值指数克服了净现值的一个缺点，使不同投资额方案间具有了可比性，如果说净现值指标是用一个绝对数指标来反映方案的投资效益，那么现值指数则是一个相对数指标，反映的是方案的投资效率，但是它们仍然没有揭示每一投资方案实际可达到的报酬率，这就要计算内含报酬率。

(三)内含报酬率

上述的净现值法、现值指数法虽然各有其优点，但都不能据以了解各个方案本身可以达到的具体投资报酬率是多少。这就需要确定各个投资方案实际可以达到的投资报酬率，即内含报酬率。所谓的内含报酬率，就是根据这个报酬率对投资方案各年的现金净流量进行折现，使未来报酬的总现值正好等于该方案原投资的现值。正因为如此，内含报酬率的实质是一种能使投资方案的净现值等于零的报酬率。

内含报酬率法就是根据内含报酬率是否大于资本成本及程度，来判断投资方案是否可行和何者为最优的投资决策分析方法，其决策准则是：①对于独立方案，内含报酬率大于资本成本，方案可行；在择优方案中，在内含报酬率大于资本成本的前提下，内含报酬率大者为优，小者为劣。②内含报酬率小于或等于资本成本，方案不可行。可见，如果说资本成本是计算净现值和现值指数的依据，那么内含报酬率中的资本成本则成为选择是否可行和最优的标准或“切割率”。

内含报酬率的计算方法，因各年现金净流量是否相等而有所不同。

(1)若各年现金净流量(NCF)相等，首先，计算年金现值系数。

内含报酬率要求：

$$\text{未来报酬的总现值}=\text{原投资额的现值}$$

$$\text{各年现金净流量}\times\text{年金现值系数}=\text{原投资额的现值}$$

则：

$$\text{年金现值系数}=\frac{\text{原投资额的现值}}{\text{各年的现金净流量}}$$

其次，查“年金现值系数表”，在已知期数(寿命周期)的同一行中找出与上述年金现值系数相邻近的较小和较大的两个折现率。再根据上述的两个邻近的折现率与已求得的年金现值系数，采用插值法计算出该项投资方案的内含报酬率的近似值。

【例8-11】 以例8-10的资料为依据，计算A方案的内含报酬率。

解：$18\ 000\times P_{A\overline{5}|i}=70\ 000$

$$P_{A\overline{5}|i}=\frac{70\ 000}{18\ 000}=3.89$$

查“年金现值系数表”可知，当 $n=5$，$i=8\%$ 时，$P_{A\overline{5}|8\%}=3.993$；$i=10\%$ 时 $P_{A\overline{5}|10\%}=3.791$。因此用插值法可计算：

$$\text{内含报酬率}(r)=8\%+\frac{3.993-3.89}{3.993-3.791}\times(10\%-8\%)=9.02\%$$

由于9.02<10%，故A方案不可行。

(2)若各年的现金净值流量不相等，先估计一个折现率，按此折现率计算该方案的净现值，若净现值大于零，说明原来估计的折现率低于该方案的实际投资报酬率，应稍稍提高原估计的折现率，再行测试，若按重新估计的折现率计算净现值小于零，又表明重新估计的折现率高于该方案的实际报酬率，再降低估计的折现率，再行测试。如此，经过逐次测试，最终要求找出相邻近的一个正数的净现值与一个负数的净现值所代表的两个折现率，根据内含报酬率的定义，要求的内含报酬率就处于两个折现率之间，再用内插法求之。

【例8-12】 仍以例8-10的资料为依据，计算B方案的内含报酬率。

解：首先估计一个折现率为12%，计算净现值：

$$NPV=10\ 000\times0.893+15\ 000\times0.797+20\ 000\times0.712+25\ 000\times0.636+30\ 000\times0.567+4\ 000\times0.567-70\ 000=303$$

其次，再估计一个折现率为14%，计算净现值：

$$NPV=10\ 000\times0.877+15\ 000\times0.769+20\ 000\times0.675+25\ 000\times0.592+30\ 000\times0.519+4\ 000\times0.519-70\ 000=-3\ 749$$

由计算可知，所求的内含报酬率介于12%和14%之间，运用插值法计算如下：

$$\begin{array}{ll}
\text{折现率}(i) & \text{净现值}(NPV)\\
\left.\begin{array}{l}\left.\begin{array}{l}12\%\\ r\%\end{array}\right\}x\%\\ 14\%\end{array}\right\}-2\% &
\left.\begin{array}{l}\left.\begin{array}{l}303\\ 0\end{array}\right\}303\\ -3\ 149\end{array}\right\}3\ 452
\end{array}$$

$$\frac{x}{-2}=\frac{303}{3\ 452}\qquad x=\frac{-2\times303}{3\ 452}=-0.18$$

$r\% = 12\% - x\% = 12\% + 0.18\% = 12.18\%$

根据计算结果12.18%>10%，故B方案可行，与净现值所求得的结论一致。

内含报酬率是方案本身的收益能力，反映其内在的获利水平。如果以内含报酬率作为贷款利率，通过借款来投资本项目，那么，还本付息后将一无所获。这一原则可以通过D方案的数据来加以证明。设有一D方案，使用年限为3年，一次投资12 000元，每年末实现的现金净流量为4 600元，通过计算其内含报酬率为7.33%。试看D方案的还本付息表，如表8-5所示。

表8-5　D方案的还本付息表　　单位：元

年份	年初债款	利率7.33%	年末债款	偿还现金	债款余额
1	12 000	880	12 880	4 600	8 280
2	8 280	607	8 887	4 600	4 287
3	4 287	314	4 601	4 600	(1)

注：第三年末债款余额(1)是计算时四舍五入所致。

内含报酬率克服了净现值法与现值指数法不能揭示方案实际投资报酬的这一缺陷。但是该方法也有以下的局限性：当各期的现金净流量不相等，且期限较长时，计算十分麻烦；内含报酬率在计算时用统一的未知内含报酬率对较长时期不同阶段的现金净流量进行折现，不能有针对性地调整折现率，来充分考虑风险因素；并且内含报酬率在计算时有一假定条件，即各年现金流入量同时必须再投资，且能得到与内含报酬率相同的投资报酬率；况且，在有效使用年限内，现金流入量与现金流出量出现一个以上的反向时，视反向次数的多少而形成多个内含报酬率，使人们无法了解真正的内含报酬率是多少，使投资决策无可适从。

总之，净现值法、现值指数法及内含报酬率法都是动态投资决策方法中的现值比较法，净现值法是计算现值的绝对数，而现值指数法则是计算现值相对数，内含报酬率是按现值计算的实际可能达到的投资报酬率。但是它们也有一定的区别。对同一方案，在资本成本、原始投资额相同的情况下，净现值法和现值指数法所得的结论是一致的，但是在资本成本相同、原始投资额不相同时，净现值与现值指数法所得出的结论不完全一致。在原投资额相同、资本成本不同时，资本成本越小，净现值和现值指数越大，资本成本越大，净现值与现值指数越小。虽然现值指数与内含报酬率都是根据相对比率来评价方案，但它们的区别也是明显的，首先在计算现值指数时需要用资本成本或选择合适的贴现率，以便将现金流量折为现值进行计算，而内含报酬率在计算时不必选择资本成本进行贴现，资本成本在这里是选择方案可行或优劣的“分水岭”。

二、静态的投资决策方法

静态的投资决策方法不考虑货币的时间价值，把不同时间的货币收支看成是等效的。这些方法在投资决策中起辅助作用。

(一)回收期法

回收期是指投资引起的现金流入累计额到与投资额相等时所需要的时间，也就是收回某项原投资额所需要的时间。回收期法是运用计算某方案的回收期是否达到标准回收期，或几种方案何者投资期最短，以决定投资方案是否可行及何者为最优的分析决策方法。

回收期的计算方法，因各年现金净流量是否相等而各有不同。如果投资方案的各年现金净流量完全相等，则预计回收期等于原投资额除以每年的现金净流量，如果投资方案的寿命周期末有残值，可以将残值平均分摊到各年的现金净流量内，然后再根据公式进行计算。如果各年的现金净流量不相等，可利用插值法计算回收期。

【例 8-13】 仍以例 8-10 的资料为依据，计算 A,B,C 方案的投资回收期。

解： 先编制三个方案的累计现金流量表，如表 8-6 所示。

表 8-6　A,B,C 方案的累计现金流量表　　单位：元

时间（年）	A 方案		B 方案		C 方案	
	年现金净流量	累计现金净流量	年现金净流量	累计现金净流量	年现金净流量	累计现金净流量
0	(70 000)	(70 000)	(70 000)	(70 000)	(70 000)	(70 000)
1	18 000	(52 000)	10 000	(60 000)	30 000	(40 000)
2	18 000	(34 000)	15 000	(45 000)	25 000	(15 000)
3	18 000	(16 000)	20 000	(25 000)	20 000	5 000
4	18 000	2 000	25 000	0	15 000	20 000
5	18 000	20 000	30 000	30 000	10 000	30 000

根据表 8-6 计算

$$A\text{ 方案的投资回收期}(t)=\frac{70\,000}{18\,000}=3.89(\text{年})$$

B 方案的投资回收期＝4 年

C 方案按照内插法，回收期处于 2～3 年之间，于是有：

$$\left.\begin{array}{l}\left.\begin{array}{l}2\\t\end{array}\right\}x\\3\end{array}\right\}-1\qquad\left.\begin{array}{r}\left.\begin{array}{r}-15\,000\\0\end{array}\right\}-15\,000\\5\,000\end{array}\right\}-20\,000$$

$$x=-\frac{15\,000}{20\,000}=-0.75$$

$$t=2+0.75=2.75(\text{年})$$

回收期法的优点在于计算简便，容易理解，并可促使企业尽可能想方设法缩短回收期，及早收回投资，特加是对那些技术更新较快的工业部门来说，回收期是一项评价投资项目风险程度的有用指标，但是回收期法没有考虑货币的时间价值，也没有考虑回收期以后的收益。事实上，有战略意义的长期投资往往早期收益低，而中后期收益较高，回收期法优先考虑急功近利的项目，可能导致放弃长期成功的方案。故在实际中，通常把它和投资决策的三种基本方法结合起来加以应用。

(二)年平均投资报酬率法

年平均投资报酬率有两种计算方法，一种是用年平均净收益与原始投资额之比，另一种是用年平均净收益与平均投资额之比。由于这种方法在计算时使用会计报表上的数据以及财务会计的收益和成本概念，故又叫会计收益率法。该方法通过独立方案的年平均报酬率是否达到预期报酬率来评价方案的可行性，如果是互斥的择优方案则选择报酬率最高的为最优方案。

其中平均投资额的计算，是按照在使用周期内，先把每一会计期间相邻的两个投资余额之

和除以 2,然后进行累计,再除以使用寿命周期。如果采用直线法计提折旧,则平均投资额等于原投资额和报废时收回残值之和除以 2。

【例 8-14】 设有一投资方案 A,其有关资料如表 8-7 所示,试计算年平均投资报酬率。

解:年平均净收益=(500+1 000+1 500+2 000+2 500)÷5=1 500(元)

$$平均投资额=\left(\frac{5\ 000+4\ 000}{2}+\frac{4\ 000+3\ 000}{2}+\frac{3\ 000+2\ 000}{2}+\frac{2\ 000+1\ 000}{2}+\frac{1\ 000+0}{2}\right)\div 5=2\ 500\ (元)$$

表 8-7　A 方案现金流量资料　　单位:元

期间(年)	净收益	年折旧	现金净流量	投资余额
0	—	—	(5 000)	5 000
1	500	1 000	1 500	4 000
2	1 000	1 000	2 000	3 000
3	1 500	1 000	2 500	2 000
4	2 000	1 000	3 000	1 000
5	2 500	1 000	3 500	0

$$则:年平均投资报酬率=\frac{年平均净收益}{平均投资额}=\frac{1\ 500}{2\ 500}\times 100\%=60\%$$

$$年平均投资报酬率=\frac{年平均净收益}{原始投资额}=\frac{1\ 500}{5\ 000}=30\%$$

年平均投资报酬率虽然计算简便,但是它有以下的缺点:①同一方案有两个差异较大的投资报酬率,这给决策者选择其偏爱的投资方案提供了客观条件。②投资报酬率未考虑投资项目的使用年限,不能说明投资方案的获利总额,无法在使用年限不同的方案之间进行比较。③未充分考虑方案的现金净流量和货币时间价值。④不同的折旧方法计算的平均投资额不同,从而使不同的折旧方法计算的投资报酬率不相同。

第五节　固定资产更新改造决策

固定资产更新改造是对技术上或经济上不宜继续使用的旧资产,用新的资产更换或用先进的技术对原有的设备进行局部改造,固定资产更新改造决策其实是对投资决策基本方法的实际应用。

一、等值比较法

等值比较法,就是在方案使用年限、资本成本确定的前提下,以一特定的时间单位(通常为一年)为对象,运用货币时间价值原理,计算各方案在该单位时间内的收入、费用和净收益的价值,以此价值作为选择方案优劣的决策方法。等值比较法通常有成本等值比较法和收益等值比较法。

成本等值比较法主要适应于使用寿命不相同的固定资产更新改造决策。此类决策方案,不论是继续使用旧设备,还是采用新设备,年实现的收入并无很大的差异,但新旧设备的年使用成本则有很大的差异,因此只需比较年使用成本,就可以决定继续使用旧设备,还是购买新设备。设 C_1 代表设备的投资年摊销额，C_2 代表年营运成本，C_3 代表残值占用的利息，S 代表固定资产原值，E 代表固定资产残值，i 代表资本成本，C 代表年使用成本，则

$$C=C_1+C_2+C_3=\frac{S-E}{P_{A\overline{n}|i}}+C_2+Ei$$

这里的设备摊销额，就是投入资本和资本回收系数的乘积，残值占用的资金是一种机会成本列入年使用成本中。同时还要说明的是这只是成本等值比较法中的一种，还可以计算现金流出的总现值，然后分摊给每一年，或者是由于各年已有相等的运行成本，只要将原始投资和残值摊销到每年，然后求和，也能求出年使用成本。

收益等值比较法是同时考虑年等值收入与年等值成本两个因素，并以其差额年等值收益来选择方案的一种方法。它主要适用于有收益的使用寿命相同或不同的固定资产更新改造决策。其计算公式如下：

$$R=PX-C=PX-\left[\frac{S-E}{P_{A\overline{n}|i}}+C_2+C_3\right]$$

式中：R 代表等值年收入；

PX 代表年收入。

二、使用寿命相同的固定资产更新改造决策

使用寿命相同的固定资产更新改造决策主要运用净现值差量法和内含报酬率法，也可以运用收益等值比较法。

【例 8-15】　某公司原有一套生产设备主机系 4 年前购入，原购置成本为 100 000 元，估计尚可使用 6 年，假定期满无残值，已提折旧 40 000 元（按直线法计提），账面折余价值为 60 000元，使用该设备每年可获得销售收入 149 000 元，每年支付的直接材料、直接人工和变动制造费用为 113 000 元。该公司为提高产品的产量和质量准备购置一台装有自动控制设备的主机，约需价款 150 000 元，估计可使用 6 年，期满有残值 7 500 元，购入新机器时，旧机器可作价 35 000 元，使用新机器设备后每年可增加销售收入 25 000 元，同时每年可节约变动成本 10 000元。若该公司的资本成本为 12%，要求用净现值法、内含报酬率法和收益等值比较法对该公司设备更新方案进行决策分析。

解：为了便于分析，先将上述有关资料进行分项综合列表，如表 8-8 所示。

表 8-8　某公司新旧设备成本资料表　　单位：元

摘 要	原主机	新主机
购入成本	100 000	150 000
使用年限	10	6
已使用年限	4	0
期满残值	0	7 500
年折旧额	10 000	23 750
账面价值	60 000	150 000
可作价	35 000	0
年销售收入	149 000	174 000
年变动成本	113 000	103 000

(1)增量分析法。

以增量的现金流量为依据,编制增量分析表,如表 8-9 所示。

表 8-9 增量分析法表 单位:元

项目	增量金额			现值系数	现值
	新机器	旧机器	差量		
增量收入(现值)					
①销售收入	174 000	149 000	25 000	4.111	102 775
②节约的变动成本	103 000	113 000	10 000	4.111	41 110
③期末残值	7 500	0	7 500	0.507	3 802.5
增量收入合计					147 687.5
增量成本(现值)	150 000	35 000	115 000	1	115 000
差量利润(现值)					32 687.5

注:计算结果增量的 $\Delta NPV=32\ 687.5>0$,故应该更新。

(2)总量分析法。

净现值=购置新机器增加的现金净流量的现值总额－购置新机器增加的现金流出量的现值总额

$$=[(71\ 000-36\ 000)\times P_{A\overline{6}|12\%}+7\ 500\times P_{\overline{6}|12\%}]-(150\ 000-35\ 000)$$

$$=32\ 687.50$$

计算结果增量 $\Delta NPV=32\ 687.50>0$,故应更新。

(3)内含报酬率法。

$$设备更新方案的年金现值系数(P_{A\overline{6}|i})=\frac{准备投资金额}{平均每年增加的现金净流量}$$

$$=\frac{150\ 000-35\ 000}{35\ 000+\frac{7\ 500}{6}}=\frac{115\ 000}{36\ 250}=3.172$$

查年金现值系数表:当 $n=6$ 时

$$\left.\begin{array}{l} i=20\% \\ i=x\% \\ i=22\% \end{array}\right\} \qquad \left.\begin{array}{l} 3.326 \\ 3.172 \\ 3.167 \end{array}\right\}$$

则内含报酬率介于 20%和 22%之间

$$\frac{20\%-x\%}{20\%-22\%}=\frac{3.326-3.172}{3.326-3.167}$$

$$x\%=20\%+1.94\%=21.94\%$$

计算结果内含报酬率 21.94%>12%,方案可行。

(4)收益等值比较法。

$$旧设备的年使用成本=\frac{35\ 000}{4.111}+113\ 000=121\ 513.74(元)$$

旧设备的等值年收益=149 000－121 513.74=27 486.26(元)

$$新设备的年使用成本=\frac{150\ 000-7\ 500}{P_{A\overline{6}|12\%}}+7\ 500\times 12\%+103\ 000=138\ 563.10(元)$$

等值年收益＝174 000－138 563.10＝35 436.90(元)

通过计算更新比使用旧设备能够多得收益 7 950.64(35 436.90－27 486.26＝7 950.64)元,故应更新。

以上四种方法所得的结论是一致的。

三、使用年限不相同的固定资产更新改造决策

这一决策主要应用年使用成本法和年等值收益法进行。

【例 8-16】 设某企业有一旧设备,原值为 4 400 元,预计使用 10 年,已使用了 4 年,最终残值 400 元,变现价值为 1 200 元,年运行成本为 1 400 元。现有工程技术人员提出更新要求,有一新设备,购价为 4 800 元,预计使用 10 年,预计最终残值为 600 元,年运行成本为 800 元,假设该企业要求的最低投资报酬率为 15%,要求作出是继续使用旧设备还是更新的决策分析。

解:(1)计算现金流出量的总现值,然后分摊给每一年。

$$\text{旧设备的年平均使用成本}=\frac{1\,200+1\,400\times P_{A\overline{6}|15\%}-400\times P_{\overline{6}|15\%}}{P_{A\overline{6}|15\%}}$$

$$=\frac{1\,200+1\,400\times 3.784-400\times 0.432}{3.784}$$

$$=1\,671.46(\text{元})$$

$$\text{新设备的年平均使用成本}=\frac{4\,800+800\times P_{A\overline{10}|15\%}-600\times P_{\overline{10}|15\%}}{P_{A\overline{10}|15\%}}$$

$$=\frac{4\,800+800\times 5.019-600\times 0.247}{5.019}$$

$$=1\,726.84(\text{元})$$

(2)由于各年已经有了相等的运行成本,只要将原始投资和残值摊销到每年,然后求和,亦可得到每年平均的现金流出量。

平均年使用成本＝投资摊销＋运行成本－残值摊销

$$\text{旧设备的年平均使用成本}=\frac{1\,200}{P_{A\overline{6}|15\%}}+1\,400-\frac{400}{S_{A\overline{6}|15\%}}$$

$$=\frac{1\,200}{3.784}+1\,400-\frac{400}{8.754}=1\,671.43(\text{元})$$

$$\text{新设备的年平均使用成本}=\frac{4\,800}{P_{A\overline{10}|15\%}}+800-\frac{600}{S_{A\overline{10}|15\%}}$$

$$=\frac{4\,800}{5.019}+800-\frac{600}{20.304}=1\,726.82(\text{元})$$

(3)将残值在原投资额中扣除,视同每年承担的相应的利息,然后与净投资摊销额及年运行成本总计,亦可求出年平均使用成本。

$$\text{旧设备的年平均使用成本}=\frac{1\,200-400}{P_{A\overline{6}|15\%}}+400\times 15\%+1\,400$$

$$=\frac{800}{3.784}+60+1\,400=1\,671.42(\text{元})$$

$$\text{新设备的年平均使用成本}=\frac{4\,800-600}{P_{A\overline{10}|15\%}}+600\times 15\%+800$$

$$=\frac{4\ 200}{5.019}+90+800=1\ 726.82(元)$$

通过上述的计算可知，使用旧设备的平均年使用成本较低，故不宜进行设备更新。

四、不同原因固定资产更新的具体分析

（一）不宜大修引起的固定资产更新

有些固定资产有时可通过大修理而延长其使用寿命，但这样做是否合算，还需要对大修理与更新进行具体的对比分析，才能作出正确的判断与选择。

【例 8－17】 某建筑物准备大修，预计修理费用是 6 000 元，修理后可延长使用寿命 3 年，但每年须支付日常维护和修理费 480 元。如果拆除重建，重建与原来规模相同的建筑物的重建成本为 26 000 元，重建后可使用 20 年，每年需支付维护费用 80 元。假设资本成本为 8%，选择哪个方案？如果资本成本为 12%，应选择哪个方案？

解：(1)设资本成本为 8%时

$$大修理方案的年平均使用成本=\frac{6\ 000}{P_{A\overline{3}|8\%}}+480=\frac{6\ 000}{2.577}+480=2\ 808.29(元)$$

$$重建方案的年平均使用成本=\frac{26\ 000}{P_{A\overline{20}|8\%}}+80=\frac{26\ 000}{9.818}+80=2\ 728.20(元)$$

通过比较分析，应该选择重建方案。

(2)设资本成本为 12%时

$$大修理方案的年平均使用成本=\frac{6\ 000}{P_{A\overline{3}|12\%}}+480=\frac{6\ 000}{2.402}+480=2\ 977.92(元)$$

$$重建方案的年平均使用成本=\frac{26\ 000}{P_{A\overline{20}|12\%}}+80=\frac{26\ 000}{7.469}+80=3\ 561.06(元)$$

通过比较分析，应选择大修理方案。

由此可见，资本成本越高，投资的风险就越大，投资就越趋于保守，会抑制企业的投资规模，使更多的货币流向银行；相反，降低利率，则会刺激资金转向投资企业。

（二）陈旧引起的更新

固定资产陈旧一是指旧的固定资产在使用中性能衰退，运行费用比最初购置时逐步提高；二是指旧的固定资产性能本身没有显著变化，由于技术更先进的同类资产的出现，相比之下，旧资产的运行费用高，性能较差。但不论是哪一种情况都需要比较新旧固定资产的年使用成本才能作出科学的判断。

【例 8－18】 有一在用旧设备，最初购置成本为 32 000 元，预计使用 15 年，已经使用了 5 年，尚可使用 10 年，每年的运行费用为 6 000 元，该设备目前的重置成本（变现价值）为 18 000 元，报废时预计残值为 600 元。目前市场上有一种新的同类设备，价格为 40 000 元，预计可使用 10 年，每年的运行费用为2 000元，预计残值为 2 000 元。假设最低报酬率为 10%，问该设备应否更新？

解：$$旧设备的年使用成本=\frac{18\ 000-600}{P_{A\overline{10}|10\%}}+6\ 000+600\times10\%$$

$$=\frac{17\ 400}{6.145}+6\ 000+60=8\ 892(元)$$

$$新设备的年使用成本=\frac{40\ 000-2\ 000}{P_{A\overline{10}|10\%}}+2\ 000+2\ 000\times10\%$$

$$=\frac{38\ 000}{6.145}+2\ 000+200=8\ 384(元)$$

通过计算可见，应当进行更新。

由于使用寿命相同，可以把每年的成本节约额和残值的差额，视同现金流入，通过计算净现值差量来进行验证。

更新比不更新净现值差量为

$$NPV=[(6\ 000-2\ 000)\times P_{A\overline{10}|10\%}+(2\ 000-600)\times P_{\overline{10}|10\%}]-(40\ 000-18\ 000)$$

$$=4\ 000\times6.145+1\ 400\times0.386-22\ 000$$

$$=3\ 120(元)$$

根据净现值为正值，可知投资于设备更新是可行的，与前一种方法的结论相同，并且年使用成本的节约额 508 元(8 892－8 384)的现值是 $508\times P_{A\overline{10}|10\%}=3\ 120$与净现值相同。

五、固定资产的经济寿命

固定资产的运行成本一般是指固定资产在使用过程中的维护、修理费用，以及能源动力的消耗费用。而固定资产的持有成本是指固定资产原值与当年累计的折旧之差，即固定资产的当年余值。通过我们以前学习固定资产年平均使用成本的概念可知，固定资产的运行成本随着固定资产的逐渐陈旧、性能逐步变差，但是固定资产的持有成本会随着固定资产价值和资产占用的资金利息的逐渐减少而不断减少。随着时间的递延，运行成本与持有成本呈反方向变化，两者之和呈马鞍形，必然存在着一个最经济的使用年限，这就是固定资产的经济寿命。

设 C 代表原值；S_n 代表固定资产余值；C_n 代表第 n 年的运行成本；n 代表预计使用年限；i 代表最低投资报酬率；UAC 代表平均年使用成本；则：

$$UAC=[C-\frac{S_n}{(1+i)^n}+\sum\frac{C_n}{(1+i)^n}]\div(P_{A\overline{n}|i})$$

【例 8-19】 设某资产原值为 14 000 元，运行成本逐年增加，折余价值逐年下降，有关数据如表 8-10 所示。

表 8-10　固定资产的经济寿命表　　单位：元

年份	原值 ①	余值 ②	贴现系数 ③ ($i=8\%$)	余值现值 ④=②×③	运行成本 ⑤	运行成本现值⑥=⑤×③	更新时运行成本现值累计 ⑦=Σ⑥	现值总成本⑧=①-④+⑦	年金现值系数 ⑨ $i=8\%$	年使用成本 ⑩=⑧÷⑨
1	14 000	10 000	0.926	9 260	2 000	1 852	1 852	6 592	0.926	7 118.79
2	14 000	7 600	0.857	6 513.2	2 200	1 885.4	3 737.4	11 224.2	1.783	6 295.12
3	14 000	6 000	0.794	4 764	2 500	1 985	5 722.4	14 958.4	2.577	5 804.58
4	14 000	4 600	0.735	3 381	2 900	2 131.5	7 853.9	18 472.9	3.312	5 577.57
5	14 000	3 400	0.681	2 315.4	3 400	2 315.4	10 169.3	21 853.9	3.993	5 473.05
6	14 000	2 400	0.630	1 512	4 000	2 520	12 689.3	25 177.3	4.623	5 446.10
7	14 000	1 600	0.583	932.8	4 500	2 623.5	15 312.8	28 380	5.206	5 451.40
8	14 000	1 000	0.540	540	5 000	2 700	18 012.8	31 472.8	5.747	5 476.39

通过计算，该资产如果使用6年后更新，当年的平均使用成本是5 446.10元，比其他时间更新的成本低，因此6年是其经济寿命。

六、可比较的现时价值

所谓可比较的现时价值，就是用新资产的平均年成本计算的旧资产的应计价值。或者这样说，就是以它为基础确定的旧机器的“年使用成本”刚好和新机器的“年使用成本”相等时的价值。可比较的现时价值的意义就在于科学地确定旧资产的变现价值，如果旧资产能卖出好价钱，就出售并购置新资产，否则就继续使用，旧资产的价格的正确与否关系到固定资产应否更新的问题。

【例8-20】 以前例8-16的资料为例计算旧设备的现时价值。因为新设备的年平均使用成本为1 726元，以此为基础计算旧设备的可比较的现时价值。

解：设旧设备的可比较的现时价值为X，则：

$$\frac{X-400}{P_{A\overline{6}|15\%}}+400\times15\%+1\ 400=1\ 726$$

$$\frac{X-400}{3.784}+60+1\ 400=1\ 726$$

$X=1\ 406$（元）

旧设备的可比较现时价值为1 406元，如果它的变现价值为1 200元，则不如继续使用旧设备，继续使用可节约成本206元（1 406－1 200），这个结论与平均年使用成本的比较结论基本是一致的。

每年节约的成本＝1 726－1 671＝55（元）

总节约额$=55\times P_{A\overline{6}|15\%}=55\times3.784=208$（元）

第六节　动态投资决策方法的敏感性分析

敏感性分析主要是研究如果与决策有关的某个因素发生了变动，那么决策的结果将会受到什么样的影响。凡某因素在很小幅度内发生变动就会影响到决策的结果，则表明这个因素的敏感性强；若某个因素在较大的幅度内发生变动才会影响到决策的结果，则表明这个因素的敏感性弱。动态投资决策方法的敏感性分析通常研究以下两个方面的问题。

一、现金净流量或使用年限的变动对净现值的敏感性分析

它是指如果投资方案的现金净流量或固定资产的使用年限发生变动，那么对该方案的现金净流量将会发生多大的影响程度。通过这种分析，可使管理当局能预测投资方案的现金净流量或固定资产使用年限在多大的幅度内变动，尚不致影响原方案的可行性，如果变动超过此幅度，就会使方案不可行。

【例8-21】 设某企业准备购置一台设备，购价为10 000元，若使用年限为5年，每年的现金净流量为40 000元，投资报酬率为24%，试计算净现值，并进行敏感性分析。

解：(1)计算该设备的净现值为：

$NPV=40\ 000\times P_{A\overline{5}|24\%}-100\ 000=40\ 000\times2.745-100\ 000=9\ 800$（元）

(2)计算在固定资产使用年限不变的情况下,每年现金净流量的下限是多少,或在什么幅度内变动,才不致影响投资方案的可行性。

每年现金净流量的下限就是要使该投资方案的净现值为零。

$$年金现值系数=\frac{原投资额的现值}{每年现金净流量的下限}$$

$$每年现金净流量的下限=\frac{100\ 000}{P_{A\overline{5}|24\%}}=\frac{100\ 000}{2.745}=36\ 429.87(元)$$

通过计算可见,如果使用年限不变,每年的现金净流量必须至少为 36 429.87 元,才能保证净现值为正值,方案可行;否则,低于 36 429.87 元,则净现值为负数,方案不可行。

(3)计算在每年现金净流量不变的情况下,该项设备的最低使用年数为几年,才不会影响到方案的可行性。

设最低使用年限为 n

$$40\ 000\times P_{A\overline{n}|24\%}=100\ 000$$

$$P_{A\overline{n}|24\%}=\frac{100\ 000}{40\ 000}=2.5$$

查"年金现值系数表",在 24%这一栏中找出与 2.5 相邻近的期数,并采用插值法计算如下:

$$\left.\begin{matrix}\left.\begin{matrix}4\\n\end{matrix}\right\}x\\5\end{matrix}\right\}1\qquad\left.\begin{matrix}\left.\begin{matrix}2.404\\2.5\end{matrix}\right\}0.096\\2.745\end{matrix}\right\}0.341$$

$$\frac{x}{1}=\frac{0.096}{0.341}\qquad x=0.28$$

$$n=4+0.28=4.28(年)$$

通过计算,可见该项设备如果每年的现金净流量不变,则使用年限的下限必须为 4.28 年,才能保证投资报酬率为 24%,至少使用年数的变动幅度必须在 4.28 年至 5 年的范围内,才能保证投资方案的可行性。

二、内含报酬率变动对现金净流量和使用年限的敏感性分析

【例 8-22】 仍以例 8-21 的资料为例,设该企业按内含报酬率是否高于 24%的资本成本来确定方案的优劣,试计算内含报酬率并进行敏感分析。

解:(1)计算内含报酬率:

$$P_{A\overline{5}|i}=\frac{100\ 000}{40\ 000}=2.5$$

查"年金现值系数表",在第 5 期这一行中找出与 2.5 相邻的两个折现率分别是 28%和 32%,根据相对应年金现值系数,计算出内含报酬率为 28.68%。

(2)在使用年限不变的情况下,内含报酬率的变动对每年现金净流量的影响,可用下列公式来表示:

$$\frac{A_0}{P_{A\overline{n}|IRR}}-\frac{A_0}{P_{A\overline{n}|i}}=实际的现金净流量-现金净流量的下界值$$

$$=\frac{100\ 000}{P_{A\overline{5}|28.68\%}}-\frac{100\ 000}{P_{A\overline{5}|24\%}}$$

$$=\frac{100\ 000}{2.5}-\frac{100\ 000}{2.745}=3\ 570.13(元)$$

通过计算可知，在使用年限不变的情况下，内含报酬率降低 4.68%(28.68%－24%)，会使每年的现金净流量减少 3 570.13 元。

(3)计算在每年现金净流量不变的情况下，如果内含报酬率变动，那么对使用年限将会产生怎样的影响。

可用下列公式计算：

$P_{A\overline{n}|IRR}=P_{A\overline{x}|i}$

$P_{A\overline{5}|28.68\%}=P_{A\overline{x}|24\%}$

$P_{A\overline{x}|24\%}=2.5$

查“年金现值系数表”在 24%的这一栏中找出与 2.5 相邻近的两个期数，现值系数分别是 2.404 和 2.745，它们所对应的期数分别是 4 年和 5 年，再利用插值法计算出使用年数 x 为 4.28年。

通过以上计算结果表明，一项投资方案在每年现金净流量不变的情况下，若内含报酬率降低 4.68%(28.68%－24%)，将会使使用年数减少 0.72(5－4.28)年。

复习思考题

1. 什么是现金总流量和年现金总流量，它们之间有何区别？什么是总的现金净流量，什么是年现金净流量，它们之间有何区别？总的现金净流量和年现金净流量如何计算？

2. 现金流量在初始阶段、营运阶段和终结阶段的具体表现内容是什么？

3. 什么是资本成本？资本成本和净现值、现值指数、内含报酬率的关系是什么？

4. 什么是货币时间价值？有人说，自有资金不是借来的，所以没有货币时间价值，这句话对不对，为什么？

5. 复利现值和复利终值有何关系？怎样计算？年金终值系数与偿债基金系数有何关系？年金终值怎样计算？年金现值系数与资本回收系数有何关系？年金现值怎样计算？

6. “净现值法”的基本原理是什么？

7. “内含报酬率法”的基本原理是什么？

8. 使用寿命相同的固定资产更新改造决策用什么方法？使用寿命不相同的固定资产更新改造决策使用什么方法？

练习题

1. 练习货币时间价值的计算。

(1)以 10 000 元存入银行，年利率为 12%，一年复利一次，10 年的复利终值是多少？

(2)以 10 000 元存入银行，年利率为 12%，3 个月复利一次，10 年的复利终值是多少？

(3)年利率为 10%，一年复利一次，10 年后的 10 000 元，其复利现值是多少？

(4)年利率为 8%，若半年复利一次，20 年后的 10 000 元，其复利现值是多少？

(5)存入 10 000 元，经过 30 年，其复利终值为 126 000 元，其年利率为多少？

2. 假定某公司准备购买一台设备，需款项 360 000 元，现从未分配的盈余中提出 148 000 元，存入银行，若银行存款利率为复利年息 9%，要求计算该公司需要将 148 000 元在银存多久，才能购买此台设备。

3.假定西安豪华有限公司准备从更新改造基金中提出80 000元进行投资，希望在7年后能得到150 000元，用来更换原有设备。要求：计算豪华公司所预期的投资报酬率应为多少，才能保证7年后更新旧设备。

4.建华公司欲购置一项专用设备，设备的有效期限为5年，购价为55 000元，有效期终了，可收回残值5 000元；同时垫支流动资金100 000元，有效期终了，可收回转作他用；上述专用设备预计需于第3年末修理一次，支付修理费用4 500元。该设备购置回来以后当年投入生产，生产出甲产品。该产品在有效期内每年发生的收入与成本资料如下：产品销售收入250 000元，产品销售成本145 000元，其他现金支出35 000元，该企业的资本成本为10%，用直线法计提折旧。要求：用净现值法和现值指数法分析购置此项设备是否经济。

5.华众公司有一笔资金200 000元，既可投资于A项目，又可投资于B项目，若这两个项目在各年末发生的现金净流量的资料如下：

年次	各年末的现金净流量(元)	
	A项目	B项目
1	100 000	2 0000
2	80 000	40 000
3	60 000	60 000
4	40 000	80 000
5	20 000	100 000
合计	300 000	300 000

又设该公司预期的投资报酬率为12%。

要求：用净现值法、内含报酬率法和现值指数法对上述两个投资方案进行评价。

6.西安实业有限公司在计划年度内准备添置一台固定设备并需款285 000元，该设备可使用10年，期满有残值25 000元。使用该设备可使公司每年获得销售收入245 000元，折旧按直线法计提，折旧以外的每年付现的营运成本145 000元，所得税率为35%。若设备款项系向交通银行借来的，年利率为12%(复利)。要求：采用净现值法为实业公司作出该项投资是否可行的决策分析。

7.大华公司有甲、乙两种固定资产投资方案，甲方案的一次投资额为300 000元，有效使用期为5年，期末有残值10 000元。乙方案的一次投资额为200 000元，有效使用期为4年，期末无残值；假设资本成本为14%，各方案的有关现金净流量的资料如下表所示：

年份	甲方案	乙方案
1	118 000	100 000
2	118 000	110 000
3	118 000	120 000
4	118 000	130 000
5	118 000	—
合计	590 000	460 000

要求：试分别用净现值法、内含报酬率法、现值指数法对上述两个投资方案进行评价。

8. 根据下列资料，设资本成本为10%，折旧方法为直线法，请分别计算其“年平均投资报酬率”、“静态投资回收期”、“净现值”、“现值指数”和“内含报酬率”。

资料：

方案Ⅰ：原投资额为10 000元，年现金净流量为1 350元，有效期为10年，残值为4 000元。

方案Ⅱ：原投资额为10 000元，年现金净流量1～5年，每年为2 000元，6～10年，每年为1 500元，有效期为10年，无残值。

方案Ⅲ：原投资额为10 000元，年现金净流量1～5年，每年1 500元，6～10年，每年2 000元，有效期10年，无残值。

9. 西安宏星厂于2年前购置设备一台，立即投产使用，原价为38 000元，估计可使用10年，将来期满残值为2 000元，年折旧额为3 000元。最近有一销售商向该厂推销一种新型设备，售价为50 000元，若购进后，可使该厂的每年总的收入从100 000元增长到120 000元，而每年的变动成本亦将从原来的85 000元增长到91 000元。该新型设备的使用寿命为10年，残值为2 000元。目前原有设备的账面价值为32 000元(已折旧6 000元)，若现在立即出售，可得价款10 000元。设资本成本为18%，根据上述资料用净现值法对该项“售旧换新”的方案是否可行作出决策。

10. 某厂拟购置机器设备一套，有甲、乙两种型号可选用。该两种型号的设备性能相同，但使用年限不同，有关资料如下(单位：元)。如果企业的资本成本为8%，应选用哪一种设备？

设备售价	维修及操作成本								残值
	第一年	第二年	第三年	第四年	第五年	第六年	第七年	第八年	
甲 6 000	700	800	900	1 000	1 100	1 300	1 500	1 700	1 000
乙 3 000	1 500	1 500	1 500	1 500	1 500				8 000

11. 某厂有一台电气设备，购置成本14 000元，从技术上看可以使用8年。有关成本和费用的资料如下(利率 $i=8\%$)：

设备使用年限	设备残值(元)	维修及操作成本(元)
1	100 000	20 000
2	76 000	22 000
3	60 000	25 000
4	46 000	29 000
5	34 000	34 000
6	24 000	40 000
7	16 000	45 000
8	10 000	50 000

要求：计算设备的最佳更新周期。

第九章　全面预算

第一节　全面预算概述

为了把企业在长期决策和短期决策所确定的战略目标和经营目标，在实际经济活动中得到贯彻和执行，就需要编制预算。所谓预算就是将决策目标具体化、数量化、货币化和系统化的过程。全面预算就是从企业的全局出发，对企业一定时期内的销售、生产采购、成本费用以及财务状况等方面的局部预算进行汇总、协调而统一编制全局性的预算。

全面预算对于企业的生产和经营有着极为重要的意义。首先，能明确各部门今后的目标，控制企业的经济活动。预算是目标的具体化，企业整体目标是由企业的各职能部门的分目标构成的，而全面预算也是由各职能部门的分预算所构成的。通过预算的编制不仅能帮助人们更好地明确整个企业的奋斗目标，而且能够使人们清楚地了解自己部门的任务。编制预算的目的是为了贯彻目标管理的原则，其要求就是在预算的执行中，尽可能地降低成本，增加收入，以预算指导和控制经济活动。其次，全面预算的编制能协调各部门的经营活动，进行综合平衡。全面预算不但明确了未来时期企业的整体目标，而且规定了各职能部门具体的目标以及完成这些分目标应采取的措施和方法，并且使企业内部各职能部门之间上下左右协调起来，环环相扣，达到平衡。例如，在以销定产的经营方针下，生产预算应当以销售预算为前提，而现金收支预算必须以供、产、销过程中的现金流量为依据。最后，全面预算是分析、比较、评价工作成绩的依据。全面预算是衡量各部门业绩的标准，在生产经营过程中，把实际与预算加以比较，揭示出来的差异，一方面可以考核各部门或有关人员的工作成绩，另一方面用来检查预算编制的质量。

全面预算可以按不同的标准进行分类。如果按预算运用的时向长短分类，可以分为长期预算和短期预算。长期预算一般是指超过一年以上的长期投资方面的预算，如购置大型设备或扩建、改建、新建厂房等的长期投资预算，按年度划分的长期资金的收支预算，长期科研经费预算等。长期预算会影响决策方案的选择，从而对企业未来的目标或收益产生深远的影响。短期预算是指企业在一年以内的经营、财务活动方面的总体预算。它一般包括供、产、销一个完整的资金循环、周转的过程。但由于预算期在年度内，时间太短，会出现企业只顾短期利益，而忽视长期出现的外部和内部因素的变化给企业带来的不利影响，故在编制短期预算时应长短结合。如果按全面预算的内容分类，可分为业务预算、专门预算和财务预算，这将在下面的全面预算体系中予以介绍。如果按预算编制的方法不同而分类，可以分为固定预算、弹性预算、概率预算和滚动预算。

全面预算体系是以本企业的经营目标为出发点，通过对市场需求的研究和预测，以销售预算为主导，进而延伸到资本支出、业务和资金收支等方面的预算，最后编制预算报表的这样一种预算体系。其特点是：以销定产，使预算的每一个部分、每一项指标，都紧紧地围绕企业经营决策的目标利润来制定。这样不仅能保证目标利润的实现，而且还能避免不必要的浪费或损失，提高企业在预算期内经营的经济效益。其具体组成如图 9－1 所示。

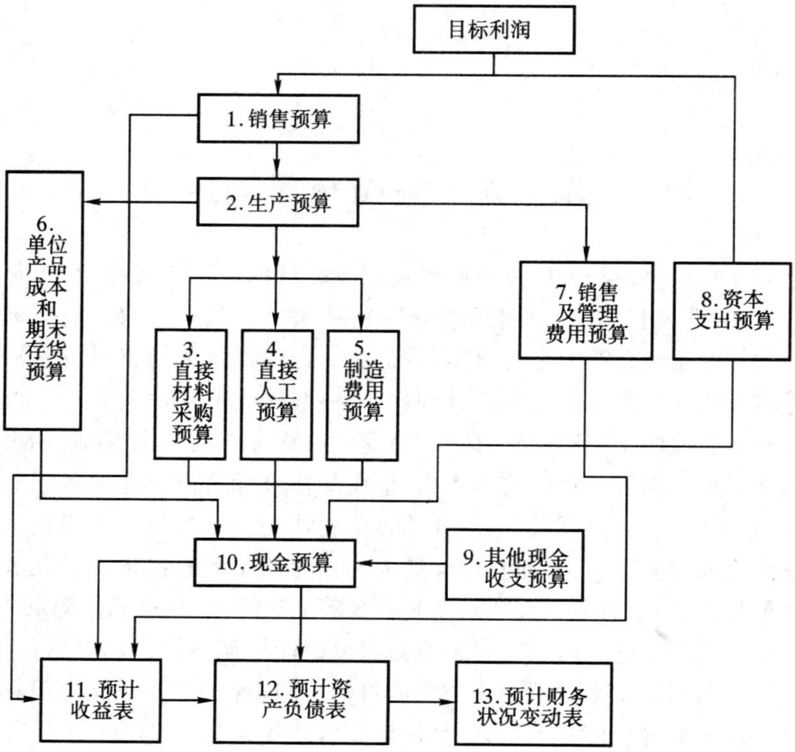

图 9－1　全面预算体系图

从图 9－1 可见，全面预算体系包括以下三个部分：

第一部分是业务预算，它主要包括：①销售预算；②生产预算；③直接材料采购预算；④直接人工预算；⑤制造费用预算；⑥单位产品成本和期末存货预算；⑦销售及管理费用预算等。销售预算是业务预算的中心，以此中心为指导来编制企业日常发生的经营收入和经营支出的预算。第二部分是⑧资本支出预算，它主要包括对固定资产的购置和闲置资金对外投放而编制的预算，根据企业政策对预算经营期经营结果的预测而编制的股利发放额预算等。由于资本支出预算间隔的时间长，且一次投入资金量大，对未来企业效益产生的影响深远，故资本支出预算也被称为专门预算或投资预算。第三部分是财务预算。它包括⑨其他现金收支预算；⑩现金预算；⑪预计收益表；⑫预计资产负债表；⑬预计财务状况变动表。财务预算是在业务预算和资本支出预算的基础上，根据预算期内的现金收支、经营成果和财务状况而编制的综合性很强的预算。

编制全面预算的原则主要有以下几条：其一，编制预算要以明确的经营目标为前提。例如，如果确定了目标利润，就能相应地确定目标成本，从而编制有关营业收入和费用及成本的预算。其二，编制预算要做到全面性和完整性。凡是会影响目标利润实现的业务、事项，均应以货币或其他计量形式来加以具体地反映，并且有关预算指标之间要相互衔接，勾稽关系要明确，以保证整个预算的综合平衡。其三，编制预算要积极可靠，留有余地。积极可靠是指要充分估计目标实现的可能性，不要把预算指标定得过低或过高，保证预算能在实际的执行过程中，充分发挥其指导和控制的作用。留有余地就是要有一定的灵活性，以免在意外事项发生时，不至于影响原定目标的实现。

全面预算编制的程序：企业的最高管理阶层的领导根据长远规划提出预期目标；然后基层的负责人和成本控制人员自编预算草案，使预算较为可靠和符合实际；各部门逐级汇总编制部门预算，并初步协调本部分预算，编出销售、生产、财务等业务预算；预算委员会审查，平衡业务预算，汇总出公司的总预算；经过行政领导批准，审议机构通过，或者驳回修改预算；主要预算指标报告给董事会，讨论通过或者驳回修改；批准后的预算，下达给各级部门执行。

第二节　全面预算的编制方法

全面预算的编制是一项综合性很强的工作，它不但要涉及相关的历史资料，而且要涉及企业现实生产经营环节的各个方面。现假设西安大众公司只产销单一产品，而且也只耗用一种材料，并知道了预算编制期以前年度的资产负债表如表 9－1 所示，预算编制期的标准成本如表 9－2 所示。现通过一实例来具体说明全面预算编制方法。

表 9－1　大众公司资产负债表

（20××年 12 月 31 日）　单位：元

资产	金额	负债及所有者权益	金额
流动资产		流动负债	
现金	14 000	应付账款	4 700
应收账款	12 400		
材料存货	4 500	股东权益	
产成品存货	2 460	普通股股本	359 910
固定资产		留存收益	48 750
土地	80 000		
房屋及设备净值	300 000		
资产总计	413 360	负债及所有者权益总计	413 360

表 9－2　标准成本资料　单位：元

项目	标准用量	标准价格	标准成本
直接材料	10 千克	5	50
直接人工	10 工时	2	20
变动性制造费用	6 工时	2	12

一、销售预算

销售预算是整个全面预算编制的起点，其他预算编制都以销售预算作为基础。假设西安大众公司全年销售量为 1 890 件，其中各季度的销售量分别为：300 件、450 件、600 件、540 件。

现编制该公司的销售及现金收入预算如表9－3所示。

从表9－3可以看出：第一季度的现金收入包括两部分，即上年应收账款在本年第一季度收到的货款，以及本季度销售中可能收到的货款部分。在本例中，假定每季度销售收入中，本季度可收到现金60%，另外40%要到下季度才能收到。

表9－3　大众公司销售预算　(20××年×月)　单位：元

摘要		1	2	3	4	合计
预计销售量(件)		300	450	600	540	1 890
预计销售单价		150	150	150	150	150
预计销售收入		45 000	67 500	90 000	81 000	283 500
预计现金收入计算表	应收账款	12 400				12 400
	1季度销售收入	27 000				45 000
	2季度销售收入		18 000	27 000		67 500
	3季度销售收入		40 500	54 000	36 000	90 000
	4季度销售收入				48 600	48 600
	合计	39 400	58 500	81 000	84 600	263 500

二、生产预算

生产预算是在销售预算的基础上编制的，其主要的内容有：销售量、期初和期末存货、生产量。表9－4是西安大众公司的生产预算。

表9－4　生产预算　单位：件

季度	1	2	3	4	全年
预计销售量	300	450	600	540	1 890
加：预计期末存量	45	60	54	60	60
合计	345	510	654	600	1 950
减：预计期初存货量	30	45	60	54	30
预计生产量	315	465	594	546	1 920

由表9－4可见，预算期的生产量的多少一般取决于各季的销售水平以及产成品的存货量，存货的目的主要是为了防止企业正常的生产经营过程中出现的市场需求量的变化以及企业内部人力、物力、财力临时困难而发生供不应求的现象，存货数量通常按下期销售量的一定百分比来确定。本例按10%安排期末存货。年初存货是编制预算时预计的，年末存货根据长期的销售趋势来确定，本例假设年初存货30件，年末存货60件。预计产成品存货量和预计销售量的多少可以预算生产量，其公式为：

预计生产量＝预算期销售量＋预算期末存货量－预算期初存货量

三、直接材料预算

直接材料预算，是以生产预算为基础编制的，同时要考虑原材料的存货水平。表9－5是西安大众公司的直接材料预算。

表 9-5　直接材料预算　　单位：千克

季度	1	2	3	4	全年
①预计生产量(件)	315	465	594	546	1 920
②单位产品材料用量	10	10	10	10	10
③生产需用量	3 150	4 650	5 940	5 460	19 200
④期末存货量	930	1 188	1 092	1 200	1 200
⑤合计(③+④)	4 080	5 838	7 032	6 660	20 400
⑥预计期初材料存货量	900	930	1 188	1 092	900
⑦预计材料采购量(⑤-⑥)	3 180	4 908	5 844	5 568	19 500
⑧预计标准价格(元)	5	5	5	5	5
⑨预计材料采购金额(⑦×⑧)(元)	15 900	24 540	29 220	27 840	97 500

从 9-5 可以看出："预计生产量"的数量来自于生产预算，"单位产品材料用量"的数据来自于标准成本资料或消耗定额资料，"生产需用量"是上述两项的乘积。预计期末材料存货量第四季度的 1 200 千克是按预算年度下一年度第一季度的生产需用量估计出来的。预计期初材料存货量第一季度的 900 千克是按上年度期末盘存数得来的。表 9-6 是直接材料的现金支出表。应付购货款 4 700 元在预算年度的第一季全部支付，各季度材料采购金额的 50%在当季支付，其余 50%在下季度支付。第四季度的 13 920 元将在下年度的第一季度支付。

表 9-6　预计现金支出表　　单位：元

季度	1	2	3	4	全年
上年应付款	4 700				4 700
第一季度现金流出	7 950	7 950			15 900
第二季度现金流出		12 270	12 270		24 540
第三季度现金流出			14 610	14 610	29 220
第四季度现金流出				13 920	13 920
合计	12 650	20 220	26 880	28 530	88 280

四、直接人工预算

直接人工预算也是以生产预算为基础编制的，主要有预计产量、单位产品工时、人工总工时、每小时人工成本和人工总成本。西安大众公司的直接人工预算编制如表 9-7 所示。

表 9-7　大众公司直接人工预算

季度	1	2	3	4	全年
预计产量(件)	315	465	594	546	1 920
单位产品标准工时(小时)	10	10	10	10	10
预计各期需要的人工总工时(小时)	3 150	4 650	5 940	5 460	19 200
每小时的人工成本(元)	2	2	2	2	2
人工总成本(元)	6 300	9 300	11 880	10 920	38 400

由表 9 - 7 可见,“预计产量”数据来自于生产预算,单位产品人工工时和每小时人工成本数据来自于标准成本资料,人工总工时和人工总成本是在直接人工预算中计算出来的。由于人工工资都需要使用现金支付,所以不需要另外编制预算,可直接参加现金预算的汇总。

五、制造费用预算

制造费用预算通常分为变动制造费用和固定制造费用两部分。变动制造费用以生产预算为基础来编制,可用单位产品的标准变动制造费用与产量相乘。固定制造费用需要逐项进行预计,通常与本期的产量有关,按每季实际需要的支出预计。表 9 - 8 是西安大众公司的制造费用预算。

表 9 - 8　制造费用预算　　单位:元

摘要		1	2	3	4	全年合计
项目	单位产品标准费用	315	465	594	546	
变动制造费用						
间接人工	2.7	850.5	1 255.5	1 603.8	1 474.2	5 184
间接材料	6	1 890	2 790	3 564	3 276	11 520
维修费用	1.8	567	837	1 069.2	982.9	3 456
水电费	1.5	472.5	697.5	891	819	2 880
合计	12	3 780	5 580	7 128	6 552	23 040
固定制造费用						
修理费用		1 200	1 200	1 200	1 200	4 800
折旧费用		1 500	1 500	1 500	1 500	6 000
管理人员工资		500	500	500	500	2 000
保险费用		300	300	300	300	1 200
财产税		200	200	200	200	800
合计		3 700	3 700	3 700	3 700	14 800
总计		7 480	9 280	10 828	10 252	37 840
折旧费用		1 500	1 500	1 500	1 500	6 000
现金支出费用		5 980	7 780	9 328	8 752	31 840

为了便于以后编制现金预算,需要预计现金支出。制造费用中,除折旧费用外都需要支付现金。所以,根据每个季度制造费用数额扣除折旧费用以后,即可得出“现金支出费用”。

六、年末产成品存货预算

在变动成本法下,直接以“产成品标准成本”乘以“产成品年末存货数量”来预计年末存货的成本,从而编成年末产成品存货预算如表 9 - 9 所示。

表 9 - 9　年末产成品存货预算

产成品标准成本(元)	82
产成品年末存货量(件)	60
产成品年末存货成本(元)	4 920

七、销售及管理费用预算

销售及管理费用预算指预算期内属于制造业务范围以外，在销售业务和日常管理活动中所发生的各项费用的预算。西安大众公司销售及管理费用预算如表 9－10 所示。

表 9－10 销售及管理费用预算 单位:元

季度	1	2	3	4	全年
预算销售量(件)	300	450	600	540	1 890
单位变动费用	6	6	6	6	6
变动销售及管理费用总额	1 800	2 700	3 600	3 240	11 340
固定费用	2 000	2 000	2 000	2 000	8 000
合计	3 800	4 700	5 600	5 240	19 340

这里需要说明的是:最后的合计数也是各季度的现金支出合计数。

八、资本支出和其他现金收支预算

企业除了生产经营过程中所产生的现金收支外，还有资本支出的现金流出和其他业务发生的现金流出，如出售固定资产收入、清理固定资产的变价收入、购置固定资产的支出、预交所得税的支出等。对以上这些收支，应编制资本支出和其他现金收支预算。表 9－11 是西安大众公司的资本支出和其他现金收支预算。

表 9－11 资本支出和其他现金收支预算 单位:元

季度	1	2	3	4	全年
资本支出(购置设备)	20 000				20 000
预付所得税	8 000	8 000	8 000	8 000	32 000
支付股利	4 000	4 000	4 000	4 000	16 000
合计	32 000	12 000	12 000	12 000	68 000

九、现金收支预算

全面预算中的现金预算是用来反映预算期内企业现金流转状况的预算。它主要由以下几个部分组成：

(1)现金收入。这包括期初的现金结存数和预算期内预计发生的现金收入。如现金销售收入，收回应收款项，应收票据到期兑现和票据贴现等。

(2)现金支出。现金支出指预算期内预计发生的现金支出。如采购材料支付货款、支付工资、支付部分制造费用、支付销售管理及财务费用、偿还应付款项、交纳税金、购买设备和支付利润等。

(3)现金的多余或不足。现金的收支相抵后的余额，若收大于支，则现金多余，除了可用于偿还银行借款之外，还可购买用于短期投资的有价证券；若收小于支，则现金不足，需设法筹资。现编制西安大众公司的现金收支预算如表 9－12 所示。表中第一季度的借款 20 000 元，按 10%的利息计算，分两个季度还清，第二季度归还利息 $10\ 000\times10\%\times\frac{6}{12}=500$ 元，第三季度归还利息 $10\ 000\times10\%\times\frac{9}{12}=750$ 元。

表 9-12　大众公司现金收支预算表　　单位：元

季度	1	2	3	4	全年
①期初余额	14 000	12 670	6 670	11 232	14 000
②本期收入	39 400	58 500	81 000	84 600	263 500
③小计(①＋②)	53 400	71 170	87 670	95 832	277 500
④本期现金支出项目					
⑤材料采购	12 650	20 220	26 880	28 530	88 280
⑥直接人工	6 300	9 300	11 880	10 920	38 400
⑦制造费用	5 980	7 780	9 328	8 752	31 840
⑧销售管理费用	3 800	4 700	5 600	5 240	19 340
⑨购置设备	20 000				20 000
⑩所得税	8 000	8 000	8 000	8 000	32 000
⑪支付股利	4 000	4 000	4 000	4 000	16 000
⑫小计	60 730	54 000	65 688	65 442	245 860
⑬收支相抵后的余额(③－⑫)	－7 330	17 170	21 982	30 390	31 640
⑭银行借款	20 000				20 000
⑮归还银行借款		(10 000)	(10 000)		(20 000)
⑯支付借款利息		(500)	(750)		(1 250)
⑰购入有价证券					
⑱年末现金余额	12 670	6 670	11 232	30 390	30 390

十、预计损益表

它是根据以前的营业预算，主要包括：销售预算、年末产成品存货预算、销售及管理费用预算、制造费用预算、资本支出预算等资料而编成的预算。通过编制预期的损盖表，可以了解企业预期的盈利水平，如果预算利润与最初的目标利润有较大的不一致，就需要调整部门预算，或修改目标利润。表 9-13 是西安大众公司的预计损益表。

表 9-13　大众公司预计损益表　(20××年)　单位：元

项目	金额
①销售收入	283 500
②变动成本(1 890×82)	154 980
变动销售及管理费用(1 890×6)	11 340
③边际贡献(①－②)	117 180
④固定成本	22 800

续表 9－13

项目	金额
固定制造成本	14 800
固定销售及管理费用	8 000
⑤营业净收益(③－④)	94 380
⑥利息费用	1 250
⑦税前净收益(⑤－⑥)	93 130
⑧所得税	32 000
⑨税后净收益(⑦－⑧)	61 130

十一、预计资产负债表

预计资产负债表，与实际的资产负债表的内容、格式相同，只不过数据反映的是预算期末的财务状况。该表是利用本期期初的资产负债表和预算期的销售、生产、资本支出等预算的有关数据加以调整而编制的。表 9－14 是大众公司的预计资产负债表。

表 9－14　预计资产负债表　(20××年 12 月)　单位：元

资产		负债及所有者权益	
流动资产		流动负债	
现金	30 390	应付账款	13 920
应收账款	32 400		
材料存货	6 000	股东权益	
产品存货	4 920	普通股股本	359 910
固定资产		留存收益	93 880
土地	80 000		
房屋及设备净值	314 000		
合计	467 710	合计	467 710

对表 9－14 的有些项目的填列方法说明如下：

(1)应收账款是根据表 9－3 中第四季度预计销售收入 81 000 元的 40%相乘计算出来的 32 400 元。

(2)材料存货是根据表 9－5 预计期末存货量 1 200 千克乘标准价格 5 得来的。

(3)房屋及设备净值是根据表 9－1 的余额 300 000 元与表 9－11 购置设备 20 000 元之和减去表 9－8 预计折旧 6 000 元计算而来的。

(4)应付账款是根据表 9－5 中第四季度预付材料账款总额 27 840 元的 50%相乘而得出的。

(5)留存收益是根据表 9－1 的余额 48 750 元与表 9－13 的税后净收益 61 130 之和再减去表 9－11 中分出的股利 16 000 元计算而得出来的。

十二、预计财务状况变动表

财务状况变动表是反映企业在年度内营运资金的来源和动用情况，以及各项营运资金增加或减少情况的报表。它从营运资金来源、运用和增减方面综合反映企业财务状况的变动及其原因,为企业管理部门控制财务收支和提高资金运用效益提供有用信息。预计财务状况变动表和实际财务状况变动表的格式及编制方法相同。财务状况变动表的左方反映营运资金的来源和运用情况。营运资金来源分为本年利润和其他来源两部分,营运资金运用分为利润分配和其他运用两部分。财务状况变动表的右方反映各项流动资产和流动负债的增减情况。最后左方营运资金来源合计数与营运资金运用合计数的差额,与右方流动资产增减数和流动负债增减数的差额应该相等。表 9－15 是大众公司的财务状况变动表。

表 9－15　大众公司预计财务状况变动表　(20××年)　单位:元

营运资产来源和运用	金额	营运资产各项目的变动	金额
一、营运资金来源		一、营运资产本年增加数	
1. 本年利润	93 130		
加:不减少营运资金的费用和损失		1. 现金	16 390
(1)固定资产的折旧	6 000	2. 应收账款	20 000
(2)待摊费用及摊销		3. 存货	3 960
小计	99 130	4. 银行存款	20 000
2. 其他来源		营运资产增加净额	60 350
增加的银行借款	20 000	二、流动负债本年增加数	
营运资金来源合计	119 130		
二、营运资金运用		1. 应付账款	9 220
1. 利润分配		2. 应付工资	—
所得税	32 000		
支付股利	16 000	流动负债增加净额	9 220
2. 其他运用			
购建固定资产	20 000		
营运资金运用合计	68 000		
营运资金增加净额	51 130	流动资产增加净额	51 130

第三节　固定预算和弹性预算

一、固定预算

固定预算又称为静态预算,它是根据未来固定不变的业务水平,不考虑预算期内生产经营活动可能发生的变动而编制的一种预算。固定预算比较适合于用来考核非营利组织和业务水平较为稳定的企业。它不适应于用来衡量业务水平经常变动的企业的经营成果。

【例 9－1】 某企业某种产品的固定预算如表 9－16 所示,如果该产品实际完成 1 600 件,实际总成本为 12 400 元,其中直接材料 8 400 元,直接人工1 500 元,制造费用 2 500 元,单位成本为 15.5 元。如果与原固定预算相比,超支很大;如果与按产量调整后的固定预算相比,又节约很多。两种方法比较的结果,可列示如表 9－17 所示。

表 9-16　固定预算　（20××年）　单位:元

成本项目	总成本	单位成本
直接材料	5 000	5
直接人工	1 000	1
制造费用	2 000	2
合计	8 000	8

* 产量 1 000 件

表 9-17　固定预算与实际费用比较表　单位:元

成本项目	固定费用	实际费用	差异	按产量调整后的固定预算	实际费用	差异
直接材料	5 000	8 400	−3 400	8 000	8 400	−400
直接人工	1 000	1 500	−500	1 600	1 500	+100
制造费用	2 000	2 500	−1 500	3 200	2 500	+700
合计	8 000	12 400	−5 400	12 800	12 400	+400

由表 9-16 和表 9-17 可以看出:前者按照原来的固定预算进行差异计算,费用没有按产量进行调整,不同产量下的固定费用预算和实际费用的比较不能说明什么问题,后者如果全部按照实际产量进行调整,那么实际上有一部分费用是固定不变的,如制造费用中的固定性制造费用,按产量的变动重新编制固定预算的做法,虽然便于比较、考核,但是由于产量变动比较频繁,这样做工作量往往很大,所以要使用弹性预算的方法。

二、弹性预算

所谓弹性预算,是在成本性态的基础上,根据本量利之间的有规律的数量关系,按照预算内一系列不同业务量水平编制的具有伸缩性的预算。弹性预算主要是用来进行弹性成本预算和弹性利润预算的编制。弹性成本预算的编制关键在于把所有的成本划分为变动成本和固定成本两大部分。变动成本主要根据单位业务量来控制,固定成本则按总额控制,成本的弹性预算编制的方式如下:

$$弹性成本预算 = 固定成本预算 + \sum(单位变动成本预算数 \times 预计业务量)$$

【例 9-2】　某企业 2013 年×月预计生产甲种产品 500 件,实际生产 550 件。预算的单位成本为 18 元,其中:直接材料 10 元,直接人工 2 元,单位变动费用 2.4 元,单位固定制造费用 3.6 元。该月固定预算成本和实际成本的比较如表 9-18 所示,弹性预算成本与实际成本的比较如表 9-19 所示。

表 9-18　固定预算成本和实际成本比较表　单位:元

		固定预算	实际费用	差异
生产量(件)		500	550	−50
成本项目	直接材料	5 000	5 400	−400
	直接人工	1 000	1 125	−125
	制造费用	3 000	3 175	−175
合计		9 000	9 700	−700

表 9-19　弹性预算成本和实际成本比较表　　单位:元

生产量(件)	弹性预算			实际费用	差异
		500	550	550	
成本项目	单位成本	总成本	总成本		
直接材料	10	5 000	5 500	5 400	+100
直接人工	2	1 000	1 100	1 125	-25
变动性的制造费用	2.4	1 200	1 320	1 270	+50
小计	14.4	7 200	7 920	7 795	+125
固定性制造费用	3.6	1 800	1 800	1 905	-105
合计	18	9 000	9 720	9 700	+20

从表 9-18 可以看到,把实际成本与成本的固定预算进行比较,实际超支了 700 元,但是由于生产量的增加,难以评价企业的实际成绩。从表 9-19 可以看到,如果把实际成本与成本的弹性预算进行比较,结论就完全相反。就个别成本项目来看,有节约的,也有超支的,但是总成本是节约的。可见,弹性预算比固定预算更能清楚地表明企业实际成本的好坏。

由此可见,弹性预算具有以下特点:首先,弹性预算是按照一系列业务量水平编制的,从而适用期限较长,只要有关的业务量,诸如标准消耗、标准价格等不变,预算就可以延期使用,减少重复编制的麻烦。其次,弹性预算是按成本的不同性态分类列示的,便于在计划期终了时计算“实际业务量的预算成本”应当达到的成本水平,然后再用实际业务量的预算成本与实际发生的成本比较,可使预算执行情况的评价和考核建立在更加现实和可比的基础上。最后,弹性预算具有伸缩性。弹性预算针对预算期内不同的经营水平,反映多种经济活动的结果,可以适应在相关范围内的不同经营水平,适用性比较强。

弹性预算主要用来进行弹性成本预算和弹性利润预算的编制。弹性成本预算主要指各种间接费用的预算,包括制造费用弹性预算和销售及管理费用弹性预算。弹性成本预算的编制步骤是:①要选用一个最能代表本部门生产经营活动水平的业务量的计量单位。例如手工操作车间,应选用人工工时;制造单一产品或零件的部门,可以选用实物量;制造多种产品或零件的部门,可以选用人工工时或机器工时等。②确定适用的业务量范围,务必使实际业务量不致超出确定的范围。③逐项研究并确定各项成本和业务量之间的数量关系。④计算各项成本,并用一定的方式来表达。

弹性成本预算的编制方法有多水平法、公式法和图示法三种。

(1)多水平法。它是根据企业正常生产能力范围内可能达到的不同业务量水平而编制的一系列固定预算。采用多水平法,首先要在确定的业务量范围内,划分出若干个不同水平,然后分别计算各项预算成本,汇总列入一个预算表格。此法的优点是不管实际业务量多少,不必经过计算即可找到与业务量相近的预算成本,用以控制成本比较方便。

【例 9-3】　某企业车间弹性成本预算的业务量范围是在正常生产能力 60%～110%之间,在这一业务范围内按 10%的间距编成弹性成本预算表,如表 9-20 所示。

从表 9-20 可知,采用多水平法,就可在编制的弹性成本预算中直接找到与之相关联的预算总金额,如业务量在正常生产能力的 80%时,直接人工为1 600工时,预算总额为 5 000 元。

若所需要的生产能力利用率的预算数在表中不能直接列示出来，则可采用插补法计算；如业务量在正常生产能力的85%时，直接人工工时为1 700工时，其制造费用的预算数为：1 700×1.2+1 510+1 600=5 150，其中混合成本1 510元是用内插法计算求得的。

表9-20　某企业某车间的制造费用弹性预算　(20××年)　单位：元

业务量(直接人工工时)	1 200	1 400	1 600	1 800	2 000	2 200
占正常生产能力的百分比	60%	70%	80%	90%	100%	110%
变动制造费用(1.2元/工时)	1 440	1 680	1 920	2 160	2 400	2 640
混合成本	1 360	1 420	1 480	1 540	1 600	1 660
固定制造费用	1 600	1 600	1 600	1 600	1 600	1 600
合计	4 400	4 700	5 000	5 300	6 600	5 900

(2)公式法。由于任何成本都可用公式“$y=a+bx$”来近似地表示，故只要在预算中列示出固定成本(a)和单位变动成本(b)，便可以随时利用公式计算任一业务量(x)的预算成本(y)。例如根据表9-20的资料用公式法表示的制造费用的弹性预算如表9-21所示。

表9-21　制造费用弹性预算

业务量范围(人工工时)	1 200～2 200	
项目	固定成本	变动成本(每直接人工小时变动)
间接材料		0.8
电力消耗		0.4
间接人工	400	0.2
修理费	600	0.1
折旧费	800	
保险费	500	
管理费用	300	
合计	2 600	1.5

由表可见，用公式$y=2\ 600+1.5x$可以表示在业务量范围内所有作业量水平下的弹性预算。公式法的优点是，可以计算在业务量范围内的任何业务量的预算成本，简化了多水平法下列表的繁琐工作，但是固定成本总额和单位变动成本稍有变化，这一公式将不能适用。

至于图示法则是在业务量的相关范围内，将各水平下的业务量与其相应的预算费用描述在直角平面图上用来反映弹性成本预算的一种方式。此法与混合成本分解法下的散布图法相似，在此不再赘述。

利润弹性预算反映了企业在预算期内各种业务量水平上应获得的利润指数。例如，例9-2中的甲产品预计每件售价为23元，实际执行的销售收入为12 550元，实际执行的固定销售费用450元，固定销售费用为430元，当月生产的产品全部销售，其他资料同例9-2。利润的弹性预算与实际利润的比较如表9-22所示。

表 9－22 利润弹性预算比较表 单位：元

项目	弹性预算		实际执行	差异
销售量(件)	500	550	550	－50
销售收入	11 500	12 650	12 550	＋100
变动成本	7 200	7 920	7 795	＋125
边际贡献	4 300	4 730	4 755	－25
固定制造费用	1 800	1 800	1 905	－105
固定销售费用	430	430	450	－20
税前利润	2 070	2 500	2 400	＋100

由表 9－22 可以看出，甲产品的利润总额实际比计划减少了 100 元，究其原因是因为，销售收入实际比计划减少了 100 元，边际贡献实际比计划增加了 25 元。但是，可以看出，该种产品的固定成本控制是不力的，固定成本总额实际比计划超支了 125 元(105＋20)，故所增加的 25 元的边际贡献不足以补充固定成本超支额，利润也就自然地减少了 100 元。

第四节 零基预算和概率预算

一、零基预算

零基预算方法是由美国得克萨斯工具公司担任财务预算工作的彼得·派尔于 1970 年编制该公司的费用预算时提出来的。所谓零基预算，是指在编制预算时，对所有的预算支出均以零为基底，不考虑以往情况如何，从根本上研究、分析每项预算有否支出的必要和支出数额的大小。

过去编制费用预算的传统方法，一般都是以基期的各种费用项目的实际开支数为基础，然后结合计划期间可能会使各该费用项目发生变动的有关因素(这些因素诸如产量的增减，上级规定的成本降低任务的高低等)，从而确定出它们在计划期间应增减的数额，把这种预算的编制方法也叫“增量预算法”或“减量预算法”。而零基预算的编制与增减量预算编制相比具有以下不同之处。首先，零基预算的编制没有考虑现有预算这一基数，而是一切从零开始重新考虑，而增减量预算是在考虑前期预算和已知的实际成果的基础上，将预算额加以变动。其次，传统的增减量预算编制法其实是按既定方针办，安于现状，会造成预算经费的浪费，但零基预算的编制却迫使经理系统地去考虑实现目标的各种可供选择的方法，以节约预算经费。最后，传统的增减量预算可适应于企业的各种营利组织或营利企业中，而零基预算则适应于非营利企业或企业中的非营利组织中，例如学校、事业单位的经费控制等，因为这些企业或单位酌量性的固定成本在全部成本中占的比重较高，而零基预算发生作用的领域也恰好在酌量固定成本领域。

零基预算编制有以下步骤：首先，要求各部门的所有职工，根据本企业计划期间的战略目标和各该部门的具体任务，详细地讨论在计划期需要发生哪些费用项目，并为每一费用项目编写一套开支方案，提出费用开支的目的，以及需要开支的数额。其次，对酌量性固定成本的每一项目费用进行“成本—效益分析”，然后把各个费用开支方案在权衡轻重缓急的基础上，分成若干层次，排出开支的先后顺序。最后，按照上一步骤所定的费用开支的层次与顺序，结合计划期间可动用资金，落实预算。

【例 9－4】　假定西安华美公司采用零基预算的方式编制企业的销售及管理费用预算。若根据预算年度的目标利润，经基层职工研究讨论，预算期间将发生的费用项目以及预算金额如下：

(1)房屋租金	24 000 元
(2)财产保险费用	25 000 元
(3)管理人员工资	22 000 元
(4)广告费	45 000 元
(5)职工培训费	35 000 元
(6)办公费	20 000 元
合计	171 000 元

上述费用中，房屋的租金、财产保险费用、管理人员工资均属于预算期内的约束性固定费用，而其余项目均属于预期内的酌量性固定费用。对其项目成本效益的分析结果如表 9－23 所示。

表 9－23　项目成本效益分析结果表

项目	成本(元)	收益(元)
广告费用	1	45
职工培训费	1	35
办公费	1	20

假设预算期内用于销售及管理费用可动用的预算资金只有 136 800 元，先满足约束性的固定费用支出，其总额为 71 000 元，剩余 65 800 元将按成本效益原则分配如下：

广告费　$65\ 800\times\frac{45}{100}=29\ 610$(元)

职工培训费　$65\ 800\times\frac{35}{100}=23\ 030$(元)

办公费　$65\ 800\times\frac{20}{100}=13\ 160$(元)

零基预算法的优点是：①不仅能压缩经费开支，而且能使有限的经费用在最需要的地方；②不受老框框的制约，能充分发挥各级管理人员的积极性和创造性，促进各级预算部门合理使用资金，提高效益。其缺点是：由于一切支出均以零为起点进行分析研究，因而编制预算的工作量较大。

二、概率预算

(一)概率预算的概念

概率预算不同于弹性预算。弹性预算是以不同业务量水平为基础编制的，只要业务量变化，销售收入、变动成本也随之变化，固定成本则不变化。而概率预算则是以各种不同业务量和成本的各种可能状态同期可能性(即概率)的大小为基础的预算。企业之所以要编制概率预算,是因为市场情况变化莫测,不仅业务量难以确定,而且价格成本也难以确定。但根据调查与预测,却可以估计上面各因素的各种可能范围及可能性的大小,这样编制的预算,综合了乐观、正常、悲观等各种情况,就能进一步发挥预算的计划和控制作用。

(二)概率预算的编制

概率预算应该根据不同的情况来编制,若业务量的变动与成本的变动没有直接联系,则应用各自的概率分别计算销售收入、变动成本和固定成本的期望值,从而再计算利润的期望值。如果业务量的变动与成本的变动存在着直接联系,则应通过计算联合概率的方法,来计算期望值,这种概率预算编制的基本步骤如下:

(1)分别确定各种变量的各种可能状态及其概率。

(2)计算各种状态的利润。

某项状态的利润=可能销售量×(可能单价-可能单位变动成本)-可能固定成本

(3)计算各种组合的联合概率。

(4)计算各种组合的期望利润值。

期望利润值=各种状态下的利润×联合概率

(5)计算全部组合的期望利润值,即将上述各期望值相加,则为概率利润预算数。

【例 9-5】 某公司产销一种甲产品,单位售价为 50 元不变,销售量、变动成本及固定成本的可能性及概率见表 9-24 的资料。根据这些资料可编制概率预算表,如表 9-25 或表 9-26所示。

表 9-24 销售量及成本概率

销售量(件)	概率	变动成本(元)	概率	固定成本(元)	概率
3 800	0.1	34	0.2	21 000	0.3
4 000	0.6	35.5	0.7	21 600	0.4
4 200	0.3	36	0.1	22 000	0.3

表 9-25 概率预算表 单位:元

销售量	变动成本	固定成本	营业利润	联合概率	组合号	利润期望值
3 800 / $p=0.1$	34 / $p=0.2$	21 000 / $p=0.3$	39 800	0.006	1	238.8
	35.5 / $p=0.7$	21 000 / $p=0.3$	34 100	0.021	2	716.1
	36 / $p=0.1$	21 600 / $p=0.3$	32 200	0.003	3	96.6
4 000 / $p=0.6$	34 / $p=0.2$	21 600 / $p=0.4$	42 400	0.048	4	2 035.2
	35.5 / $p=0.7$	21 600 / $p=0.4$	36 400	0.168	5	6 115.2
	36 / $p=0.1$	21 600 / $p=0.4$	34 400	0.024	6	825.6

续表 9－25

销售量	变动成本	固定成本	营业利润	联合概率	组合号	利润期望值
	$\frac{34}{p=0.2}$	$\frac{22\,000}{p=0.3}$	45 200	0.018	7	813.6
$\frac{4\,200}{p=0.3}$	$\frac{35.5}{p=0.7}$	$\frac{22\,000}{p=0.3}$	38 900	0.063	8	2 450.7
	$\frac{36}{p=0.1}$	$\frac{22\,000}{p=0.3}$	36 800	0.009	9	331.2
合计						13 623

表 9－26　概率预算表　　单位:元

各种组合	1	2	3	4	5	6	7	8	9	合计
销售收入	190 000	190 000	190 000	200 000	200 000	200 000	210 000	210 000	210 000	
变动成本	129 200	134 900	136 800	136 000	142 000	144 000	142 800	149 100	151 200	
边际贡献总额	60 800	55 100	53 200	64 000	58 000	56 000	67 200	60 900	58 800	
利润	39 800	34 100	32 200	42 400	36 400	34 400	45 200	38 900	36 800	
固定成本	21 000	21 000	21 000	21 600	21 600	21 600	22 000	22 000	22 000	
联合概率	0.006	0.021	0.003	0.048	0.168	0.024	0.018	0.063	0.009	
利润期望值	238.8	716.1	96.6	2 035.2	6 115.2	825.6	813.6	2 450.7	331.2	13 623

复习思考题

1. 什么是全面预算？为什么要编制全面预算？
2. 全面预算包括哪些主要内容？它们之间的相互关系怎样？
3. 为什么编制全面预算要以销售预算为起点？怎样编制销售预算？
4. 什么是弹性预算？为什么要编制弹性预算？怎样编制弹性预算？
5. 什么是零基预算？怎样编制？它具有哪些优点？
6. 什么是现金预算？现金预算包括哪些内容？怎样编制现金预算？
7. 概率预算有何特点？如何编制概率利润预算？

练习题

1. 目的：通过练习，掌握全面预算的编制方法。

2. 资料：

(1)立信公司报告期末资产负债表如下表所示。

说明：①应收账款和应付账款将于计划期第一季内全部收回和清偿；②材料存货为 A,B 两种材料，数量分别为 2 000 千克和 1 000 千克，单价分别为 6 元和 8 元；③产成品存货为甲产品 60 件，单价 100 元；④银行借款于报告期第四季度借入，利率为 10%，在计划期现金充裕时还本付息；⑤保留盈余中有 8 000 元，按规定发放股息，拟于计划期按季平均发放。

立信公司期末资产负债表　　单位:元

资产		权益	
流动资产		负债	
现金	4 000	应付账款	20 000
应收账款	30 000	银行借款	10 000
存货	26 000	小计	30 000
其中:材料	20 000		
产成品	6 000		
小计	60 000	权益	
固定资产		股本	140 000
土地	40 000	保留盈余	30 000
房屋设备原值	120 000	小计	170 000
累计折旧	20 000		
房屋设备净值	100 000		
小计	140 000		
总计	200 000	总计	200 000

(2)该企业实行变动成本法。

(3)根据企业目标、市场形势,预测计划期各季销售量分别为1 000件、800件、600件、800件,合计3 200件,单位售价为150元,并预计计划年初可收款3 000元。

(4)预计各季销售额中只有60%可于当季收现,其余将于下季收回现金。

(5)计划各季末产成品存货为下季销售量的20%。

(6)甲产品的直接材料,单位消耗标准为A材料6千克,B材料3千克。直接材料期末存货量应为下季生产量的20%,预计计划年度第一季生产量为1 200件。

(7)A,B材料的买价分别为6元和8元,价款于当季付现50%,余款下季还清。

(8)生产甲产品需直接人工5工时,单位工时的直接人工成本为4元,皆于当季付现。

(9)预计计划期间的制造费用如下表所示。

计划期间制造费用　　单位:元

变动费用		固定费用	
间接材料	14 000	管理人员工资	8 000
间接人工	9 000	间接材料	3 000
维修费用	10 000	维修费用	4 000
动力费	18 000	折旧	14 000
		其他	5 000

变动制造费用分配率按直接人工工时计算,折旧以外的费用均于当季付现。

(10)预计计划期间的销售费用和管理费用如下表所示。

计划期间销售费用和管理费用　　单位:元

变动费用		固定费用	
销售员工资	9 600	管理人员工资	18 000
交货运费	6 400	水电费	4 000
		差旅费	6 000
		邮电费	6 000
		折旧费	4 000
		保险费	2 000
		其他	12 000

(说明:变动销售及管理费用分配率按销售量计算)

(11)预计计划期所得税为 24 000 元,按季平均交纳。

(12)拟于计划期第二季度购入甲机器一台计 20 000 元,第三季度购入乙机器一台计4 000 元,使用期皆为 5 年,期满无残值。皆于当季付现,并从购入的下季度按直线法计提折旧。

(13)企业最低现金余额要求 4 000 元,如果不足,可向银行借款,如果多余,可归还欠款和另外投资。假定还借款需以千元为单位。借款于季初,还款于季末。借款利率为 10%,还款时同时付息。投资利息为 12%,按季结算。

3. 要求:

(1)根据资料 3 编制销售预算。

(2)根据销售预算和资料 1、3、4 编制现金收入计算表。

(3)根据销售预算和资料 1、3、5 编制生产预算。

(4)根据生产预算和资料 1、6、7 编制直接材料采购预算及其现金支出预算表。

(5)根据生产预算和资料 8 编制直接人工成本预算及其现金支出预算表。

(6)根据资料 8、9 编制间接制造费用预算及其现金支出预算表。

(7)根据资料 3、10 编制销售费用及管理费用预算及现金支出预算表。

(8)根据前述所编制各种现金收支预算表和资料 1、11、12、13 编制现金总预算。

(9)根据资料 2、3、6、7、8、9 编制销售成本预算和存货预算。

(10)根据销售预算、销售成本预算、现金预算和资料 10、11、12 编制计划利润。

(11)根据资料 1 和有关预算表,编制预计资产负债表。

(12)根据资料 1 和预计资产负债表编制财务状况变动表。

第十章　成本控制

成本控制是保证全面预算所确定的各项目标和任务得以顺利实现和完成的重要手段，也是进行业绩评价的重要依据。本章除介绍成本控制的概念和分类及原则外，主要介绍成本控制的价值工程法、标准成本法和质量成本的控制方法。通过对这些方法的掌握和实际应用，不但能给企业各级管理阶层提供重要的管理会计信息，而且通过对成本的有效控制能促进企业经济效益的提高。

第一节　成本控制概述

一、成本控制在管理会计中的地位及对企业的作用

计划与决策会计和控制与业绩评价会计是管理会计的基本内容，而成本控制是控制与业绩评价会计的重要组成部分，成本控制不但是管理会计信息系统的子系统，而且是有效的成本管理方法。它对于企业提高经济效益具有重大的意义。首先，从控制的难易程度上看，在价格、成本、利润、资金等几大经济要素中，对成本的控制相对于其他要素来讲，企业掌握的主动性更大些。其次，由于成本控制最直接的结果就是可以降低成本，因而处于经营管理的核心地位。当售价不变时，降低成本，就意味着利润相对增加，提高了经济效益；降低成本，可以降低保本点，扩大安全边际，增加抗风险和竞争的能力；降低成本，可以减少资金占用和降低资本成本。总之，成本控制的好坏直接关系到企业经济效益的高低，直接关系到企业生存和发展，甚至倒闭和衰退的大问题。

二、成本控制的概念和分类

成本控制有狭义成本控制和广义成本控制。狭义成本控制是指对生产阶段产品制造成本的控制。狭义成本控制是管理会计行为主体为实现一定会计期间的成本目标，以事先制定的预算定额或标准成本作为衡量尺度，遵循一定的原则和采取专门的方法，对产品生产过程中构成产品成本的一切耗费，进行严格的计算、约束和监督，将各项实际耗费限制在预先确定的费用预算和标准成本范围内，并通过分析造成实际脱离预算或标准成本的原因，积极采取对策，以实现降低成本，完成成本目标任务的管理活动。广义的成本控制是指对产品寿命周期内各个阶段的所有成本的控制。广义成本控制除制造成本控制外，还包括产品设计成本控制、非制造的期间费用的控制、质量成本控制以及使用成本控制。本章主要介绍产品设计成本控制、制造成本控制和质量成本控制三部分内容。

广义成本控制可以根据不同的标志进行分类，常见的几种分类如下：①按控制的时间分类，可以分为事前成本控制、事中成本控制和事后成本控制。事前成本控制又分为通过企业内部设置规章制度来约束成本开支以预防偏差和浪费的防护性成本控制和通过价值工程活动进行的前馈性成本控制。事中成本控制就是制造成本控制。事后成本控制是指在产品成本形成之后的综合分析与考核，总结经验，发现问题，采取相应对策。②按成本控制的手段分类，分为绝对成本控制和相对成本控制。绝对成本控制侧重于节流，主要着眼于节约各项支出，杜绝浪费；相对成本控制是开源与节流并重，既要降低成本，又要寻找最佳销售量以增加收益。③按照成本控制的对象分类，可以分为材料成本控制、人工成本控制、变动和固定的制造费用控制、管理费用控制、销售费用控制、财务费用控制以及通过确定最优质量成本而达到控制成本目的的质量成本控制。④按成本控制的空间范围分类，可以分为全厂成本控制、车间班组成本控制和责任部门成本控制。⑤按成本控制的时期和产品的使用性分类，可以分为生产经营成本控制和产品使用成本控制。生产经营成本控制包括设计成本控制、生产制造成本控制和期间费用控制。产品使用成本控制，是指产品在正常使用过程中发生的成本，包括运行成本、维修成本、保养成本等。用户使用产品成本的高低，直接关系到产品的市场占有率和信誉。产品从设计到制造过程，都必须充分考虑消费者的利益，力求不断地降低产品的使用成本，才能使企业在市场竞争中立于不败之地。

三、成本控制原则

（一）全面性原则

全面性原则是指在成本控制过程中要做到全员控制、全要素控制、全过程控制和全方位控制。全员控制是指企业必须充分调动企业每个部门和每个职工控制成本的积极性和主动性，使各个部门和每个职工都积极参加成本控制工作。全要素成本控制是对产品生产费用的全部要素，如材料、燃料、动力、工资、折旧费、行政管理费、销售费用、财务费用等进行全面的控制。全过程控制是指对产品生产和使用的各个环节，包括设计、开发、试制、储备、生产制造、销售以及用户使用的全过程进行成本控制，只有整个产品寿命周期成本得到有效控制，才能从整个社会的角度提高企业经济效益。全方位成本控制是指在实施成本控制的过程中，正确地处理好降低产品寿命周期成本和增加产品品种及提高产品质量的关系，既要降低成本，又要提高产品质量，最终要通过占有市场份额提高经济效益。

（二）权责利相结合的原则

要使成本控制真正发挥效益，必须严格按照经济责任制的要求，贯彻权责利相结合的原则。成本控制首先必须落实经济责任，并应赋予责任者相应的权力，同时还必须和职工的经济利益紧密挂钩，要定期地检查考评，做到奖惩分明。

（三）目标管理原则

成本控制是企业目标管理的重要组成部分，它必须以目标成本为根据。目标成本是用以衡量实际支出是超支还是节约的一种成本标准，它可以是计划成本、定额成本或标准成本，也可以根据某种产品的销售价格减去税金和计划利润求得。目标成本在日常控制时，还必须分解为责任成本，分层进行日常控制。

(四)例外管理原则

例外管理是指为了提高企业管理人员对成本控制的工作效率,不应把精力和时间分散在全部成本差异上,而应把注意力集中在那些属于不正常、不符合常规的关键性差异上,即"例外事项"上。"例外事项"通常有重要性、一贯性、可控性和特殊性四种情况。重要性是指只有数额较大的差异才应给予足够的重视;一贯性是指有些成本差异虽未达到重要性标准,但却一贯在控制线的上下限附近徘徊,则也应引起管理人员的足够重视;可控性是指凡属管理人员无法控制的成本项目,即使差异达到了重要性标准,也不应视为例外;特殊性是指凡对企业的长期获利能力有重要影响的成本项目,即使其差异没达到重要标准,也应视为例外,查明原因。

(五)经济效益原则

经济效益原则要求成本控制最终能获取最大的经济效益。首先要求尽可能地降低成本支出,同时要广开财路,充分利用企业现有的资源实现生产要素的最佳配置。其次,对成本控制活动也要进行成本效益分析,使进行成本控制而花费的信息及其相关费用,不得超过因实施成本控制而获得的收益。

四、成本控制方法

成本控制的方法很多,本章主要介绍价值工程法、标准成本法和质量成本的控制方法。

(一)价值工程法

价值工程法是以功能分析为核心,力求用最低的产品寿命周期成本去实现产品必要功能,使产品达到适当的最佳价值的经济管理活动。价值工程法主要是在产品的设计阶段对产品成本进行事前控制。

(二)标准成本法

标准成本法是通过制定标准成本,核算实际生产耗费,使生产经营活动所发生的各种耗费不超过原来规定的标准成本,产生了成本差异,应及时确定差异的类型和分析差异产生的原因,并及时采取有效措施,以保持有利差异,纠正和消除不利差异以实现原定的成本目标的一种成本控制方法。标准成本法主要适应于对制造成本的日常控制。

(三)产品质量成本的控制方法

产品质量成本是指企业为了保证和提高产品质量而支出的一切费用,以及因未达到质量标准而造成的一切损失之和。质量成本一般包括内部故障成本、外部故障成本、鉴定成本和预防成本四部分。对质量成本的控制,关键在于加强质量管理,经常分析质量成本与制造成本或销售成本的比率,将其作为评价企业质量管理工作的根据。同时,还要经常分析质量成本的构成,力求内、外故障成本逐步下降和鉴定成本、预防成本的适当增加,使质量成本保持一个合理的结构,不断提高产品在市场上的信誉。

第二节　产品设计成本控制与价值工程

一、产品设计成本控制的重要性及方法

产品成本虽然大多数是在产品生产过程中实际发生的,但生产一件产品应该发生哪些费

用，数量是多少，在很大程度上是由产品投产前的产品设计决定的。据国外资料显示，产品成本的70%～80%是由设计研制阶段决定的。产品投产后再要大幅度地降低产品成本是比较困难的。因为，它涉及很多因素，改变起来代价很高，会造成原有生产能力和资金利用上的巨大浪费。一件产品如果投产以后在不更改产品设计的情况下，单纯依靠改善加工方法，增加产量和降低费用等方面降低成本，则成本的降低有一个不可逾越的界限，这个界限就是材料费用。但是如果在产品设计阶段通过价值工程活动改进设计则可以突破这个界限，使材料费用降低到原设计水平之下。可见，设计上的浪费是最大的浪费，设计上的节约是最大的节约。

对产品设计成本控制的方法就是价值工程。价值工程起源于20世纪40年代，是由美国通用电气公司采购部门的工程师劳伦斯·迈尔斯于1947年把他长期在材料采购技术和材料代用方面应用的一套独特的工作方法总结出来，并加以系统化，当时就称为“价值分析”，以后随着“价值分析”在各个国家和各国企业的推广应用，就把“价值分析”改称为价值工程。

二、价值工程的概念及特点

所谓价值工程，是通过有组织地运用集体的智慧和才能，对产品、劳务或其他价值工程对象进行功能成本分析，力图用最低的寿命周期成本，可靠地实现必要的功能，以达到提高新产品、劳务或其他价值工程对象的系统价值的现代科学管理活动。价值工程有以下三个方面的特点：

第一，价值工程的目的是提高产品、劳务或其他价值工程对象的系统价值。这里引用了价值、成本和功能三个概念，它们之间的关系可用公式：价值$(V)=\frac{\text{功能}(F)}{\text{成本}(C)}$表示。这里的价值$(V)$不是从价值构成的角度理解的，而是从用户的角度来理解的，用户往往把所取得的功能与实现功能所花费的成本相比较，作为衡量某一产品、劳务或其他价值工程对象的有益程度。它是价值工程对象的功能与成本的综合反映，它比较接近于人们日常用语中的值得不值得的价值概念。这里的功能(F)，就是指产品、劳务或其他价值工程对象所担负的职能和所起的作用（即使用价值）。只有产品、劳务或其他价值工程对象具有一定的功能，用户才乐于付出相应的成本代价去购买。这里的成本(C)，指的是产品的寿命周期成本，产品寿命周期成本包括生产成本和使用成本。生产成本又包括设计成本、开发成本、制造成本、非制造成本；使用成本又包括运行成本、维修成本和保养成本。价值工程的基本公式说明：价值与功能成正比，与成本则成反比。要想提高价值可通过以下五条途径来实现：①功能不变，成本降低$\left(V\uparrow=\frac{F\rightarrow}{C\downarrow}\right)$；②成本不变，功能提高$\left(V\uparrow=\frac{F\uparrow}{C\rightarrow}\right)$；③功能提高，成本同时降低$\left(V\uparrow\uparrow=\frac{F\uparrow}{C\downarrow}\right)$；④成本略有提高，同时功能大幅度地提高$\left(V\uparrow=\frac{F\uparrow\uparrow}{C\uparrow}\right)$；⑤功能略有下降，同时成本大幅度地下降$\left(V\uparrow=\frac{F\downarrow}{C\downarrow\downarrow}\right)$。

总之，开展价值工程的最终目的就是既要实现产品的必要功能，又要降低产品的寿命周期成本，追求产品的最佳价值，既不能超过用户购买能力，片面地追求“高功能”或“全功能”，也不能片面地为降低成本而造成产品功能的不足，使产品质量下降，造成产品滞销。

第二，价值工程的核心是对产品、劳务或其他价值工程对象的系统性进行功能分析。在产品的设计和研制时，要把重点从传统的产品结构的分析研究，转移到对产品功能的分析研究。通过功能分析，可以发现哪些功能是用户需要的，哪些功能是不必要的；哪些功能是过剩的，哪些功能是不足的。并在改进方案中提出新的解决办法，去掉不必要的功能，削减过剩的功能，弥补不足的功能，从而使产品的功能结构更加合理，以达到既能满足用户要求，保证必要功能，又能降低产品寿命周期成本的目的。

第三，价值工程作为一整套的科学方法，是运用集体智慧的一项有组织的管理活动。价值工程活动不同于一般的日常生产，它带有开发研究和革新的性质，同时价值工程活动涉及设计、财务、供销、劳资、生产制造等企业经营活动的方方面面。因此，必须根据改进方案的内容，组织新的纵向和横向联系，将各个部门的专业人员组织起来，紧密配合，运用各方面的知识，充分发挥集体的智慧和力量。

三、开展价值工程的程序

(一)选择价值工程的对象

选择价值工程的对象就是确定开展价值工程活动的范围，即确定在企业全部产品中以哪种产品作为价值工程的对象，再进一步确定以某种产品的哪些零件作为重点对象。价值工程对象确定以后，才能根据所确定的对象收集有关信息，并进一步进行功能分析、成本分析和价值分析，以及创建方案等步骤。

价值工程对象选择有定性方法和定量方法两种。在定性方法中应从设计、生产、销售、成本四个方面去分析选择。一般而言，在设计方面要选择那些结构复杂、体积庞大、材料昂贵、性能差的产品。在生产方面选择那些批量大、工艺复杂、原材料消耗高、能源消耗大、成本率低、废品率高的产品。在销售方面要选择用户意见多、竞争力差的老产品。在成本方面要选择成本高于同类产品，或者成本高于功能相近产品，以及成本结构中过高的构成部分。

价值工程对象选择的定量方法有ABC分析法、功能重要性分析法、强制确定法等。现以ABC分析法的思路进行说明。先将某一产品的成本组成逐一分析，把每一零件所占成本从高到低排成一个顺序，然后按下面的数据进行分类：通常把零件数量占全部零件数量的10%～20%，而成本却占70%～80%的这类零件称为A类；把零件数量占全部零件数量的30%～70%，而成本却只占全部成本5%～20%的这类零件称为C类；其余称为B类。其中，A类零件数量少，所占成本多，应优先选作价值工程活动的对象。ABC分析法的优点是能抓住重点，把少数成本高的零部件、工序或费用要素选为价值工程的对象，有利于重点突破，取得较大的成果，而且它简便易行。其缺点是由于设计不合理，出现功能次要而成本很高的现象，却被选入对象，或者成本比重不大但功能重要的对象可能漏选或排队的顺序推后，从而造成对象选择的错觉和麻烦。但这一缺点可通过功能重要性分析法、强制确定法等进行补充修正。

(二)根据对象的性质、范围和要求，收集可靠的信息

通过信息的收集能进一步熟悉价值工程的对象，能进一步明确价值工程对象的范围，能统一价值工程组成人员的认识。信息收集的内容有本企业的基本情况，如经营方针，生产规模、设备能力、各项定额，产品的品种、产量、质量、职工人数、工资总额、存在的问题等；本企业和国内外同行业同类产品的技术资料，如产品结构、性能、设计方案、加工工艺、材料品种、次品率、废品率、成品率等；本企业和国内外同行业同类产品的成本构成，如材料费、加工费、外购件等；

国内外用户的意见和要求、使用目的、使用条件,以及在使用中存在的问题等。

(三)功能分析

功能分析一般可以分为以下三个步骤:

第一个步骤,功能的定义。功能定义,就是对价值工程对象的用途、作用或效用,用简括的语言所进行的一种描述。通过描述,区分和限定功能的内容,明确功能的本质,并与其他功能概念相区别。例如,手表的功能是显示时间,电冰箱的功能是冷藏食物等。通过功能定义明确用户要求的功能,便于进行功能价值分析,便于打开设计思路,构思新方案。

第二个步骤,功能的分类和整理。按照功能的重要程度,可分为基本功能和辅助功能;按照功能系统的水平级别或功能范围,或相对比较其作用的重要程度,可分为主要功能和次要功能;按照产品的使用性质,可分为使用功能和美学功能;按照用户的使用要求,可分为必要功能、不必要功能、多余功能和不足功能。除此之外,还可以按照研究功能时功能之间的逻辑关系分类,分为上功能和下功能,目的功能和手段功能,以及并列功能,等等。

为了明确各功能之间的内在关系以及从用户的功能要求考虑,需区分各个功能间的相对重要程度,真正掌握必要的功能。因此,要用系统的概念,按照一定的逻辑关系,把价值工程对象各构成要素的功能按相互关系连接起来,组成一个体系,以便从功能的局部和整体的相互关系上进行研究,这便是功能整理。通过功能整理掌握必要的功能,发现和消除不必要的功能,确认功能定义的正确性,在相互关系密切的功能统一体的区域内,能够知道应该抓住哪一级的功能来改变其实现方法比较合适,能够找到变革的着眼点,便于弄清价值工程的活动范围,以利于有计划地组织价值工程活动。

第三个步骤,功能评价。功能评价就是探讨和计算功能的价值,通常用以下两个公式进行:

(1)功能价值$(V_F)=\dfrac{\text{实现某一功能的最低成本}(F_C)}{\text{实现某一功能的目前成本}(C_P)}$

(2)成本降低幅度(C_d)=实现某一功能的目前成本−实现该功能的最低成本$=C_P-F_C$

【例 10-1】 甲企业为实现 A 产品的基本功能,需花费 100 元,而乙企业和丙企业由于产品结构形式和加工工艺及材料的不同,为实现 A 产品的相同功能,其花费的费用分别是 90 元和 80 元。

那么:采用甲企业的设计方案 A 产品的功能价值 $V_{甲}=\dfrac{80}{100}=0.8$

采用乙企业的设计方案 A 产品的功能价值 $V_{乙}=\dfrac{80}{90}=0.89$

采用丙企业的设计方案 A 产品的功能价值 $V_{丙}=\dfrac{80}{80}=1$

很明显,$V_{丙}$ 的值最大,说明该方案实现功能的办法比较合理,而 $V_{甲}$ 的值最小,就说明该方案实现功能的办法不够理想。目前甲企业成本降低幅度=100−80=20 元。如果甲企业年生产 A 产品 10 000 件,就可以降低成本 200 000(20×10 000)元。

通过上述实例可以看出,按照 $V_F=\dfrac{F_C}{C_P}$ 公式对功能进行价值分析,结果会出现三种情况。当 $V=1$ 时,说明 $F_C=C_P$,即实现功能的现实成本与实现功能的最低费用相符合,这种情况可以认为比较理想。当 $V<1$ 时,证明 $F_C<C_P$,即现实成本高于其最低费用,应设法降低现实成

本，以提高功能价值。当 $V>1$ 时，说明 $F_C>C_P$，即最低费用高于现实费用，这种情况比较复杂，首先应检查 F_C 与 C_P 的数值确定是否得当。例如，检查 F_C 的数值是否确为最低费用，有无更低的费用；又如，检查 C_P 数值的计算有无误差；再如，C_P 与 F_C 的数值计算是否以同一功能为依据，如果经过以上检查均无问题，而 F_C 的数值是来自于企业外部的成本情报，事实证明本企业实现同一功能的成本确实低于外企业，那么，就可以用本企业的现实成本 C_P 修改原定的功能最低费用 F_C，从而使 $F_C=C_P$，重新做到 $V=1$。

（四）制订方案

制订方案一般分为三个步骤：提出改进方案，评价改进方案，选定改进方案。制订方案阶段要回答的问题是：新方案能满足用户要求吗？新方案的成本是多少？新方案可行吗？还有没有其他更好的方案能实现同样的功能？提出改进方案其实就是方案的创新，方案创新的原则一般是集思广益，开拓创新，多提设想，从中选优，阶梯抽象，上位功能优先改革的原则。评价改革方案时一般要从技术、经济、社会三方面进行三位一体的综合评价。最后选出最优方案，再经过彻底检查，报经有关部门领导批准后，即可付诸实施。

（五）确定目标成本

为了对新产品或新工艺的成本水平进行事前控制，还需要对选定的最优方案进行目标成本计算，并将产品的目标成本按"功能评价系数"分配给各有关的零部件，算出各零部件的目标成本，作为事前控制零部件设计的经济依据。这样就在产品投产前完全控制了成本，杜绝了浪费。

这里的"功能评价系数"是在 ABC 分析法的基础上，先找出成本比重大的部分零件，再把这些零件排列起来，按其功能的重要程度进行一对一的比较，重要的零件得 1 分，次要的零件得 0 分。然后把各零件的得分加以累计，再除以全部零件总分数即可求得各该零件的"功能评价系数"。假设某产品是由 A，B，C，D，E，F 六个零件组成，该产品目标成本是 80 元，则功能评价系数和目标成本的分解计算如表 10－1 所示。

表 10－1　功能评价系数计算和目标成本分配表

序号	零件名称	A	B	C	D	E	F	得分数	功能评价系数	目标成本的分配数
1	A	×	1	1	1	0	1	4	0.267	21.36
2	B	0	×	1	0	0	0	1	0.067	5.36
3	C	0	0	×	0	0	1	1	0.067	5.36
4	D	0	1	1	×	0	0	2	0.133	10.64
5	E	1	1	1	1	×	1	5	0.333	26.64
6	F	0	1	0	1	0	×	2	0.133	10.64
合计								15	1	80

第三节　制造成本控制与标准成本法

一、产品制造成本控制的对象与方法

产品制造成本控制，主要是指产品成本形成过程中按照成本项目所进行的控制，其对象主要是变动成本和固定成本两大部分。变动成本包括直接材料成本、直接人工成本和变动性的制造费用成本，而固定成本是指固定性的制造费用支出成本。对制造成本控制的方法主要是标准成本法。所谓标准成本法是指通过制定标准成本，将标准成本与实际成本进行比较获得的成本差异，并对成本差异进行因素分析，据以加强成本控制的一种会计信息系统和成本控制系统。

二、标准成本及成本差异

标准成本是在正常生产经营条件下应该实现的，可以作为控制成本开支、评价实际成本、衡量工作效率的依据和尺度的一种目标成本。标准成本的种类有理想标准成本、正常标准成本和现实标准成本。标准成本法在计算成本差异时，通常采用现实标准成本。所谓现实标准成本是在现有生产条件下应达到的成本水平，它是根据现在所采用的价格水平、生产耗用量以及生产经营能力利用程度而制定的标准成本。这种标准成本最接近实际成本，最切实可行。通常认为它是能够激励工人努力达到所制定的标准。在经济形势变化无常的情况下，这种标准成本最为合适，它与正常标准成本不同的是，它需要根据现实情况的变化不断地进行修改，而正常标准成本则可以保持一段较长的时间固定不变。

成本差异是指实际成本与标准成本之间的差额，也称标准差异。成本差异按成本的构成可分为直接材料成本差异、直接人工成本差异和制造费用差异；制造费用差异又可分为变动制造费用差异和固定制造费用差异两部分。按成本性态分类，成本差异又可以分为变动成本差异和固定成本差异。变动成本差异包括直接材料成本差异、直接人工成本差异和变动性的制造费用差异，变动成本差异按其形成的原因可分为价格差异和数量差异。固定制造费用是固定成本，在相关范围内不随业务量的变动而变动，其差异不能简单地分为价格因素和耗用数量因素，固定制造费用差异可分为支出差异、生产能力利用差异和效率差异。

为了具体探讨各种成本差异的实质，我们先用如下的变动成本差异计算的通用模式（见图10－1）来加以说明。

(1)实际价格×实际数量

(2)标准价格×实际数量

(3)标准价格×标准数量

(1)－(2)＝价格差异｛标准价格差异、工资率差异、变动费用开支差异｝

(2)－(3)＝数量差异｛材料用量差异、人工效率差异、变动费用效率差异｝

[(1)－(2)]＋[(2)－(3)]
＝(1)－(3)
＝变动成本差异总额

图 10－1　变动成本差异计算的通用模式

三、变动成本差异的计算、分析和控制

(一)直接材料成本差异的计算、分析和控制

直接材料成本差异是指一定产量产品的直接材料实际成本与直接材料标准成本之间的差异。根据变动成本差异的通用模式，可以推导直接材料成本差异模式（见图 10－2）和相关公式。

(1)实际价格×实际数量
(1)－(2) 材料价格差异
(2)标准价格×实际数量
(2)－(3) 材料数量差异
(3)标准价格×标准数量

[(1)－(2)]＋[(2)－(3)]
＝(1)－(3)
＝材料成本差异

图 10－2　直接材料成本差异模式

材料价格差异＝（实际价格－标准价格）×实际用量

＝（实际价格－标准价格）×实际产量×材料单位实际耗用量

材料数量差异＝（材料单位实际耗用量－材料单位标准耗用量）×实际产量×标准价格

直接材料成本差异＝直接材料实际成本－直接材料标准成本

其中：　　实际用量＝直接材料单位实际耗用量×实际产量

标准用量＝直接材料耗用标准×实际产量

【例 10－2】　光华公司生产 A 产品需使用一种直接材料甲。本期生产 A 产品 300 件，实际耗用甲材料 1 500 千克，甲材料的实际价格为每千克 135 元。假设甲材料的标准价格为每千克 145 元，单位 A 产品的标准耗用量为 5.5 千克，那么，甲材料的成本差异分析如下：

(1)材料价格差异＝(135－145)×1 500＝－15 000(元)(有利差异)

(2)材料用量差异＝(5－5.5)×145×300＝－21 750(有利差异)

(3)材料成本差异＝1 500×135－300×5.5×145＝－36 750(有利差异)

或＝－15 000＋(－21 750)＝－36 750(有利差异)

由例 10－2 可知，由于材料单位价格的降低使材料成本下降了 15 000 元，而由于材料用量的节约使材料成本下降了 21 750 元。材料价格差异通常应由采购部门负责，因为影响材料价格的各种因素（如采购批量、运输工具、材料质量、交货方式等），一般来说都是由采购部门控制并受其决策的影响。当然也有些是采购部门难以负责的因素，例如通货膨胀因素和由于生产上的临时需要而改变运输方式和采购批量等，对于价格差异只有查明产生的真正原因，分清各部门的经济责任，才能有效地控制。影响材料用量差异的因素也是多种多样的。若系不利差异，一般说来大多由于工人粗心大意，用料过多，或由于缺乏训练，技术操作水平较低等，这些均应由生产部门负责，并需立即采取有效措施，迅速予以纠正。用量的不利差异有时也可能由于采购部门片面为了压低进料价格，购入质量低劣的材料，以致造成用量过多，如遇这种情

况，则应由采购部门负责。

(二)直接人工成本差异

直接人工成本差异是指一定产量产品的直接人工实际成本与直接人工标准成本之间的差额。根据变动成本差异的通用模式，可以推导直接人工成本差异模式(见图 10－3)和相关公式。

(1)实际工资率×实际工时

(1)－(2)＝人工工资率差异

(2)标准工资率×实际工时

(2)－(3)＝人工工时耗用量差异

(3)标准工资率×标准工时

[(1)－(2)]＋[(2)－(3)]＝(1)－(3)＝直接人工成本差异

图 10－3 直接人工成本差异模式

直接人工工资率差异＝(实际工资率－标准工资率)×实际工时

直接人工工时耗用量差异＝(实际工时－标准工时)×标准工资率

直接人工成本差异＝直接人工实际成本－直接人工标准成本

其中： 实际工时＝单位产品工时实际耗用量×实际产量

标准工时＝单位产品工时耗用标准×实际产量

【例 10－3】 光华公司本期生产 A 产品 300 件，实际耗用人工 10 000 小时，实际工资总额 120 000 元，平均每工时 12 元。假设标准工资率为 10 元，单位产品的工时耗用标准为 30 小时，那么，直接人工成本差异分析如下：

(1)直接人工工资率差异＝(12－10)×10 000＝20 000 元(不利差异)

(2)直接人工效率差异＝(10 000－9 000)×10

$$=\left(\frac{10\,000}{300}-30\right)\times 300\times 10$$

＝10 000(不利差异)

(3)直接人工成本差异＝12×10 000－10×300×30＝120 000－90 000

＝20 000＋10 000

＝30 000(不利差异)

同样，从例 10－3 中我们知道，由于实际工资率高于标准工资率造成直接人工成本上升 20 000 元，单位产品实际人工工时耗用量超过单位产品标准人工工时耗用量所产生的直接人工效率的不利差异为 10 000 元，从而使直接人工成本上升 30 000 元。实际工资率高于标准工资率，可能是由于生产过程中使用了工资级别较高、技术水平较高的工人从事了要求较低的工作，从而造成了浪费，而人工效率差异是考核每个工时生产能力的重要指标，降低单位产品成本的关键措施就是不断提高单位工时的生产能力。影响人工效率的因素是多方面的，包括生产工人的技术水平、生产工艺过程、原材料的质量以及设备的状况等。若系生产部门安排不当，让技术低的工人去做高档活，必然会造成实际工时超过标准工时，这应由生产部门负责；若由于采购了不合用的材料，加工时需要较多的工时，或由于生产工艺过程的改变，需要延长加工时间等，这些都不是生产部门所能控制的因素，则应由有关部门承担责任。

（三）变动制造费用成本差异

变动制造费用成本差异是指一定产量产品的实际变动制造费用与标准变动制造费用之间的差额。根据变动成本差异的通用模式可以推导变动制造费用差异模式（见图 10－4）和相关公式。

(1)实际变动费用分配率×实际工时

(1)－(2)
＝变动制造费用
分配率差异

(2)标准变动费用分配率×实际工时

(2)－(3)
＝变动制造费用
效率差异

(3)标准变动费用分配率×标准工时

[(1)－(2)]＋[(2)－(3)]
＝[(1)－(3)]
＝变动制造费用差异

图 10－4　变动制造费用差异模式

变动制造费用分配率差异＝（实际分配率－标准分配率）×实际工时

变动制造费用效率差异＝标准分配率×（实际工时－标准工时）

变动制造费用成本差异＝实际变动制造费用－标准变动制造费用

【例 10－4】　光华公司本期生产 A 产品 300 件，实际耗用人工 10 000 小时，实际发生的变动性的制造费用 30 000 元，变动制造费用实际分配率为 3 元。假设变动制造费用标准分配率为 3.5 元，标准耗用人工工时 9 000 小时，那么，变动制造费用差异的分析如下：

变动制造费用分配率差异＝(3－3.5)×10 000＝－5 000(元)(有利差异)

变动制造费用效率差异＝(10 000－9 000)×3.5＝3 500(元)(不利差异)

变动制造费用差异＝30 000－9 000×3.5＝30 000－31 500

＝－5 000＋3 500

＝－1 500(元)(有利差异)

从例 10－4 中可以看出由于实际的变动制造费用分配率比标准变动制造费用分配率降低，使变动制造费用降低 5 000 元，但由于实际工时比标准工时有所提高，使变动制造费用上升 3 500 元，相减后使变动制造费用净降低 1 500 元。由于变动制造费用是由许多明细项目组成的，并且与一定的生产水平相联系，因而仅通过举例中的差异计算来反映变动制造费用差异总额，并不能达到日常控制与考核的需要。因此，实际工作中通常根据变动制造费用各明细项目的弹性预算与实际发生数进行对比分析，并采取必要的相应控制措施。

四、固定制造费用成本差异的计算、分析和控制

固定制造费用成本差异是指一定期间的实际固定制造费用与标准固定制造费用之间的差额。由于固定制造费用是固定成本，具有固定成本的属性和特征，故固定制造费用成本差异不能简单地分为价格差异和数量差异两种类型。为了计算固定制造费用标准分配率，必须设定一个预算工时，实际工时与预算工时之间的差异造成的固定制造费用的差异叫做固定制造费用生产能力利用程度差异。因此，固定制造费用差异除了像变动制造费用那样包括开支差异和效率差异外，还包括生产能力利用差异，其计算公式如下：

固定制造费用开支差异＝实际分配率×实际工时－标准分配率×预算工时
＝固定制造费用实际支付数－固定制造费用的预算数

固定制造费用能力差异＝标准分配率×预算工时－标准分配率×实际工时
＝标准分配率×(预算工时－实际工时)

固定制造费用效率差异＝标准分配率×实际工时－标准分配率×标准工时
＝标准分配率×(实际工时－标准工时)

其中：

$$固定制造费用标准分配率=\frac{预算固定制造费用}{预算工时}$$

$$固定制造费用实际分配率=\frac{实际固定制造费用}{实际耗用工时}$$

【例 10-5】 光华公司本期预算固定制造费用 21 000 元，预算工时为 8 400 小时，实际耗用工时 10 000 小时，实际固定制造费用 22 000 元，标准工时为9 000小时。

(1)根据公式可求出固定制造费用标准分配率和实际分配率：

$$固定制造费用标准分配率=\frac{21\ 000}{8\ 400}=2.5$$

$$固定制造费用实际分配率=\frac{22\ 000}{10\ 000}=2.2$$

(2)根据上述公式求出固定制造费用开支差异、效率差异和生产能力利用差异：

固定制造费用开支差异＝22 000－21 000＝1 000(元)

固定制造费用效率差异＝2.5×(10 000－9 000)＝2 500(元)

固定制造费用能力差异＝2.5×(8 400－10 000)＝－4 000(元)

标准固定制造费用＝2.5×9 000＝22 500(元)

实际固定制造费用＝2.2×10 000＝22 000(元)

固定制造费用差异＝22 000－22 500＝－500(元)(有利差异)

或＝1 000＋2 500－4 000＝－500(元)(有利差异)

从例 10-5 可以看出，由于固定制造费用开支差异和固定制造费用效率差异都为不利差异，使固定制造费用增加了 3 500 元，而固定制造费用的能力差异为有利差异，使固定制造费用下降了 4 000 元，相互抵消以后使固定制造费用总的出现了 500元的有利差异。这些不利和有利差异产生的原因可能是：资源价格的变动(如固定资产价格的变动、工资率的增减)；某些固定成本(如职工培训费、折旧费、办公费等)因管理上的新决定而有所增减；资源的数量比预算有所增减(如职工人数的增减)；为了完成预算而推迟某些固定成本的开支；等等。就能力差异来说，它只反映计划生产能力的利用程度，可能是由于产销量达不到一定规模造成的，一般不能说明固定制造费用的超支或节约。所有这些都应分不同情况进行分析和控制。

五、成本差异的账务处理

(一)成本差异的直接处理法

成本差异的处理方法有直接处理法和递延处理法两种，这里主要介绍直接处理法。所谓直接处理法是指将本期发生的各种成本差异全部转入“产品销售成本”账户，由本期的销售产品负担，并全部从损益表的销售收入项下扣减，不再分配给期末在产品和期末库存产成品。这时，期末资产负债表的“在产品”和“产成品”项目只反映标准成本。随着产品的出售，应将本期已销产品的标准成本由“产成品”账户转入“产品销售成本”账户，而各个差异账户的余额，则应于期末直接转入“产品销售成本”账户。这种方法可以避免期末繁杂的成本差异分配工作，同时本期发生的成本差异全部反映在本期的利润上，使利润指标能如实地反映本期生产经营工作和成本控制的全部成效，符合权责发生制的要求。

(二)成本差异核算和归集的账户设置

采用标准成本法时，针对各种成本差异，应设置各个成本差异账户进行核算。在材料成本差异方面，应设置“材料价格差异”和“材料用量差异”两个账户；在直接人工差异方面，设置“直接人工工资率差异”和“直接人工效率差异”两个账户；在变动制造费用差异方面，设置“变动制造费用开支差异”和“变动制造费用效率差异”两个账户；在固定制造费用差异方面，应设置“固定制造费用开支差异”、“固定制造费用能力差异”和“固定制造费用效率差异”三个账户，分别核算三种不同的固定制造费用差异。各种成本差异类账户的借方核算和登记发生的不利差异，贷方核算和登记发生的有利差异。

采用标准成本法进行核算时，由于成本差异的计算，分析工作要到月底实际费用发生后才能进行，所以，对于平时领用的原材料、发生的直接人工费用和各种变动及固定制造费用应先在“直接材料”、“直接人工”和“变动性的制造费用”及“固定性的制造费用”账户进行归集。月底计算、分析成本差异后，再将实际费用中的标准成本部分从以上四个账户中转入“基本生产”账户；将完工产品的标准成本从“基本生产”账户转入“产成品”账户。随着产品的销售，再将已售产品的标准成本从“产成品”账户转入“产品销售成本”账户。对于各种成本差异，应将其从“直接材料”、“直接人工”、“变动性的制造费用”、“固定性的制造费用”账户转入各个相应的成本差异账户。然后计算和汇总本期不利差异和有利差异的合计数，将不利差异和有利差异的余额转入“产品销售成本”账户，形成产品销售的实际成本，最后与销售收入相配比形成本期的毛利。

(三)举例说明

【例 10－6】 假设光华公司“基本生产”和“产成品”账户均无期初余额。本期投产的 A 产品 300 件已全部完工，并已全部出售。每件销售价格为1 500元。其他资料见例 10－2 至例 10－5，则月底时成本差异的账务处理及相关的会计分录和成本差异的账务处理程序(见图 10－5)如下：

(1)根据例 10－2 的资料，月底分析计算成本差异后，编制领用材料的会计分录如下：

借：基本生产　　239 250 元

　贷：直接材料　　202 500 元

　　材料价格差异　　15 000 元

　　材料数量差异　　21 750 元

(2)根据例 10－3 的资料，月底分析计算成本差异后，编制直接人工成本差异的会计分录如下：

借:基本生产　90 000 元
　直接人工工资率差异　20 000 元
　直接人工效率差异　10 000 元
　贷:直接人工成本　120 000 元

(3)根据例 10－4 的资料,月底分析计算成本差异后,编制变动性制造费用计入基本生产的会计分录如下:

借:基本生产　31 500 元
　变动制造费用效率差异　3 500 元
　贷:变动制造费用　30 000 元
　　变动制造费用分配率差异　5 000 元

(4)根据例 10－5 的资料,月底分析计算成本差异后,编制固定性制造费用计入基本生产的会计分录如下:

借:基本生产　22 500 元
　固定制造费用开支差异　1 000 元
　固定制造费用效率差异　2 500 元
　贷:固定制造费用　22 000 元
　　固定制造费用能力差异　4 000 元

(5)产品完工入库,编制会计分录如下:

借:产成品　383 250 元
　贷:基本生产　383 250 元

(6)销售产品后,作会计分录如下:

借:应收账款　450 000 元
　贷:产品销售收入　450 000 元

(7)结转已销产品的标准成本。

借:产品销售成本　383 250 元
　贷:产成品　383 250 元

(8)结转成本差异。

借:材料价格差异　15 000 元
　材料数量差异　21 750 元
　变动制造费用分配率差异　5 000 元
　固定制造费用能力差异　4 000 元
　贷:产品销售成本　8 750 元
　　直接人工工资率差异　20 000 元
　　直接人工效率差异　10 000 元
　　变动制造费用效率差异　3 500 元
　　固定制造费用开支差异　1 000 元
　　固定制造费用效率差异　2 500 元

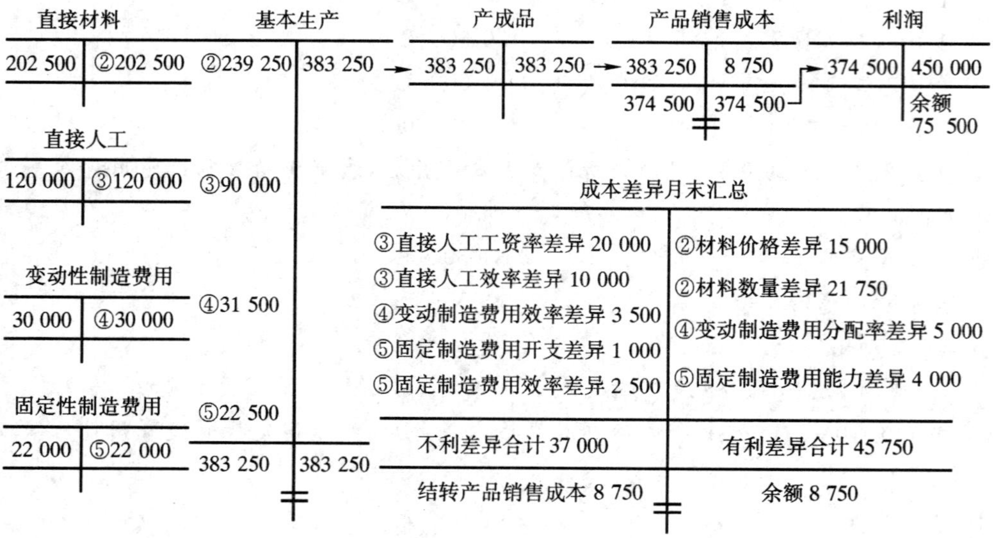

图 10－5　成本差异的账务处理程序

第四节　质量成本控制

企业提高经济效益的巨大潜力蕴藏在产品质量中。质量好的产品才可能有市场,质量好的产品才能得到消费者的认同而成为名牌产品。反之,质量低劣的产品所造成的损失会直接或间接地转嫁到消费者身上,使消费者失去对产品的信任,使企业的产品失去市场,失去市场的企业不但无效益可言,而且会面临破产倒闭的危险。所以,质量是产品的生命,也是企业的生命。

本节将介绍质量成本的概念及构成,最佳质量成本决策和质量成本控制,以及全面质量管理与质量成本模式的选择。

一、质量成本的概念及构成

(一)质量成本的概念

所谓质量成本是指"为了确保和保证满意的质量而发生的费用以及没有达到满意的质量所造成的损失"。因此,质量成本既发生在企业内部,又发生在企业外部;既和满意的质量有关,又和不良质量有关。质量成本分为两部分:运行质量成本和外部质量保证成本。运行质量成本是企业内部运行而发生的质量费用,又可分成两类:一类是企业为确保和保证满意的质量而发生的各种投入性费用,如预防成本和鉴定成本;另一类是因没有获得满意的质量而导致的各种损失性费用,如内部故障成本和外部故障成本。外部质量保证成本是指根据用户要求,企业为提供客观证据而发生的各种费用。严格说来,企业发生的所有费用都和质量问题存在直接或间接的关系,质量成本只是其中和满意质量或不满意质量有直接的密切关系的那部分费用。

(二)质量成本的构成

(1)预防成本。预防成本是指为保证产品质量达到一定水平,防止质量缺陷而采取的预防措施所发生的费用。具体包括:①企业质量管理组织系统为开展质量管理工作所发生的办公费及各项工作活动费用。②为达到质量要求，提高人员素质，对有关人员进行培训的费用。③质量奖励费用。④产品质量评审费用（新产品开发或者老产品质量改进的评审费用）。⑤建立质量管理和质量保证体系，开展工序控制的措施而开支的费用。⑥质量及情报信息费用。

(2)鉴定成本。鉴定成本是指对形成产品的原材料及半成品和产成品进行检测，以评价其是否符合质量要求所发生的试验、检验和检查费用。具体包括：①对原材料、外购和外协件、配套件、工量具以及生产过程中的半成品、在制品及产成品，按质量标准检测、试验以及设备维修校正所发生的检验试验费。②检验试验设备的折旧费和维护保养费用。③专职检验计量人员的工资及附加费。④检测试验所发生的办公费等。

(3)内部故障成本。内部故障成本指交货前因产品未能满足质量要求所造成的损失。具体包括：①废品损失；②修复次品使之成为合格品而付出的费用；③复检费用；④因质量问题而造成的停工损失；⑤处理不合格品所花费的处理费用；⑥质量降等降级损失等。

(4)外部故障成本。交货后因产品未能满足质量要求所发生的费用。具体包括：①索赔损失；②退货或退换损失；③保修费用；④诉讼费用损失；⑤降价处理损失等。

(5)外部质量保证成本。外部质量保证成本不同于外部故障成本。外部质量保证成本一般发生在合同环境下，指因用户要求，为提供客观证据所支付的费用。具体包括：①按合同要求，向用户提供的、特殊附加的质量保证措施、程序、数据等所支付的专项措施费用及提供证据费用；②按合同要求，对产品进行的附加的验证试验和评定的费用；③为满足用户要求，进行质量体系认证所发生的费用等。

与质量有关的预防和鉴定成本以及损失成本是两类具有不同性质的成本。预防和检验成本属于不可避免成本，随着产品质量的不断提高，这部分成本将会不断增大；损失成本则属于可避免成本，随着产品质量的不断提高，这部分成本将逐渐降低，产品质量的高低通常以产品的合格品率来表示。

二、最佳质量成本决策

(一)费根堡姆和朱兰的最佳质量成本模型

1. 费根堡姆的质量成本模型

当产品质量低下时，内部和外部故障成本就很高；反之，当质量水平提高时，内外部的故障损失随产品合格率的提高而下降。预防成本随产品质量的提高而上升，鉴定成本则不论在什么情况下，都趋于稳定。把上述四项质量成本之和绘成质量总成本的曲线，其最低点就是最佳质量成本，如图10－6所示。

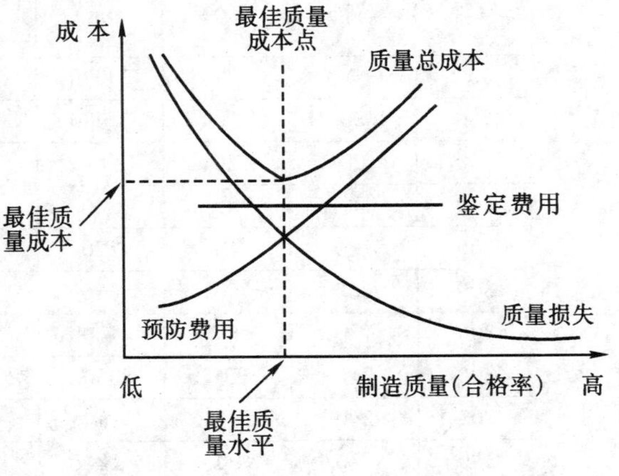

图10－6　费根堡姆的最佳质量成本模型

2. 朱兰的最佳质量成本模型

内部和外部质量损失的曲线，一般随着质量的提高，呈现出从高到低的下降趋势。而鉴定费用与预防费用之和的曲线，则随着质量的提高呈现出由低到高的上升趋势。上述两根曲线的交点和质量总成本曲线的最低点，处于同一条垂直线的位置上，即为最佳质量成本，如图10－7所示。

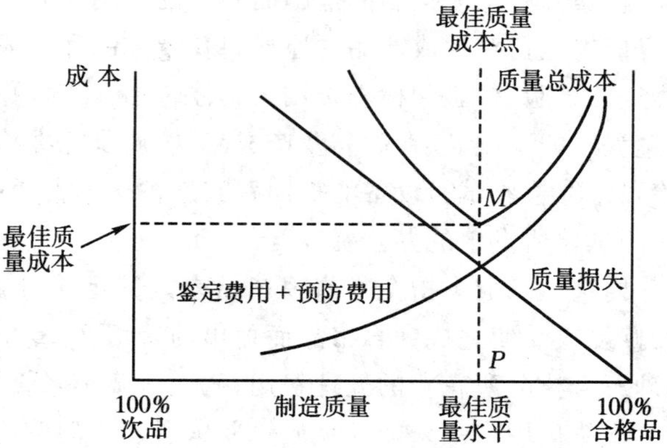

图 10－7　朱兰的最佳质量成本模型

通过图 10－7 可以看出鉴定预防成本和故障损失成本与产品质量之间的关系。在 100% 不合格的极端情况下，此时的预防成本和鉴定成本几乎为零，说明企业完全放弃了对质量的控制，后果是故障成本极大，企业是无法生存下去的。随着企业对质量问题的日益重视，对质量管理的投入逐步加大，从图上可以看出，预防成本和鉴定成本逐步增加，产品合格率上升，同时故障成本明显下降。从图上可以看出，当产品合格率达到一定水平以后，如要进一步改善合格率，则预防成本和鉴定成本将会急剧增加，而故障成本的降低率却十分微小。从质量总成本可以看出存在质量成本的极值点 M，M 点对应着产品质量水平点 P，企业如把质量水平维持在 P 点，则有最小质量成本。

【例 10－7】　假定光华公司根据过去历史资料和有关专家经验估计，发现每生产 300 件 A 产品，其合格率与质量成本之间存在着如下的关系，如表 10－2 所示，要求找出最佳的质量成本点。

表 10－2　光华公司最佳质量成本计算表

A 产品数量（件）	合格品（件）	合格品率（%）	质量损失（元）	鉴定费用（元）	预防费用（元）	质量总成本（元）	单位产品应负担的质量成本
300	0	0	1 200	0	0	1 200	4
300	30	10	1 080	8	12	1 100	3.67
300	60	20	960	12	18	990	3.3
300	90	30	840	18	27	885	2.95
300	120	40	720	27	41	788	2.63
300	150	50	600	40	60	700	2.33
300	180	60	480	61	91	632	2.11
300	210	70	360	91	137	588	1.96
300	240	80	240	137	205	582	1.94
300	270	90	120	225	338	683	2.28
300	300	100	0	338	506	844	2.81

从表10-2的合格品率与质量总成本之间的关系中可以看出：当合格品率在80%时，相应的质量总成本最小，单位产品应负担的质量成本当然也最小。所以，该点即为“最佳质量成本”点。当合格品率低于或高于80%时，质量总成本及单位产品应负担的质量成本都会上升。

(二)边际分析法

边际分析法又称公式法，此法是微分边际理论在最优质量成本控制中的应用。如果以合格品率代表质量水平，则存在最优质量成本点，即存在最佳的合格率。

设：F 代表每件废品造成的损失；

q 代表合格品率；

$1-q$ 代表不合格品率；

y_1 代表每件合格品负担的质量损失；

K 代表每件合格品负担的预防和鉴定成本与合格品率和废品率之间比值的变化系数；

y_2 代表每件合格品负担的预防和检验成本。

$$\text{因为 } y_1 = F \times \frac{1-q}{q} \qquad y_2 = K \times \frac{q}{1-q}$$

如果用 y 表示单位合格品负担的质量成本，则有

$$y = y_1 + y_2 = F \times \frac{1-q}{q} + K \times \frac{q}{1-q}$$

计算 y 的一阶导数，并令 $y'=0$，证明过程从略，据此可以得出以下两个结论：

(1)当单位预防和鉴定成本等于单位废品损失成本时，存在最优质量成本点。

(2)最优质量成本点的计算公式是：

$$\text{最优合格率 } Q' = \frac{1}{1+\sqrt{\frac{K}{F}}}$$

【例10-8】　西安诚通金属有限公司加工生产一种不锈钢板材。年产量为10 000吨，合格率为85%，全年预防鉴定成本合计为165 000元，每吨废品板材造成的损失为240元。求最优质量成本点。

解：依题意已知 $q=85\%$，$F=240$ 元

$$y_2 = \frac{165\ 000}{8\ 500} = 19.41\ (\text{元})$$

$$K = y_2 \times \frac{1-q}{q} = 19.41 \times \frac{1-85\%}{85\%} = 3.425$$

$$Q' = \frac{1}{1+\sqrt{\frac{3.425}{240}}} = \frac{1}{1+0.119} = 89\%$$

$$\text{最优质量成本} = 240 \times \frac{1-89\%}{89\%} + 3.425 \times \frac{89\%}{1-89\%} = 29.66 + 27.71 = 57.37(\text{元})$$

使单位质量成本最低(57.37元)，而获利最高的合格率是89%。

(三)合理比例法

在质量成本总额相同的情况下，只要质量成本构成不同，就会有不同的收益。质量成本的构成指预防成本、鉴定成本、内部故障成本和外部故障成本四项，质量成本的优化与质量成本

的合理构成有关。据国外统计资料分析，质量成本的四个项目之间有一定的比例关系，通常是，内部故障成本占质量成本总额的 25％～40％；外部故障成本占 20％～40％；鉴定成本占 10％～50％；预防成本仅占 0.5％～5％。比例关系随企业产品的差别和质量管理方针的差异而有所不同。对生产精度高或产品可靠性要求高的企业，预防成本和鉴定成本之和可能会大于 50％。上述四项成本相互之间有着内在的联系，例如，出厂前疏于检验，内部故障成本减少了，但是产品出厂后的外部故障成本肯定会增加。反之，出厂检验加强了，内部故障成本和鉴定成本增加，但外部故障成本会减少。如果企业采取预防为主的质量管理方针，预防成本会有所增加，但其他三项费用会减少。所谓质量成本的合理构成就是寻求一个比例，使质量成本总额尽可能小一些。

合理比例法就是根据质量成本各项目之间的比例关系，确定一个合理的比例，从而找出质量水平的适宜区域，而不是确定最优质量成本点。因为达到某一点的合格率不易保持，而使合格率保持在某一范围内还是容易做到的。

合理比例法把质量总成本曲线分为三个区域：Ⅰ，质量改进区；Ⅱ，质量控制区；Ⅲ，质量过剩区（见图 10－8）。

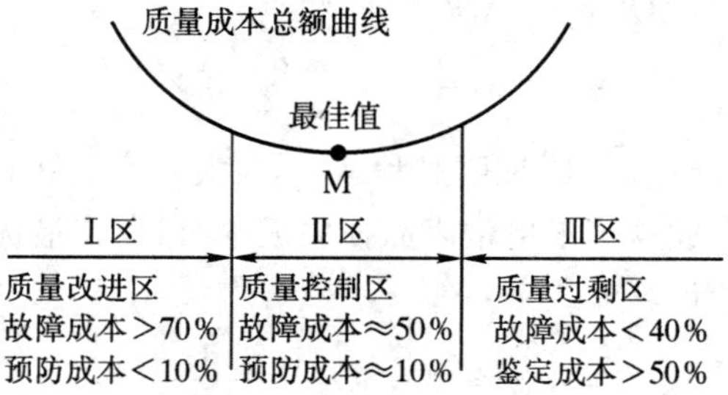

图 10－8　质量成本曲线区域划分示意图

第一，如果产品质量处于改进区。这个区域的标志是故障成本比重很大，可达到 70％，而预防成本很小，比重不到 10％，这说明产品质量水平较低，损失成本很高，企业应尽快采取措施，追加预防和检验费用的支出，尽可能地提高产品质量，降低故障成本，使质量总成本减少。

第二，如果产品质量处于质量过剩区。处于这个区域的明显标志是鉴定成本过高，鉴定成本的比重超过 50％，这是由于不恰当的强化检验工作所致，当然，此时的不合格品率得到了控制，是比较低的，故障成本比重一般低于 40％。这说明产品质量水平很高，而且超过用户的需要，出现了不必要的质量成本损失，此时也是不可取的。相应的质量管理工作重点是适当放宽标准，减少检验程序，维持工序控制能力，可以取得较好的效果。

第三，如果产品质量处于质量控制区。在此区域内，故障成本大约占 50％，预防成本在 10％左右。在最佳值附近，质量成本总额是很低的，处于理想状态，这时质量工作的重点是将质量维持和控制在现有的水平上。这一区域也叫质量适宜区，在此区域内，质量适当，成本低，经济效益高。

以上的讨论是在已经具备质量成本曲线区域划分图的前提下进行的，对于大多数准备作质量成本优化分析的企业，还不具备这一条件，需要经过一段时期的实践与总结，才能逐步建立起自己的质量成本模型。在摸索过程中应该借助质量成本特性曲线所揭示的规律，可以避免盲目性。例如，如果企业在原来基础上采取某些质量改进措施，即增加预防成本和鉴定成本，得到的结果是质量总成本有所下降，则基本可以肯定企业的质量成本工作处于改进区；反之，如果采取质量改进措施后，质量总成本反而上升了，则可以认为质量成本工作处于过剩区，此时，应该采取相反的措施。

三、质量成本控制

（一）建立质量成本控制管理系统

质量成本发生在产品从生产到消费的整个过程之中，只有建立起一个完整的管理系统才能实现有效控制。要建立质量成本责任制，对每项质量成本实行归口分级管理，将责、权、利落实到各部门，直至有关个人，形成质量成本控制管理网络。根据归口和分工的原则，划清各职能部门、车间、班组对质量成本费用应负的责任和控制权限，把质量成本指标层层分解，并落实到有关部门和人员。

（二）制订质量成本计划和确定预算控制指标及误差范围

（1）质量成本计划。质量成本计划是在预测的基础上，用货币量形式规定当生产出符合质量要求的产品时，所需要达到的质量费用消耗计划。其主要包括：①企业质量成本总额和质量成本构成项目的计划，它们是企业在计划期内要努力达到的目标；②主要产品的质量成本计划；③四项质量成本结构比例计划，在质量成本总额一定的条件下，不同的质量成本结构效益是不同的；④各职能部门的质量成本计划。此外还包括文字部分计划的内容：①各职能部门在计划期所承担的质量成本控制的责任和工作任务；②各职能门质量成本控制的重点；③开展质量成本分析，实施质量成本改进计划的工作程序等说明。

（2）预算控制指标和误差范围。根据全面质量管理的要求和最佳成本决策的数据，为各个质量成本项目分别确定预算控制。另外，由于质量成本的控制同实现的质量水平有关，因而控制质量成本的支出必须建立在能保证一定质量水平的基础上，不得任意降低。这就要求我们在控制质量成本时，除要确定各质量成本项目的预算数外，还要按各质量成本项目分别制定出可允许的误差范围。一般来说，对鉴定费用和预防费用的偏差率可稍大些，但对内部质量损失必须严格控制，可预先制订出各质量成本项目误差的上下限作为控制的依据，也可按“例外管理”原则进行控制。

（三）对产品整个寿命周期进行全过程控制

第一，在设计过程中严把产品质量关。要在对产品质量要求进行市场调查和对产品质量成本预测的基础上，结合开展价值工程活动，对产品质量进行技术经济分析，确定产品的最佳质量水平，使产品质量及质量成本和产品功能、产品成本、产品价格相配合、相一致、相协调。并且要严格审核产品设计任务书，严把产品的试制和检验关，对经鉴定不合格产品绝对不能投产。

第二，在产品的制造过程中要以最低的质量保证费用，达到最佳的质量水平。这就要求要及时计算和分析质量成本差异，对实际质量成本脱离计划或预算的差异，要及时逐项分析，寻找原因，采取相应的措施加以控制。

第三，以“预防为主”和“事后改善”相结合的方法对产品使用过程中的质量成本进行控制。“预防为主”就是通过加强设计和制造两个过程的质量成本控制，来减少使用过程的质量成本，“事后改善”就是通过改善销售、发货、运输以及售后服务等工作的质量来降低使用过程中的质量成本。

四、全面质量管理和质量成本模式的选择

以上介绍的最佳质量成本决策方法和质量成本控制方法是建立在对产品的瑕疵率“可接受的质量水平”的基础上，该观点认为如果在实际中对质量的要求超过“可接受的质量水平”，就会必然增大质量成本，企业往往得不偿失。但现代的全面质量管理观点认为产品质量要做到“零瑕疵，高质量”，其代表人物是日本的“企业管理之神”松下幸之助，他提出1％＝100％的著名公式，那就是说在等号左面是从企业的角度看，生产1％的次品不算多，但在等号右面，是从消费者的角度看，买到任何一件次品就会感到沮丧，因为它就是100％的次品。因此，松下幸之助认为：产品的任何瑕疵都不容许存在，发现瑕疵就千方百计地加以消灭，并提出“消灭一个瑕疵就是创造一笔财富”的口号。这种观点经过实践检验是正确的，其原因在于从长远来看，虽然企业不断减少瑕疵，它的近期预防成本、鉴定成本以及质量改进成本会不断提高，但产品质量不断提高创造的名牌产品能使该产品占有更多的市场份额，来增加企业以商誉形式表现的无形资产，而无形资产带来的收益比有形资产创造的收益要大得多，企业发生的超过“可接受质量水平”的质量成本会在由于名牌效用形成的商誉所获得优质优价的质量收益和优质多销的质量收益中得到补偿。对于产品质量成本是要选择“可接受的质量水平”的质量成本模式，还是要选择全面质量管理的“零瑕疵”的质量成本模式？笔者认为要根据不同产品的不同特点来选择，对于那些价值量大、科技含量高、通用性强、以占领全球市场为目标的产品要选择“零瑕疵”的质量成本模式，如电子产品、汽车、钢铁工业产品等。而对于那些价值相对小、科技含量相对少、通用性不太强的以占领地方或地区市场为目标的产品要选择“可接受的质量水平”的质量成本模式，例如：家具产品，建筑工程用的砖、瓦、灰、沙、石等产品。

复习思考题

1. 什么是成本控制？狭义成本控制与广义成本控制有什么区别？成本控制怎样分类？

2. 什么是价值工程？价值工程的特点有哪些？开展价值工程有哪些程序？

3. 价值工程的基本原理是什么？试简要说明。开展价值工程如何选择对象？功能评价如何进行？

4. 成本差异的性质怎样？日常的成本控制如何进行？

5. 为什么通常把成本差异分为价格差异与数量差异两大类？哪些属于价格差异？哪些属于数量差异？

6. 固定制造费用通常有哪几种差异？怎样计算？

7. 什么是质量成本？质量成本由哪些成本构成？

8. 最佳质量成本决策的方法有哪些？试举例说明。

9. “材料价格差异应由采购部门负责，材料用量差异应由生产部门负责”，这句话对不对？为什么？

10. 成本控制的原则有哪些？怎样遵循这些原则？

练习题

1. 星光公司 2012 年生产甲产品的有关资料如下表：

项目	甲产品标准成本资料和实际成本资料
甲产品标准成本资料	①直接材料:20 千克 单价 30 元 ②直接人工:5 工时 工资率 4 元 ③变动制造费用:5 工时 分配率 10 元 ④固定制造费用:5 工时 分配率 8 元 ⑤预算产量:1 000 件
甲产品的实际成本资料	①实际产量 1 200 件 ②实际领用材料 25 000 千克,单价 29 元 ③直接人工工时 5 800 工时,每小时平均工资率为 4.5 元 ④制造费用发生 101 000 元,其中:变动制造费用 59 000 元,固定制造费用 42 000 元

要求根据上表计算下列指标：

(1)材料成本差异中的材料数量差异和材料价格差异各是多少？

(2)直接人工成本差异中的人工工时差异和工资率差异各是多少？

(3)变动制造费用工时差异和变动制造费用分配率差异各是多少？

(4)固定成本差异是多少？

2. 西安跃华公司根据各项目的标准成本，采用全部成本法，编制出生产乙产品的单位成本预算(见单位乙产品标准成本卡)。假设生产乙产品只需要经过一道工序，2013 年 5 月实际生产乙产品 400 件，其实际的单位成本与总成本见乙产品本月实际成本资料表。

单位乙产品标准成本卡　　　制定日期:2013 年 1 月

项目	数量标准	价格标准	标准成本
直接材料	2.5 吨	50 元	125 元
直接人工	38 小时	5 元	190 元
变动制造费用	38 小时	5 元	190 元
固定制造费用	38 小时	1.50 元	57 元
合计			562 元

乙产品实际成本表　　　完工数量:400 件

项目	单位数量	单位价格	单位成本	总成本
直接材料	2 千克	5.50 元	110 元	44 000 元
直接人工	40 小时	6 元	240 元	96 000 元
变动制造费用	40 小时	4.50 元	180 元	72 000 元
固定制造费用	40 小时	1.80 元	72 元	28 800 元
合计			602 元	240 800 元

要求计算以下指标：

(1)材料价格差异、材料用量差异、材料成本总差异各是多少？

(2)工资率差异、人工效率差异、人工成本总差异各是多少？

(3)变动制造费用开支差异、变动制造费用效率差异、变动制造费用总差异各是多少？

(4)固定制造费用开支差异、固定制造费用能力差异、固定制造费用效率差异、固定制造费用总差异各是多少？

3. 假定生化公司生产甲化学试剂，每瓶的直接材料和直接人工的标准成本资料如下：

成本项目	价格标准	用量标准	标准成本
直接材料	1.20 元/克	8 克	9.60 元
直接人工	6 元/工时	0.5 工时	3.00 元

若本月份实际发生的业务情况如下：

(1)购进直接材料 15 000 克，实际支付 18 750 元。

(2)本期购进材料全部用于生产，共生产甲化学试剂 1 760 瓶。

(3)本期共耗用直接人工 835 工时，实际支付人工成本 5 177 元。

要求：(1)计算本月份的材料价格差异与用量差异。

(2)计算本月份的工资率差异和人工效率差异。

4. 假定杜邦公司为了控制成本指标，实行弹性预算和标准成本会计制度。以下是在生产甲产品 15 000 件，耗用直接人工 45 000 工时情况下的标准变动成本资料：直接材料 75 000 元，直接人工 180 000 元，变动制造费用 135 000 元，合计 390 000 元。

若该公司本会计期间共耗用 49 000 工时，生产 16 000 件甲产品，其实际变动成本资料如下：

成本项目	金额
直接材料	？元
直接人工	208 000 元
变动制造费用	140 800 元
合计	？元

该会计期间每件甲产品的标准变动成本与实际变动成本的差异为 0.80 元(U)。

要求：(1)计算会计期间甲产品的实际变动成本总额，以及直接材料的实际成本总额。

(2)计算该会计期间每件甲产品的标准变动成本和实际变动成本的成本结构。

(3)计算甲产品人工成本的工资率差异与人工效率差异。

(4)计算甲产品变动制造费用的开支差异与效率差异。

5. 林德公司一贯采用标准成本、弹性预算来控制并计算产品成本，它的加工成本的标准如下：

成本项目	价格标准	用量标准
直接人工	4 元/工时	3 工时/件
变动制造费用	2 元/工时	3 工时/件
固定制造费用	1 元/工时	3 工时/件

上述费用分配率是按 50 000 件标准产量计算的。本月份该公司实际生产 40 000 件，其实

际加工成本资料如下：

实际工时总数　　125 000 工时

实际制造费用(其中变动费用占 255 000 元)　　411 000 元

要求:(1)计算变动制造费用的开支差异和效率差异。

(2)计算固定制造费用的预算差异和能力差异。

(3)计算固定制造费用的开支差异、效率差异、生产能力利用差异。

6. 某厂生产甲产品 4 000 件,实际耗用某种材料 10 400 千克,实际材料总成本为 11 648 元,假定甲产品该种材料标准用量为 2.5 千克/件,标准价格为1.05元/千克。

要求:(1)计算该种材料实际单耗与实际单价。

(2)确定该种材料费用的总差异。

(3)分析材料费用实际脱离标准的原因。

第十一章 责任会计和责任中心

责任会计是企业内部的控制会计，是管理会计控制与业绩评价的重要组成部分。责任会计是随着企业规模的扩大，内部实行分权化管理产生和发展起来的，体现了企业内部管理与控制的关系。本章将对责任会计的一般理论作简略的概述，对责任中心的划分和责任指标以及业绩的考评重点给予介绍。

第一节 责任会计的理论概述

一、责任会计的产生、发展和理论基础

19 世纪末、20 世纪初，随着工业革命后资本主义的迅速发展，成本会计有了飞速的发展，出现了“成本计算的文艺复兴”时期。在此期间，成本会计应用了有助于管理的间接费用分配法，将成本记录和财务记录结合起来，发展了标准成本体系。在成本会计的发展中，特别是以泰罗的“科学管理理论”为基础的标准成本制度的出现，使人们认识到为了控制成本，必须将成本作为一种责任赋予业务执行人员。与此同时，预算管理的出现，使责任制度从成本控制领域扩展到利润和资金管理领域，明确了对各部门预算建立责任制度的重要性。这些都表明，会计数据与经济责任制的结合，便是责任会计的雏形。到第二次世界大战以后，市场竞争的加剧要求企业内部的管理更加合理化，许多大公司开始推行分权化的管理，采用了事业部制的公司组织体系。对事业部制企业的管理控制，需要完善责任会计制度，使责任会计受到普遍重视，形成了现代管理会计中的责任会计。

1946 年劳伦斯强调把差异归于责任者，建立记录和报告制度，形成了初步的责任会计。管理职能的加强推动了责任会汁的发展，使责任会计同“标准成本”、“预算管理”、“目标管理”等有机地结合起来，形成了比较完整的责任会计体系。

我国过去实行的厂内经济核算、计划管理财务预算、资金定额，以及在国家统一领导下的计划指标的层层分解、分级归口管理和全面经济核算中的厂币制等都可以说具有责任会计的性质。特别是在十一届三中全会以后，责任会计得到了迅速的发展。

责任会计的理论基础主要是两权分离理论、行为科学理论和代理人理论。没有所有权和管理权的分离，就没有管理者对所有者的责任，亦没有责任制；没有经济责任也就没有责任会计。行为科学通过对个体行为、群体行为、领导行为和组织行为的分析研究，来提高管理效率，改善人际关系，调动人的积极性。责任会计运用行为科学中的激励理论，来满足个体人或社会人的各种不同层次的需求，以提高责任中心的工作效率。责任会计一方面以责任目标管理为

指导,同时还使每一个责任中心的目标与企业总目标协调和配合,从而更好地发挥责任会计的职能。

在责任会计的纵向责任中心之间就存在着主管者和代理者的关系。可以把纵向责任中心的上下级看做是主管者与代理者之间的关系,这样,责任会计是一个主管者和代理者的有机体系。下层的责任中心作为上层责任中心的代理者就要在其可控权力范围内对上级主管者承担一定的责任,而上级责任中心的主管者也要对下级的代理者给以物质利益和精神的激励。这样,就需要对责任中心的工作业绩在可控的项目或费用范围内进行考核、评价和奖罚。而且通过主管者和代理者之间最优风险的分享,使责任会计所提供的信息能有效地影响企业各个环节的行为,使之达到局部与整体目标的一致。

因此,西方责任会计是基于分工协作发展的要求、分权管理的需要、商品经济的发展、物质利益的分配而产生的,它是现代社会化大生产和经济关系发展变化的必然产物。企业的管理模式由集权型向分权型的转变及管理职能的不断强化,是责任会计产生和发展的客观基础。泰罗的“科学管理理论”,法约尔的“管理五要素”和“十四条管理原则”,以及梅约的行为科学理论,代理人理论是责任会计产生和发展的理论基础。

二、责任会计的对象和职能

(一)责任会计的对象

会计的对象是指会计所要反映和监督的内容,具体地说会计对象就是社会扩大再生产过程中的资金及其运动。责任会计的对象与传统财务会计的对象既有相同之处,又有它具体的特点,相同之处是都反映资金运动,但它与传统会计的对象又有不同之处。其一,责任会计的对象只能是责任中心的资金运动,而不是整个企业的资金运动。由于责任中心是独立履行自己的经济责任,单独核算自己的绩效,按照绩效予以奖惩。在这一点上责任中心是一种非法人的实体,而整个企业则是具有法人资格的实体。其二,责任会计的对象是指责任中心所能够控制的资金运动。责任中心是按照可控原则确立起来的,它只能对所能控制的资金运动负责。责任中心的资金运动是会计实体的资金运动的组成部分。任何责任中心的可控资金运动,同时是会计实体的资金运动。责任会计中的责任是指责任中心的经济责任,所以责任会计是内部经济责任制的会计。传统财务会计实体也对国家和企业外部与企业有利害关系的团体和个人负有一定的责任,所以它是企业经济责任制的会计。由于企业内部每一责任中心的经济活动,并不一定是责任会计所能“管辖”的范围,故不能把责任中心的一切资金运动都作为责任会计的对象。可见,责任会计的对象只是责任中心所能控制的资金及其运动。资金从投入责任中心到流出责任中心,从而完成一个循环。责任会计就是对责任中心所能控制的这种资金不断的循环运动过程进行反映、控制和监督,达到使资金不断增值的目的。

(二)责任会计的职能

责任会计的主要职能是控制和考评职能。控制是通过一定的手段对实际活动施加影响,使之能按照预定的目标或计划进行的过程,如发现问题应如何修改目标或采用何种措施来完成目标。责任会计的控制职能是指责任会计部门运用责任会计手段,以货币为主要度量,对责任中心实际发生的资金、成本、费用、收入、利润、投资等指标,通过计算、分析和检查,发现这些指标偏离计划(或预算)指标的程度及原因,并实施矫正以达到预定的目标。具体地讲就是事前对经济前景进行预测和决策，并拟定责任目标；在事中对经济活动过程，以各项方针政策、财经法纪和责任目标为尺度进行规范控制，并利用事中控制反馈到的信息，与原定责任目标进行对比分析，随时发现问题和采取措施来保证责任目标的进一步实现。

责任会计的考评职能是责任会计通过差异分析来进行考核和评价各责任中心的业绩。具体地说就是利用标准成本制度对日常的经济活动进行追踪、收集和计算，得到经济活动的实际数，然后根据责任会计的要求把实际数与责任预算进行对比分析，寻求差异。差异表现为有利差异和不利差异，对于不利差异要分清主客观原因，并用责任会计职能尽量使经济活动过程出现有利差异。然后通过编制业绩报告来考评各责任中心的实绩与成果，确定他们的经济责任和应受奖惩。除此之外，责任会计还有预测、决策、计划和协调的派生职能。

三、责任会计的基本内容和方法

（一）责任会计的基本内容

1. 划分责任层次，建立责任中心

根据企业的具体情况和内部管理的实际需要，把所属各部门、各单位划分为若干个责任中心。一般地讲，对管理层次较高的单位可建立投资中心和利润中心，对下面的基层单位，可建立成本中心。此外，还要规定每一责任中心的负责人，诸如经理主任、处长、组长甚至个人，让他们分工负责成本、收入、边际贡献、税前利润与投资收益等重要指标和向其上级管理当局承担的经营管理责任。同时，也应赋予他们相应的权力。

2. 编制责任预算，确定责任目标

划分责任中心只解决各责任中心的工作任务和管理范围。要把责任落实到实处，还要将企业的总预算所确定的目标和任务，层层分解、落实到各个责任中心，使其成为每个责任中心的责任预算。这不但为每个责任中心制定出了明确的责任目标，而且也作为今后控制和评价他们经济活动的主要依据。所以，正如许毅主编的《成本管理手册》中指出的那样："责任预算，实际上是把总预算中确定的目标，按照企业各责任中心进行划分，落实到各部门和每层组织，以调动他们的积极性，从而保证实现整个企业总目标的预算体系。"

3. 建立责任会计核算体系，对责任中心的业绩进行反映

为各个责任中心建立一套完整的会计核算体系，其具体做法是在我国主要实行单轨制核算，按责任中心设置总账，按责任者设置明细账，以此对责任人和责任中心的各项指标数据通过日常记录、计算等会计手段进行反映，并在规定的时间编制责任报告。这不仅是制定目标、考核业绩和进行奖惩的依据，也是收集经济信息和提供决策依据的需要。

4. 实行内部结算和制定内部转移价格

由于成本发生的地点与责任地点的不一致性，有时虽然成本发生的地点与责任的地点一致，但责任成本发生的地点却显示不出来，这就要实行内部结算，而内部结算就要制定内部结算价格，也就是内部转移价格。内部转移价格制定得是否科学，不但关系到经济责任是否转嫁，而且关系到各责任中心的业绩评价是否客观正确。

5. 建立责任会计信息反馈系统，进行反馈控制

要实现责任会计目标，关键是要进行事前预测和事中控制，这就需要根据各个责任中心编

制的业绩报告,分析责任预算差异发生的原因,及时通过信息反馈,作出正确的决策,控制和调节他们的经济活动,并采取有效措施纠正不利差异,巩固有利差异,不断地降低成本,扩大利润,提高经济效益。

6.考评工作绩效

考评工作绩效,首先要从下向上逐级编制责任报告和责任报表,最终形成整个企业的责任报表和责任报告。为了准确地反映各责任中心的业绩状况,就要求通过成本、利润、资金、消耗、质量、劳动生产率等指标的完成情况同目标、预算、定额进行比较,从而分析实际与预算的差异,找出原因,评价各责任中心的工作成果。对业绩的反映、评价和考核,主要通过计算内部利润来进行。内部利润的计算方法,通常是按某一责任中心的完工产品、半成品或劳务的实际数量和内部结算价格,计算各责任中心的"销售收入";按照各责任中心消耗的原材料、半成品和劳务实际数量和内部结算价格,计算原材料、半成品和劳务的成本,再加上工资及管理经费,求得本责任中心完工产品的成本;将两者对比,前者大于后者的部分为内部利润。由此看来,内部利润的计算主要取决于制定正确的内部结算价格。

(二)责任会计的方法

责任会计的内容决定责任会计的方法。责任会计的内容首先是划分责任层,建立责任中心,与之对应的是划分责任层次、确定责任中心的方法,它也是责任会计最基本的重要方法。其次,责任会计的内容是编制责任预算,确定责任目标,那么对应的方法是责任目标的管理方法。它主要是通过技术测定以及统计等方法,把目标管理和责任会计结合起来,从而核定各责任中心的目标,并逐层分解下达,实行各项指标的归口分级管理。再次,责任会计的内容是建立责任会计核算体系,对责任中心的经济活动进行追踪反映和实行内部结算制度,相对应的方法就是一般会计核算方法和责任转账方法。最后,责任会计的内容是对责任中心的经济活动进行反馈控制和业绩评价,与之相对应的方法是差异分析方法和业绩的考评方法。

四、责任会计的概念和特点

目前对责任会计的概念,从不同的角度有不同的描述,主要有制度论、信息系统论、管理活动论、控制系统论等。但我们认为责任会计的概念,必须包括责任会计的理论基础、对象、方法、职能等主要特点。所以,应该把责任会计的概念描述为:责任会计是为适应分权管理和商品经济的发展而产生和发展的,它主要以行为科学和代理人理论为理论基础,采用诸如目标管理、责任转账、差异分析、编制责任报告和责任报表等专门方法,对各责任中心所能控制的资金运动进行事前预测和规划、事中控制、事后反映分析和考评的经营管理控制信息系统,以调动企业内部职工的积极性,增强企业活力,不断地提高企业经济效益。

我国的责任会计具有以下特点:

(1)我国的责任会计是在社会主义市场经济指导下,以提高全面经济效益为前提。虽然我国的责任会计与西方的责任会计都是在市场经济条件下建立起来的,但我国是社会主义市场经济,这就要求不仅要提高本企业的经济效益,而且要与整个社会的宏观经济发展相协调,不像西方资本主义国家那些企业的责任会计的出发点和归宿点都是以资本家的利润为前提。

(2)我国的责任会计同企业的经济责任制不可分离。我国的责任会计担负着企业经济责任的落实、责任的控制与责任的考核等重任,因此,它是企业经济责任制的基础,同时企业的经济责任制决定着责任会计工作作用的发挥，制约着其采用的方法。

(3)我国的责任会计与目标管理紧密结合。社会主义市场经济是建立在公有制基础上的，就决定了企业目标与社会目标的一致性，要求把每一个责任中心的本层次的目标纳入社会目标体系，从而强调本层次的目标的执行对上下左右的影响，从而使企业目标与社会目标协调起来。为使协调后的目标达到最优化，就必须把责任会计与目标管理结合起来，运用目标管理的有效方法，使责任与目标结合起来，从而使责任目标更具有凝聚力。

(4)我国的责任会计以责任中心作为收入和成本的计算对象。传统的财务会计是以产品作为收入和成本的计算对象，这样使责任不明确，无法实行有效管理。而以责任中心作为收入和成本的计算对象，就可以对传统的企业组织结构进行重新构造和划分，建立各级责任中心，从而按不同的中心进行管理，使会计与生产经营过程衔接得更为紧密。

(5)我国责任会计的群众性。其一，是指对于责任者所能控制的资金运动的全部内容和全部过程，不但有专业人员进行管理，而且有其他管理人员和广大的职工。其二，是指专业核算和群众核算相结合，形成以专业核算为主体、群众核算为基础的责任会计核算体系。

除以上五点之外，具有中国特色的责任会计的特点还包括与厂内经济核算制紧密结合，以及与系统论原理和现代管理科学紧密结合等特点。

五、责任会计的原则和作用

(一)责任会计的原则

1. 责权利相结合的原则

责权利相结合的原则要求为保证责任目标的实现，要明确每一个责任中心的责任者，要明确每笔收支项目和每项消耗定额的责任者，同时要赋予责任者与其所负责范围大小相适应的权力，并规定相应的实绩考核的标准，经常对各责任中心的工作业绩进行考核并进行成果评价，使各责任中心和责任者的经济利益与业绩的大小挂起钩来，以激励责任者。责权利相结合的原则是实行责任会计最基本的原则，通过责权利的结合，有利于增强各责任中心职工的责任感，充分地激发职工的工作热情。

2. 可控性原则

责任会计的特点是将会计数值同经济责任有机结合，这一内部控制制度的正确贯彻，要求最大限度地消除企业各职能部门之间的相互影响，突出他们各自相对的独立性，避免是非不分、责任不明。因此可控性原则要求，各责任中心只能对各自职责范围内可以控制的经济活动进行负责，对其不能控制的因素，则应排除在外，只作为参考资料列示，以保证责权利关系的紧密结合，这就要求要把整个企业的成本在划分为变动成本和固定成本的基础上，根据每一个责任中心或责任者控制成本的程度、时间、空间来划分可控成本和不可控成本，这样就能为每一个成本项目和明细项目确定相应的责任者。

3. 目标一致性原则

目标一致性原则是指各责任单位的具体目标与经营活动要与企业总目标保持一致。也就是说，各责任单位的责任预算是建立在全面预算目标的基础上，是总目标的具体化和阶段化，责任单位日常的生产经营活动应符合企业的整体利益，确保企业整体利益的最大化。当一项投资对某一责任中心有利而对整个企业的全局不利时，应坚决放弃。相反，若对企业全局有利，对某一责任中心不利时，责任中心要服从全局利益。同时，应经常修正执行过程中各责任中心目标偏离企业总目标的行为，防止责任中心脱离目标，使各责任中心的生产经营活动按照企业总目标的方向协调发展。此外，还要注意考评指标的综合性和完整性，因为单一指标是导致各责任层次目标不一致的根本原因。

4. 整体性原则

整体性要求划分责任中心时，要保证企业的各项工作有人负责，层层有责任，事事有人管，职责要分明，防止责任不落实的现象。指标的分解要从企业总目标出发，层层分解落实，形成一个纵横交叉的目标责任体系。业绩的考核与评价要考虑每一责任中心对企业整体利益的影响。

5. 反馈性原则

贯彻落实责任会计，需要建立一套科学的信息跟踪系统和严密的信息反馈系统及反应迅速的决策系统，以使信息的编入正确无误，使信息的输出及时有效，通过信息反馈发现经营活动中的问题，能作出及时恰当的决策。及时地反映各责任者的执行情况，让责任者很快就能了解到实际执行与责任预算相比，究竟做得怎样，以便总结经验，查明原因，采取措施，及时调整自己的行为，实现预定的目标。

6. 例外管理原则

例外管理原则就是指企业主管人员应负责处理一些企业生产经营过程的各种涉及全局性的重要“例外”问题，即处理那些金额较大，连续不断地发生，并且本身具有重要性的差异。而将非例外的次要的日常差异放手让下级管理人员去处理。这样可以使责任会计主管抓住主要矛盾，而且还可以使各有关责任中心承担应负的经济责任，有利于极大地调动下属各责任者的积极性。

除此之外，责任会计的原则还有适应性原则、综合性原则以及定量分析和定性分析相结合的原则。

(二)责任会计的作用

(1)建立责任会计有利于建立、巩固和不断完善企业经济责任制。建立企业经济责任制的一个最基本的要求，就是必须在企业内部划清经济责任，把“锅”(经济核算单位)改小，也就是说，要通过责任会计划分责任单位，核算责任成本、责任资金、责任效益等，做到经济上责任分明，不吃大锅饭。任何企业的经济责任制，只有确定建立在严格责任会计的基础上，用真正能够反映责任归属的语言说话，才能可靠和牢固。

(2)责任会计有利于企业全体职工围绕总目标协调一致地工作。各责任单位的生产经营目标是企业生产经营总目标的具体体现。因此，在日常经济活动过程中，必须注意各责任单位的具体经营目标是否符合企业经营的总目标。在考评各责任单位的工作业绩时，不仅要看他们自身的生产经营成果，还要注重其生产经营目标是否符合企业生产经营总目标的要求，促使各责任单位的目标与企业总目标取得上下一致，并和谐地进行工作。

(3)责任会计有利于完善社会主义市场经济条件下的生产关系。责任会计的民主管理体现了劳动人民当家做主的优越性。责任会计的各责任中心直至个人之间责任分明，责权相符，有利于从企业的角度处理生产关系中上下级和同级之间的关系。责任会计按责任中心或个人进行核算和考核，反映了劳动差别，从而贯彻了按劳分配的原则。

(4)责任会计有利于加强成本控制。责任会计要求责任者对其能够控制的可控成本费用负责，一个责任中心的可控成本之总和则构成该中心的责任成本，而责任会计的主要内容就是责任成本，所以责任会计有利于加强成本控制。此外，责任会计有利于提高财会人员的工作效率和加强会计管理，深化会计改革。

第二节 责任中心的划分和责任指标及其业绩考评的重点

在责任会计中把各个责任层次能够对其经济活动进行严格控制的区域称为责任中心。责任中心按其控制区域和责任范围的大小，一般可分为成本中心、利润中心和投资中心。

一、成本中心

(一)成本中心的划分

成本中心是责任会计最基本的责任单位，企业内部任何成本费用的区域或范围都可定为成本中心，成本中心不形成或不考核其收入，而着重考核其发生的成本费用。

成本中心通常没有收入来源，它的产品或半成品并不由自己去销售，有的虽然有少量的收入，但非它的主要职能。一个成本中心可以由若干个更小的成本中心组成，例如一个分厂是成本中心，它由几个车间组成，而每个车间还可以划分为若干工段，这些工段是最小的成本中心。成本中心的职责是用一定的成本去完成规定的具体任务。广义的成本中心一般包括有稳定产品的标准成本中心和费用中心。

我们把用一定的投入量能生产出稳定的产品，而且这种投入与产出具有明确的函数关系的责任单位称为标准成本中心。例如制造业的工厂、车间、工段和班组就是典型的标准成本中心；而把那些虽然有一定的投入但是产出物不能用财务指标来衡量，投入与产出之间没有明确的函数关系的责任单位称为费用中心。例如企业中的行政管理部门中的会计、人事、劳资、计划等部门，还有开发新产品研制等部门，以及广告、宣传、仓储等销售活动都是典型的费用中心。这些费用中心唯一可以准确计量的是实际发生的费用，无法通过投入与产出的比较来评价其结果和效率。

(二)成本中心的考核指标

成本中心的考核指标只能是可控成本，在对成本中心的工作业绩进行计量和考核时也以可控成本为限。就是说要以可控成本为指标编制各个成本中心的责任预算，平时只记录反映责任中心的可控成本发生数，并以上数来编制定期的实绩报告，对不可控成本只作为参考资料给予列示，这就要求我们弄清楚可控成本与不可控成本、责任成本与产品成本之间的区别和联系。

作为可控成本一般要符合三个条件：①成本中心有办法在事前知道发生什么样的耗费；②成本中心有办法在事中控制并调节它的耗费；③成本中心有办法在事后准确地计量它的耗费。

凡符合以上三个条件的即是可控成本，而不符合以上三个条件的，则是不可控成本。但是在实际的经济生活中，可控成本与不可控成本往往是相对的，不是绝对的，它不是就某项成本而言，而是针对具体的责任中心和具体的时间而言。这种可控成本与不可控成本的相对性，首先表现为某项成本对某一责任中心来说是不可控的，而对另一责任中心来说却是可控的。例如，在材料供应正常的情况下，由于材料质量不好而存在的超过消耗定额使用的材料成本，就生产车间来说是不可控的，而对供应部门则是可控的。又如车间经费，对车间来说是可控的，但对车间的下层各个班组来讲就未必是可控成本。其次,某些成本在现在无法控制,但在发生的当期却是可以控制的,如固定资产折旧,对现在具体使用固定资产的部门来说是不可控成本,但在购买固定资产时在市场上既可高价买,也可低价买,又是可以控制的。还有,某项成本对下一级责任中心是不可控成本,但对上一级责任中心却是可控成本,例如生产设备的租赁费对车间是不可控成本,但对厂部来讲又是可控成本。此外,还有些成本是否属于可控成本,还由其摊配的方法来决定。例如,对于企业内部的供水供电,如果按固定比例分配给劳务部门,就属于受益部门的不可控成本,对受益部门来讲是间接成本,但如果按受益部门耗用数量分配,则又属于受益部门的可控成本。总之,某项成本是否可控,是同一定的责任中心、时间等条件相联系的,不能撇开具体条件抽象地谈可控成本与不可控成本。

明确了可控成本与不可控成本的相对性后,还要明确可控成本、不可控成本与其他成本概念的关系。首先,从一个成本中心看,变动成本大多数属于可控成本,固定成本大多数属于不可控成本,但实际不完全如此,要结合具体情况具体分析。例如汽车装配车间的外购发动机,对装配车间来讲是变动成本但却不是可控成本;酌量性的固定成本对管理部门来讲却是可控的。其次,直接成本大多是可控成本,间接成本大多是不可控成本,但也不完全如此,要具体分析。例如,装配车间的外购零件是装配车间的直接成本却不是可控成本;维修部门发生的劳务成本如果按受益部门耗用劳务量的多少分配,它又是受益部门的可控成本。

明确了可控成本与不可控成本的区别和联系之后,我们可以进一步发现责任会计中的责任成本与传统会计中的产品成本之间的区别和联系。一个责任中心的可控成本之和就是该责任中心的责任成本。责任成本与产品成本之间的区别有以下三个方面:第一,成本计算的对象不同。责任成本按责任中心作为成本计算对象来归集和分配费用,产品成本是按产品作为成本计算对象来归集和分配费用。第二,成本计算遵循的原则不同。责任成本遵循的是负责原则,即费用由谁负责,就由谁来承担,而产品成本则遵循受益原则,即费用使哪种产品或哪个部门受益,就由哪种产品或哪个部门来承担。第三,计算成本的目的和用途不同。责任成本旨在评价和考核责任预算的执行情况,作为控制生产耗费和贯彻内部经济责任制的重要手段;而产品成本旨在反映和监督产品成本计划的完成情况,作为实施经济核算制的重要手段。责任成本与产品成本的联系表现在:就一个企业在一定的时期来说,它的全部产品总成本与各个责任单位的全部责任成本之和是相等的,现在举例来说明这二者的联系与区别。

【例 11-1】 某公司全年生产甲、乙、丙三种产品,其有关生产成本的资料如下:

直接材料	1 100 000 元
直接人工	350 000 元
制造费用	700 000 元
其中:间接材料	250 000 元
间接人工	150 000 元
管理人员薪金	50 000 元
折旧费	200 000 元
水电费	40 000 元
其他	10 000 元
合计:	2 150 000 元

我们又假定该公司有五个成本中心，即A生产车间、B生产车间、修理车间、财务处和总务处。

现根据上述有关资料，分别以产品为对象和按成本中心为对象，编制该公司产品成本单和责任成本单，如表11－1所示。

表11－1　某制造公司产品成本与责任成本的区别与联系实例

2012.1.1—2012.12.31　　　　单位：千元

成本项目	产品成本单				责任成本单					
	甲	乙	丙	总成本	A车间	B车间	修理车间	财务处	总务处	合计
直接材料	550	350	200	1 100	800	300	—	—	—	1 100
直接人工	150	100	100	350	200	150	—	—	—	350
制造费用										
间接材料	125	75	50	250	80	80	40	—	50	250
间接人工	80	40	30	150	30	70	10	—	40	150
管理人员薪金	20	20	10	50	10	12	8	5	15	50
折旧费	100	60	40	200	100	70	20	5	5	200
水电费	20	12	8	40	20	10	5	3	2	40
其他	5	3	2	10	4	3	1	1	1	10
合计	1 050	660	440	2 150	1 244	695	84	14	113	2 150

（三）对成本中心考核与评价的重点

成本中心的业绩考核与评价的主要内容是每一个成本中心的可控成本之和即责任成本。

考核与评价的方法主要是通过定期地编制业绩报告，通过业绩报告中责任成本的实际数与预算数的差异分析来完成。

成本中心的业绩报告是按照每个成本中心可控成本各明细项目的预算数、实际数相差异数来填列。由于在设置责任中心时，企业内部是逐级设置的，那么成本中心业绩报告的编制也是自下向上逐级进行的，先编制基层的业绩报告，然后再由企业从最低层逐级向上汇编，直到最高的管理层次。这样每一级业绩报告的内容，除最基层只有其本身的可控成本之外，都应包括下属单位转来的责任成本和本身的可控成本。如果一个成本中心分为总厂、分厂、车间和班组四个层次，那么其“连锁责任”的构成如下：

（1）班组责任成本＝可控直接材料成本＋可控直接人工成本＋可控间接费用成本

（2）工段责任成本＝$\sum$各班组的责任成本＋工段的可控间接费用成本

（3）车间的责任成本＝$\sum$各工段的责任成本＋车间的可控间接费用成本

（4）厂级的责任成本＝$\sum$各车间的责任成本＋$\sum$各费用中心的费用＋厂级的可控间接费用成本

一般地说，直接发生于成本中心的大多是可控成本，从其他部门转来的成本，要根据其转来的数量，以及分配方法来确定成本的可控性。在编制业绩报告时，只反映其可控成本，对不可控成本并不予列示或将不可控成本作为参考资料列示。对业绩报告中反映的预算数大于实际数称为“有利差异”，即表示节约顺差，通常在其数额后用“F”表示；对反映的预算数小于实际数，称为“不利差异”，即表示超支或逆差，通常在数额后用“U”表示；如果实际数等于预算数，则表示没有发生差异，用“—”表示。不论是有利差异还是不利差异或无差异，均要认真地分析其原因，及时进行考核与评价。

【例 11－2】 某公司的加工车间成本中心的业绩报告如表 11－2 所示。

表 11－2 某公司加工车间的业绩报告 2013.3.3 定额单位：元

摘要	预算数	实际数	差异
下层工段转来的责任成本			
工段的可控间接成本	15 000	12 000	3 000(F)
工段下属的两个班组的责任成本			
其中：甲班	65 000	60 000	5 000(F)
乙班	45 000	50 000	5 000(U)
小计	125 000	122 000	3 000(F)
本车间可控成本			
间接人工	8 000	8 500	500(U)
管理人员薪金	3 500	4 200	700(U)
折旧费	2 800	2 800	—
物料费	4 750	4 000	750(F)
修理费	750	700	50(F)
其他	300	200	100(F)
小计	20 100	20 400	300(U)
车间责任成本合计	145 100	142 400	2 700(F)

二、利润中心

(一)利润中心的划分和适用范围

一个责任中心，如果能同时控制生产和销售，既对成本负责，又对收入和利润负责，可以根据其利润的多少来评价该责任中心的业绩，那么该责任中心就是利润中心。

利润中心通常适用于企业较高的责任层次，常有两种类型：一种是自然利润中心，另一种是人为的利润中心。自然利润中心是一个法人实体，像一个独立的企业一样，例如分公司、分厂等。它可以直接在市场上进行购销活动，向企业外部出售产品或提供劳务，以获取收入并赚取利润。人为的利润中心主要是为了适应企业经营范围的扩大、便于分散经营、跨行业发展的需要，在企业内部各责任中心之间按照内部转移价格进行“出售”产品或提供劳务，它的主要特点是各自分别核算成本，按“内部转移价格”所确定的成本价格进行内部结算，并确定收入利润。例如，大型的钢铁公司分成采矿、炼铁、炼钢、轧钢等几个部分，这些生产部门各自独立核算，以其销售收入来补偿成本并计算盈亏，这样采矿、炼铁、炼钢、轧钢几个生产部门被划分为四个人为利润中心。此外，人为的利润中心还包括企业内部的辅助部门，如修理、供电、供水、供气等部门,这些部门按固定价格向生产部门收费,它们可以确定为人为的利润中心。

(二)利润中心的考核指标

由于利润中心的管理人员只对其通过决策所能控制的收益和成本负责,因此,对利润中心的责任考核指标只能是可控的成本指标和可控的利润指标。

对人为的利润中心来说,只计算其可控成本,不分担不可控的共同成本。按这种方式计算出来的利润就是人为利润中心的边际贡献总额,企业各利润中心的边际贡献总额之和减去未分配的共同成本,经过调整后才是企业的利润总额。人为利润中心所实现的责任利润即边际贡献总额与产品利润既有联系也有区别。从联系方面来讲,责任利润的获得也是通过产品或劳务的"销售"而获得的,都与产品的价格存在着联系。它们的区别,首先表现在计算和考核的对象不同,人为的利润中心计算、考核各个利润中心所创造的责任利润,而不是计算、考核某种产品的利润。其次各个利润中心所实现的责任利润之和并不等于全企业产品的利润之和,只有减掉企业未分担的固定成本,才等于全部产品的利润。

对于自然利润中心来说不仅要计算其可控成本而且要计算其不可控成本。这样在具体的计算上若是采用变动成本计算法,利润中心先计算出贡献毛益,再减去期间成本才是净利,若用全部成本计算法,利润中心则可直接计算出净利。但是,在这种成本计算方式下,无论是采用变动成本法还是采用全部成本法计算,按这两种方法计算出来的各利润中心的净利之和都是企业的营业利润。

(三)利润中心评价和考核的重点

无论是自然的利润中心,还是人为的利润中心,其评价与考核的重点都是以其销售收入、边际贡献和税前利润为重点。具体方法是先将预定的成本目标、销售目标同实际销售成本和实际的销售收入进行对比,再集中计量、分析和考核利润目标的完成情况。

编制利润中心的业绩报告或成果报告,通常应分别列出利润中心的收入、成本和利润的预算数、实际数和差异数,其中收入和成本均按明细项目列示。绩效报告中的"利润差异"是评价与考核利润中心业绩的重要依据,凡预算的利润数大于实际数为不利差异,数额后用"U"表示;凡预算的利润小于实际数,为有利差异,金额后用"F"表示。这种情况与销售收入差异的符号相同,与成本差异的符号相反。影响利润的因素既有企业内外部的因素,也有利润中心可控与不可控因素,如销售数量价格受市场的供求影响极大,一般为利润中心的不可控因素,在评价业绩时应予合理剔除,以使评价公正和合理。

这里需要说明的是,上级分配给各利润中心的间接固定成本被上级管理部门全留在上级部门而不往下分配,则各利润中心的边际贡献总额减去各自直接发生的固定成本以后的结果是边际贡献净收益或责任利润,而不是"税前净利"。

【例 11-3】 我们以永红公司的利润中心(自然利润中心)来编制绩效报告,如表 11-3 所示。

表 11-3 永红公司第一公司业绩报告 (2008 年第一季度) 单位:元

摘 要	预算数	实际数	差异
销售收入	145 000	158 000	13 000(F)
变动成本			
变动性生产成本	50 000	54 000	4 000(U)

续表 11-3

摘 要	预算数	实际数	差异
变动性销售及管理成本	30 000	28 000	2 000(F)
小计	80 000	82 000	2 000(U)
边际贡献数	65 000	76 000	11 000(F)
减期间成本			
直接发生固定成本	10 000	11 000	1 000(U)
上级分配来的固定成本	8 000	9 000	1 000(U)
小计	18 000	20 000	2 000(U)
税前净利	47 000	56 000	9 000(F)

三、投资中心

(一)投资中心的意义及其责任指标

投资中心是指通过资金的投入能取得投资效益的相对独立的经营单位,它既对成本、收入、利润负责,又对投入的全部流动资产和固定资产的使用效果负责。投资中心一般适用于规模和经营权较大的部门,如总公司下的分公司、总厂下的分厂等。由于投资中心需要对投资的经济效果负责,它必须拥有充分的经营决策权和投资决策权。同时,对各投资中心共同使用的资产必须划分清楚,共同发生的成本也应按适当的标准进行分配,只有这样,才能较为准确地评价各投资责任单位的业绩成果。

投资中心的责任指标通常在核算和考核成本指标和利润指标的基础上,再增加核算和考核投资报酬率和剩余收益两项指标。

(二)对投资中心的评价和考核重点

1. 投资报酬率

投资报酬率是指投资中心实现的营业利润与营业资产或投资额的比率,反映投资的获利能力,是全面评价投资中心各项经营活动的综合性质量指标。它既能揭示投资中心的销售利润水平,又能反映资产的使用效果,其计算公式如下:

$$
\begin{aligned}
\text{投资报酬率} &= \text{营业利润}/\text{营业资产(或投资额)} \\
&= \text{销售利润率} \times \text{经营资产周转率} \\
&= \frac{\text{销售利润}}{\text{销售收入}} \times \frac{\text{销售收入}}{\text{经营资产}} \\
&= \frac{\text{销售收入}}{\text{经营资产}} \times \frac{\text{生产成本}}{\text{销售收入}} \times \frac{\text{销售成本}}{\text{生产成本}} \times \frac{\text{销售利润}}{\text{销售成本}}
\end{aligned}
$$

由以上公式的分解过程可以看到:投资报酬率实际上是销售利润率和经营资产周转率这两个指标的乘积。因此,要提高投资报酬率,不但要千方百计地降低成本,增加销售,提高“销售利润率”,而且要经济地、有效地使用营业资产,提高“营业资产周转率”或“投资周转率”。更具体地说,提高投资报酬率的途径有扩大销售量、降低成本数额和减少营业资产。

(1)扩大销售量。根据经营杠杆原理,只要销售量超过保本点,那么,若再增加销售量,则营业利润的增长速度就会大于成本的增长速度。因此，扩大销售量一方面可以提高销售利润率，另一方面还可以在保持营业资产相对稳定的情况下，通过扩大销售量提高“营业资产周转率”。

【例 11－4】 假定某公司有一投资中心，年度有关资料如下：

销售收入	1 000 000 元
营业资产（年初余额）	700 000 元
营业资产（年末余额）	900 000 元
营业利润	200 000 元

要求：①根据以上资料，计算投资报酬率；②若销售收入从原来的 1 000 000 元增加 10%，利润可以由后来的 200 000 元增加 20%，营业资产保持不变，再计算该中心的投资报酬率。

解：①投资报酬率$=\frac{200\ 000}{1\ 000\ 000}\times\frac{1\ 000\ 000}{(700\ 000+900\ 000)\div 2}=20\%\times 1.25=25\%$

②投资报酬率$=\frac{200\ 000\times(1+20\%)}{1\ 000\ 000\times(1+10\%)}\times\frac{1\ 000\ 000\times(1+10\%)}{(700\ 000+900\ 000)\div 2}$

$=21.82\%\times 1.375$

$=30\%$

计算结果表明：投资中心通过扩大销售量，使销售利润率由原来的 20%增加到 21.82%，营业资产周转率由原来的 1.25 增加到 1.375，结果使投资报酬率由原来的 25%增加到 30%。

(2)降低成本数额。在使产品质量保持在适当水平的前提下，尽量降低直接材料和直接人工，以及适当降低广告费、招标费和差旅费等酌量性的固定成本。

【例 11－5】 仍以例 11－4 的资料，假定该投资中心可将固定成本降低20 000 元，将变动成本降低 30 000 元，其他条件不变。要求：根据上述资料计算该投资中心的投资报酬率。

解：投资报酬率$=\frac{200\ 000+20\ 000+30\ 000}{(700\ 000+900\ 000)\div 2}=250\ 000\div 800\ 000=31.25\%$

通过计算可知，该投资中心通过降低成本 50 000 元，可以直接增加营业利润 50 000 元，使投资报酬率由原来的 25%增加到 31.25%。

(3)减少营业资产。在经营管理过程中设法将多余或暂时无用的固定资产按规定予以调出，出售或出租以减少固定资产的占用量，同时积极地处理超储积压物资，严格实行存货储备控制，以及加速应收账款的回收等，以减少流动资产的占用量。

【例 11－6】 仍以例 11－4 的资料，假定投资中心的流动资产平均余额降低 100 000 元，固定资产平均余额降低 75 000 元，且假定其他条件不变，计算该投资中心的投资报酬率。

解：投资报酬率$=\frac{200\ 000}{800\ 000-100\ 000-75\ 000}=\frac{200\ 000}{625\ 000}=32\%$

通过计算可见：该投资中心降低营业资产 175 000 元，使得投资报酬率由原来的 25%增加到 32%。

在这里应注意两个问题：一是对于营业资产和收入及成本必须是责任中心能够控制的，对于那些在建工程并未正式投产的资产，虽可控制但也不包括在投资中心的资产范围内；二是经营资产的计价应以原价为基础，不按账面净值计算，以避免形成投资报酬率的虚假现象。这样规定的意义就在于使投资中心所占用的营业资产以及收入和成本都建立在可比的基础上，使营业资产的计价建立在统一合理的基础上。

下面，我们再对投资报酬率作一简要的评价，投资酬率的优点是：①它能综合衡量投资中心的工作成果。②通过它可以在同一企业不同投资中心之间，或同一行业不同企业之间，或不同历史时期进行比较，从而有利于作出最优的决策。其缺点是：①如果通货膨胀严重存在，那么就使全企业的账面价值严重失实，使这一指标的营业利润与经营资产反映的经济内容发生错位，从而计算出来的投资报酬率水分很大。②利用这一指标对投资中心的实绩进行评价与考核容易导致中心的近期目标与整个企业的长远目标相背离，往往会使企业某些投资中心只顾本身的利益而放弃整个企业有利的投资项目，甚至接受有损于整个企业的投资项目。

2. 剩余收益

剩余收益是指投资中心的经营净收益减去其经营资产按规定的最低报酬率计算的投资报酬后的余额；或者是投资中心所实现的利润，减去按所占用的资本计算的资本成本，其剩余部分就是剩余收益。这里投资中心计算剩余收益使用的最低报酬率，可以按整个企业各个投资中心的加权平均投资报酬率计算，也可以按公司每个投资中心分别规定的不同资本成本比率或期望的投资报酬率计算，但一般等于或略大于一般市场的存款率。用公式表示剩余收益为：

剩余收益＝营业利润－(经营资产×预期最低报酬率)

【例 11－7】 假定某公司有一投资中心，它占用的营业资产平均余额为300 000元，目标营业利润为 45 000 元，该投资中心的加权平均投资报酬率为 10%，计划期该公司有两个投资方案可供选择：

A 方案：预计投资额为 130 000 元

预期营业利润为 18 000 元

B 方案：预计投资额为 65 000 元

预期利润为 6 000 元

要求：①计算该投资中心的目标剩余收益为多少？②用目标剩余收益来评价 A,B 两个投资方案是否可接受？

解：计算如表 11－4 所示。

表 11－4　剩余收益计算分析表　　单位：元

摘要	目标	A 方案	B 方案
营业利润	45 000	45 000＋18 000＝63 000	45 000＋6 000＝51 000
营业资产	300 000	300 000＋130 000＝430 000	300 000＋65 000＝365 000
预期最低报酬率	10%	10%	10%
机会成本	30 000	43 000	36 500
剩余收益	15 000	20 000	14 500

根据表 11－4 可以看出：①投资中心的目标剩余收益为 15 000 元。②该投资中心应选择 A 方案，因为该方案的投资报酬率为 18 000÷130 000＝13.85%，大于最低报酬率 10%，因而对该公司有利，同时还使投资中心的剩余收益比目标剩余收益增加 5 000 元。③该投资中心应放弃 B 方案，因为 B 方案的投资报酬率为 6 000÷65 000＝9.23%，小于预期的最低报酬率 10%，同时也使该投资中心的剩余收益比目标减少 500 元。

下面，我们再对剩余收益这一指标作一评价，剩余收益的优点是：①它与投资报酬率一样可以用来全面评价和考核投资中心的经营成果。②同时它还有利于防止各投资中心的本位主义,使它们不会拒绝对整个企业有利的投资项目,也不会接受对整个企业不利的投资项目,从而促使它们从整体利益出发,乐于接受比较有利的投资方案,努力多创造营业利润,使各投资中心的目标与整个企业的总目标趋于一致。其缺点是:①由于对“预期最低报酬率”的确定因企业而异,所以在不同行业各企业之间缺乏可比性。②同时,它也不能从根本上解决通货膨胀因素对投资中心的实绩进行评价考核的影响。

投资中心的业绩报告与利润中心相似,除需要列出销售收入、销售成本以及营业利润的预算数、实际数的差异数外,还要列出营业资产、投资报酬率、剩余收益等指标,以便对投资中心的业绩进行全面报告的编制。

【例 11－8】 某公司的电器事业部是投资中心,其 2013 年第一季度的有关资料如表 11－5所示。

表 11－5　某电器事业部投资中心收入、成本、资产表　　单位:元

摘要	预算数	实际数
销售收入	120 000	170 000
销售成本	110 000	155 000
营业资产	60 000	70 000

又知该公司第一季度的预期最低报酬率为 10%。根据以上资料编制投资中心的业绩报告,如表 11－6 所示。

表 11－6　某公司电器事业部投资中心业绩报告

2013 年第一季度　　单位:元

摘要		预算数	实际数	差异数
	销售收入	120 000	170 000	50 000(F)
	销售成本	110 000	155 000	45 000(U)
	营业利润	10 000	15 000	5 000(F)
	营业资产	60 000	70 000	＋10 000
投资报酬率	销售利润率	8.3%	8.82%	0.52%(F)
	投资周转率	2	2.43	0.43(F)
	投资报酬率	16.67%	21.43%	4.76%(F)
剩余收益	营业利润	10 000	15 000	5 000(F)
	营业资产×最低报酬率	6 000	7 000	＋1 000
	剩余收益	4 000	8 000	4 000(F)

通过表 11－6 的业绩报告可知,电器事业部第一季度的经济效益是好的,实际投资报酬率为 21.43%,比预算的投资报酬率 16.67%提高了 4.76%,扩大了销售业务,增加销售收入 50 000元,除保证达到了最低报酬率 10%以外,还增加剩余收益 4 000 元。

复习思考题

1. 什么是责任会计？责任会计有哪些特点？

2.什么是责任会计的对象？什么是责任会计的原则？

3.责任会计的内容有哪些？

4.什么是责任中心？责任中心划分为哪几种，它们之间有什么区别？

5.什么是可控成本？可控成本的相对性表现在哪几个方面？

6.责任成本与传统的产品成本有哪些区别和联系？

7.什么是自然利润中心？什么是人为的利润中心？对利润中心的考核指标是什么？

8.对投资中心的业绩进行评价与考核重点应放在哪两个指标上？这两个指标各有什么用途？如何进行计算？

练习题

1.西安光明铸造车间为成本中心，它下面有甲、乙两个工段亦为成本中心。本月份甲、乙两个工段所发生的可控成本资料如下：

单位:元

成本项目	甲工段		乙工段	
	实际	差异	实际	差异
直接材料	7 000	350(U)	4 500	200(F)
直接人工	6 000	100(F)	1 500	50(U)
制造费用	2 500	150(U)	3 600	100(U)

铸造车间本月份发生的可控成本有以下五个明细项目：

单位:元

成本明细项目	实际	差异
管理人员薪金	2 000	50(U)
维修费	1 450	150(U)
物料费	400	75(F)
折旧费	1 500	0
其他费用	800	125(F)

要求:根据上述有关资料编制铸造车间本月份的实绩报告。

注:U 代表不利差异;F 代表有利差异。

2.假定豪化公司 2012 年的销售收入为 20 000 元，营业资产为 8 000 元；丽华公司 2012 年的销售收入为 50 000 元，营业资产为 10 000 元。若两个公司希望 2012 年的投资报酬率均要达到 20%，要求分别计算豪化公司和丽华公司在 2012 年的销售利润率。

3.大华公司有一个投资中心，本年一月份的销售收入为 15 000 元，期初营业资产余额为 7 000 元，期末营业资产余额为 9 000 元，本月营业利润为1 500 元，试计算其投资报酬率。

4.以下是西安秋林公司 2012 年 12 月份四个投资中心的有关资料，请将下表的空白部分，通过计算逐一填列。

单位:元

摘 要	甲部门	乙部门	丙部门	丁部门
销售收入	500 000		45 0000	
营业利润	20 000		22 500	10 000
营业资产		100 000	90 000	
销售利润率	%	8%	%	4%
投资周转率	次	3 次	次	次
投资报酬率	10%	%	%	16%

5. 西安光大公司本年度生产经营的有关数据如下:销售收入预算数为 70 万元,实际数为 75 万元;销售成本实际数为 42 万元,差异为 0,营业资产平均占用额预算数为 50 万元,实际数为 62.5 万元;假设该公司预计最低投资报酬率为 30%。试编制该公司的成果报告。

6. 永恒公司某事业部是投资中心,其 2012 年第四季度的关资料有如下所示:

单位:元

摘 要	预算数	实际数
销售收入	200 000	300 000
营业利润	16 000	22 000
营业资产	80 000	100 000
长期负债	20 000	24 000

该公司第四季度的预期最低报酬等于资金成本为 16%。要求:根据上述资料为永恒公司某事业部编制 2012 年第四季度的成果报告,并作出适当的评价。

第十二章 内部转让价格和内部结算

上一章学习的责任会计要求分别考核企业内部各责任部门的业绩。制定科学的内部转让价格和建立企业内部结算中心，是考核责任部门业绩、实施责任会计的重要环节。本章将介绍内部转让价格的意义、作用、原则以及内部转让价格的类型和制定方法。此外，还介绍内部结算的方式及特点，内部银行的职能、核算形式、作用和结算规则等。

第一节 内部转让价格

一、内部转让价格的意义和作用

在责任会计中，各个责任中心之间要相互提供产品或劳务，在产品或劳务的债权债务关系的转移过程中，也包含了责任成本的转移。各责任中心之间往往由于责任成本发生的地点与应承担责任的地点不相同，就需要进行转账。例如，某工厂的生产车间，在市场材料供应正常的情况下，生产车间所耗用的原材料由于规格不符合原定标准而发生的超过消耗定额的成本差异的部分，发生的地点虽然在车间，但责任应该由采购部门承担。故这部分差异应由车间成本中心转移到采购部门成本中心。另外，责任成本发生的地点与应承担责任的地点虽然一致，但责任成本在发生地点常显示不出来，需要在下一道工序才能发现，这也需要进行转账。例如，某车间的前后两道工序都是成本中心，当后道工序在加工时才发现前道工序的次品，则对这些进行整理、筛选和修补所发生的料、工、费均应转到前道工序去承担。

可见，不论是企业内部各责任中心之间相互提供产品或劳务转账，还是相互进行责任成本的转账，都需要选用一种计价标准或内部核算价格，这种价格就称为内部转让价格。这种内部转让价格与外部市场价格有许多不同之处：内部转让价格所影响的“买”、“卖”双方都存在于同一企业中，企业必须综合地考虑内部转让价格对双方的影响；内部转让价格主要是内部计价的一个管理工具，许多中间产品和内部劳务并不是商品，它们还没有形成完整的使用价值和价值，从而还没有形成独立的市场，这些内部转让价格就没有独立的法律上的效能。

基于以上特点，内部转让价格有以下作用：

(1)便于管理当局明确划清各责任中心的经济责任，有助于经济责任的合理落实和充分地调动各责任中心的工作积极性。

(2)使管理当局对责任中心的业绩评价与考核能建立在客观、公正和可比的基础上。

(3)使管理当局能根据各责任中心的有关会计信息进行部门决策，使企业的资源得到最佳的利用，使企业整体达到最好的经济效果。

(4)为制定新产品价格和今后调整产品的外部销售价格等工作提供了必要的资料。

二、制定内部转让价格的原则

制定内部转让价格的一般原则有:全局性、鼓励性、自主性原则。所谓的全局性原则是指内部转让价格在制定中强调企业利益高于分部利益;所谓的鼓励性原则是指内部转让价格的制定能鼓励各分部、部门充分地调动积极性,加强经营管理,而不能使某些责任中心因价格上的缺陷而获得一些额外利益,造成他们在管理方面的怠惰;所谓的自主性是指在企业一盘棋的前提下,承认各责任中心的相对独立的物质利益,就必须给各责任中心以自主权,制定内部转让价格为各方面所接受。

根据一般原则,在制定内部转让价格时,应遵循以下两条具体原则:

(1)凡成本中心相互之间提供产品或劳务,以及成本中心的责任成本的转账,一般应以"成本"作为内部转移价格。这里的"成本"通常指"标准成本"或"预计分配率"。这里必须注意,内部转移价格绝不能以实际成本为计价基础,否则,将会使供应单位的全部功过转嫁给耗用单位,从而削弱双方控制成本与降低成本的积极性与责任感。

(2)凡企业内部产品或劳务的转移,有一方涉及利润中心或投资中心,则应尽可能采用市场价格作为制定内部转移价格的基础。此外,还可选用定额成本法、成本加成法、双重价格和协商价格。

三、内部转让价格的类型

(一)市场价格

市场价格简称市价,即根据产品或劳务的市场供应价格作为计价基础。市场价格具有客观性,能使买卖双方努力降低成本,加强经营管理,这样也有利于在企业内部引进市场机制,形成一种竞争的气氛。在西方国家采用市场价格作为转移价格时,企业内部买卖双方一般应遵循以下几条原则:若卖方愿意对内销售,且售价与市场相等,买方应有购买的义务,不得拒绝;若卖方售价高于市价时,买方有改向外界市场购入的自由;若卖方宁愿对外销售,则应有不对内销售的权利。

在用市价作为转让价格时,须对外部价格进行一些必要的调整。外部销售价格一般都包括了销售费、广告费,有的还包括运输补偿费,这些费用在产品内部转让时,一般可避免发生。若企业各责任中心不是独立核算的分厂,而是车间或部门时,产品的内部转让还不必支付销售税金,而这些税金一般也是外部销售价格的一个组成部分。直接用外部销售价格作为内部转让价格时,这两方面的好处都将为制造方所得,使用方却一无所得。为使利益分配更公平,这些避免发生的费用应该在双方合理地分配。例如,销售税金和利润一般是责任中心的贡献额,广告费等为对方使用而提供的,可由买方的责任中心所得。一般地如果内部转让产品或劳务是专门生产的,具有一定的特定规格,就没有市价可作为准绳,这便是市场价格的局限性。

(二)定额成本法

定额成本法就是以各中间产品的定额成本作为其内部转让价格,在各责任中心之间进行价格转让的方法。定额(标准)成本法的最大优点是将管理工作和核算工作结合起来。定额(标准)成本一般是根据既先进又可达的定额制定的,因此它是各个责任中心成本管理努力的一个基准。实际成本超过定额(标准)成本数——不利差异,即是内部责任中心的"内部亏损";实际成本低于定额(标准)成本数——有利差异,即是责任成本的"内部利润"。这两种情况下的"内部利润"或"内部亏损"实际上是成本的节约额或超支额。

在这种制度下,企业一般需要制定以下三类内部转让价格:

(1)原材料、辅助材料、燃料、低值易耗品等外购品的内部转让价格。公式如下:

$$\text{材料的内部转让价格}=\text{买价}+\text{运费}+\text{仓储费用等杂费}$$

采购部门应归集、计算其实际采购成本,并负担这些价格差异。

(2)零部件、半成品和产成品按先进且可达的定额制定定额成本为内部结算价格。公式如下:

$$\text{产品内部转让价格}=\text{定额物料成本}+\text{定额人工成本}+\text{定额分摊费用}$$

各责任中心各产品的总差异数即是本责任中心的盈亏数,由各责任中心分别计算。企业将各责任中心有关差异汇总后,分别计算各产品的实际成本。

(3)企业劳务的内部转让价格,或比照产品内部转让价格,按定额制定,或参考外界具有同类劳务价格调整制定。

内部转让价格与实际成本的差异也就是这些供应劳务的责任中心的内部盈亏。

上述的定额(标准)成本都是指定额的"全部成本",既包括产品的变动成本,也包括产品的固定成本的全部成本。运用这种性质的内部结算价格有时会不便从企业总体最优的角度来进行短期决策,这便是定额成本法的局限性。

(三)成本加成法

成本加成法就是在各中间产品的成本基础上加上一定比例的内部利润作为内部转让价格的方法。成本加成法的加成率一般有成本利润率和资金利润率两种,利用较普遍的是成本利润率。成本加成法的加成,一般是在定额(标准)成本基础上的利润加成。因为实际成本加成会将卖方的功过全部地转嫁给买方承担,会削弱双方降低成本的责任感。但是,完全的定额(标准)成本加成在制定内部转让价格时,则买方的责任中心就会在计算内部利润中占便宜,卖方的责任中心就会吃亏。因为,买方责任中心的全部成本中心包括了前面卖方责任中心转来的成本,这些转移成本在企业范围内重复计算利润,从而使价值链越后的责任中心越有利。若转移成本是按内部结算价格进行的,则后面责任中心成本加成时,前面责任中心的内部利润也会重复计算,而中间产品内部转移的次数越多,这种重复计算就越严重。因此,按加工成本加成的做法制定内部转移价格具有一定的局限性。

因为本阶段发生的料、工、费等加工成本是该责任中心范围内发生的,责任中心有一定的控制能力,在这个基础上全企业用同一加成率比较合理。

假定企业的某产品顺序经过 A,B,C 三个责任中心的加工,其发生的成本各为 C_a,C_b,C_c(C_b 和 C_c 为加工成本),责任中心完成最后加工后出售的价格为 P(不考虑税金因素),加成率为 r。

则

$$\text{产品实际成本 } C_t=C_a+C_b+C_c$$

$$\text{产品销售总利润 } I=P-(C_a+C_b+C_c)$$

若将利润按加工成本的大小比例分配给责任中心,

则

$$I=(C_a+C_b+C_c)\times r$$

或 $$P-(C_a+C_b+C_c)=(C_a+C_b+C_c)\times r$$
$$P=(C_a+C_b+C_c)\times(1+r)$$
故 $$r=P/(C_a+C_b+C_c)-1$$

由此可定出 A—B 的内部转让价格 TP_a 及 B—C 的内部转让价格 TP_b。

$$TP_a=C_a\times(1+r)=C_aP/(C_a+C_b+C_c)$$
$$TP_b=TP_a+C_b(1+r)=(C_a+C_b)\times P/(C_a+C_b+C_c)$$

而各责任中心的内部利润就分别为：

$$I_a=[C_aP/(C_a+C_b+C_c)]-C_a=C_a\times r$$
$$I_b=[C_bP/(C_a+C_b+C_c)]-C_b=C_b\times r$$
$$I_c=[C_cP/(C_a+C_b+C_c)]-C_c=C_c\times r$$

(四)双重价格

制定内部转让价格的重要原则是全局性原则，即协调各责任中心之间的利润关系，使各类中心共同为争取企业最大的经营成果而努力。但是，如果内部转让价格低于外部市场价格时，就很难为企业内部的卖方责任中心所接受；如果内部转让价格超过外部市场价格时，买方责任中心宁从外部购买，而不愿在内部支付超额费用。这时企业就采用双重价格来处理这种利益冲突。

所谓的双重计价法，就是对同一中间产品用一种标准对转出单位计价，又用另一种标准对转入单位计价，以使双方都有动机“卖”和“买”，而使企业整体得到好处。具体地来说就是当某种产品或劳务在市场上出现不同价格时，买方采用最低市价，卖方则采用最高市价，这叫做“双重市场价格”，或当卖方按市场价或议价作为计价基础，而买方则按卖方的单位变动成本作为计价基础，这叫做“双重内部转移价格”。

双重计价法的优点是：可以满足买卖双方在不同方面的需要；同时也可以激励双方在生产经营方面充分发挥其主动性和积极性。但是，实行双重计价法后，制造与使用的双方都可有较大的贡献毛益，而企业整体实际得到的贡献毛益却要小于各责任中心贡献毛益之和。这里出现了一种事实上不存在的虚增毛益，而且由于这种虚增，各个责任中心就不易看清他们的经营与企业整体利益的真实联系，从而会放松严格的成本管理，造成企业长远利益的损失。

(五)协商价格

协商价格就是在市场价格经常变动的情况下，由购销双方共同协商而确定的一种结算价格。这种内部转移价格不仅要购销双方愿意接受，而且要以对企业总体有利为前提。通常由于内部转移价格中所包含的销售费用和管理费用要低于外界供应的市价，加之内部转移的数量一般较大，单位成本相对较低，故这种协商价格比市价稍低。虽然采用协商价格进行内部转账结算，可以同时满足购销双方的特定需要，兼顾有关责任中心各自的经营权益，但是必须防止某些责任中心可能为了谋求自身的利益而损害企业的整体利益。

此外，责任会计的一个重要组成部分就是内部经济仲裁。在贯彻执行内部经济责任制的过程中，各责任中心之间不可避免地会产生一些有关责、权、利方面的纠纷，以及内部转移价格的争议事项，这就需要在企业内部有一个具有权威性的部门能进行调整和裁决，这便是内部经济仲裁。由企业最高管理当局、各部门经理人员组成的内部经济仲裁机构，负责调查研究和处理、协调各种经济纠纷，在必要时可以作出裁决，以保证整个企业生产经营的顺利进行。

第二节　内部结算

内部结算就是应用商品货币关系，以制定的内部转移价格为依据，遵循等价交换的原则，在企业内部各责任中心之间，对其物资供应、在制品流转、劳务协作等采取借用国家银行机制和职能等方式进行的结算。本节将介绍内部结算方式及特点，内部银行的职能、核算方式、作用以及内部银行的核算举例。

一、几种通常采用的内部结算方式及特点

(一)转让通知单方式

对于在责任中心之间，经常性的、质量与价格较为稳定的往来业务，宜采用转让通知单方式进行结算，例如辅助生产车间向生产车间供气、供水、供电等业务。

转让产品或提供劳务的责任部门在业务发生时，签发转让通知单并附上有关的原始凭证，通知企业内部结算中心，将转让通知单转给付款部门。转让通知单为三联式，第一联为收款部门的收款凭证；第二联为付款部门的付款凭证；第三联为企业内部结算中心的记账凭证。这种结算方式的优点是手续简便，结算及时；缺点是由于转让通知单是单向传递，付款方若对结算业务的质量、数量、价格等发生异议时，交涉起来比较麻烦。

(二)内部托收承付结算方式

对于金额较大的往来业务内部银行宜采用内部托收承付结算方式进行。在往来业务发生时，收款部门向企业内部结算中心(内部银行)发出内部托收单，由企业内部结算中心转递给付款部门。付款部门在规定的期限内承付后，再将内部托收单经由内部结算中心转向收款部门，以示认可。托收单为四联式。第一联为收款部门办完托收手续后的留存；第二联为付款部门承付后的付款记账凭证；第三联为企业内部结算中心的记账凭证；第四联由付款部门承付传回后作为收款部门的收款记账凭证。

这种结算方式的优点是，付款部门对往来业务发生异议时，能及时提出，有利于双方协商，妥善解决争议，以维护往来双方的权益。其缺点是在这一结算方式下，结算凭证的传递往返时间较长，手续较为复杂。

(三)内部银行支票结算方式

对于设有内部银行的企业，且内部银行的运行机制及规范的操作程序比较健全时宜采用内部银行支票结算方式。对于一定数额以上的往来业务发生时，由付款部门向收款部门签发内部银行支票。收款部门将支票送存内部银行进行划拨转账。这一结算方式采用了银行的运行操作办法，使企业内部各责任部门有货币收支的真实感。其有利于两部门以价值尺度来衡量效益，控制资金考核业绩。

内部银行支票有两种。一种为三联式支票，第一联为收款凭证，第二联为付款凭证，第三联为内部银行记账凭证。另一种为五联式支票，适用于经办人清款制，除前三联支票外，增设第四联为经办报销结算凭证，第五联为领款人存查。支票在规定的有效期内使用。不准签发空头支票，若有发生即处以罚款。

(四)内部货币结算方式

一般情况下,小额零星往来业务用内部货币结算。在设有内部银行的企业中,运用由企业发行的限于企业内部流通的货币,如资金本票、流通券、奖金券等,进行企业内部往来的结算。运用内部货币结算方式进行结算的优点是,较之内部银行支票方式更为直观和形象,易为广大职工所接受,有利于企业内部结算制度的广泛推广和深入持久地进行。

(五)几种内部结算方式的特点

转让通知单方式和内部托收承付结算方式属于内部转账型结算,而内部银行支票方式和内部货币结算方式属于内部通货型结算。

内部转账型结算的特点是:①企业内部各责任实体发生经济往来时,使用一定形式的内部结算凭证,通过内部结算中心办理转账结算,而不使用单独的流通手段。②由收款单位发出内部结算凭证,向内部结算中心提出收款要求,而不是直接收付款项,结算同经济业务是分离的。③厂部设"内部往来"科目,并按各核算单位分设明细科目,反映各责任实体的结算关系,通常不直接反映各责任实体的货币资金的增减变动。内部转账型结算的最大优点是,各项经济往来都要通过财会部门进行结算,能够全面反映各责任实体的资金动态。

内部通货型结算,是由厂部设立内部银行,发行内部货币和内部银行支票,办理内部结算业务。这种类型的特点是:①企业内部银行支票等流通手段,由责任实体往来双方直接进行支付结算。②发生经济往来的单位,一面提供产品劳务,一面收付款项,进行"现买现卖",结算同经济往来是同时进行的。其中内部银行支票在双方交接后由收款单位送厂内银行转账。③厂部财务部门不再设置"内部往来"科目,而通过"厂内货币"、"内部银行存款"等科目,反映各单位内部货币资金的增减变动。

这里要说明的是内部通货型结算有别于社会银行结算。首先,结算手法虽然相同,但是适用的范围不同。内部银行的结算方式和操作程序与社会银行基本相同,但这些方式的适用范围却是严格地限定在企业内部,如发行的转账支票、内部货币等凭证,只能在企业内部有效使用,而不具备社会的法律效力。其次,内部银行通用的内部支票、本票、内部货币等自制并发行的结算凭证,均由企业内部根据资金流通需要核定并发行,与社会上发行流通的货币间并不存在兑换关系和兑换比率,也不受社会发行货币数量的影响。最后,内部银行的核算体制中,计划价格体系与实际价格体系并存。企业内部各责任部门间的往来业务结算通常以既定的计划转让价格进行。往来双方实际发生的成本费用与转让价格的差额,即为转让实现的内部利润。

二、内部银行

内部银行是为深入和巩固企业内部结算体制,在企业内部结算中心的基础上建立和完善起来的。它并不是国家专业银行的附属机构,也不是它的派驻机构,仅由于它借用国家银行的某种结算形式,促进企业经营管理,故称为"内部银行"。内部银行是相对独立于企业会计部门的一个管理机构,它专门处理企业内部日常的往来业务结算和资金的调拨、运筹,以强化企业资金管理,完善企业内部核算机制和内部价格体系,并明确定额考核制度。它并不具有经济往来的信用中介和支付中介职能。

(一)内部银行的基本职能

1. 结算职能

内部银行统一办理内部转账往来结算,企业内部各责任中心之间发生的经济往来,除零星往来以内部货币结算外,其余的一切转让关系都视为买卖关系,一律通过内部银行按规定的统一内部结算价格进行结算。企业内部各责任中心对外发生的经济业务也必须先开出内部支票经内部银行审核签章后由财务科兑换为银行支票进行结算。内部银行的这一职能使得企业内部责任部门间的物资流向与资金流向同步,有利于及时合理地反映各责任部门的业绩。

2. 信贷职能

内部银行运用信贷手段,以各种资金定额为依据,按照金额信贷的方法分配资金并监督使用,对企业的资金采取归口管理、分级核算、有偿占用的办法。内部银行根据各责任部门的生产经营需要,采用一定的方法,定期核算各责任部门的流动资金定额,并按照核定的资金定额指标,将企业资金下拨给各归口管理部门。责任部门流动资金定额大于实际占用资金的余额则作为存款额,存入内部银行的开户账户。责任部门的定额资金少于实际需占用资金的不足部分,则可向内部银行提出超定额借款申请。经内部银行审核批准后,由内部银行拨付超定额贷款。为实行有偿使用资金,节约使用资金,内部银行分别对定额内贷款、超定额贷款、逾期贷款、积压物资贷款规定了不同的利率。贷款利息列入责任部门的成本,由此减少其经营效益,促使其合理有效地使用资金。

3. 融资职能

内部银行运用申请银行贷款、上级拨款、发行内部债券、承办企业内职工储蓄业务等融资手段,充分吸收闲置分散资金,再根据各责任中心的资金占用情况调剂企业内部各责任中心的资金余缺,做到统一运筹、合理调度,从而使企业的资金在经营中发挥更大的作用,提高整个企业的资金使用效率。

4. 控制职能

内部银行通过负责统一印制内部结算用的各种凭证,如内部银行支票、内部货币等,并根据控制数额发放给各核算单位,作为各独立核算单位往来业务结算的支付手段。内部银行在发挥结算中心职能的同时,根据企业整体资金使用目标和有关法规,对结算业务中的资金流向的合理合法性进行监督。如发现不合理的资金流向及时进行纠正,如发现违法的资金使用及时进行杜绝。并且要监督控制各责任中心的各项费用支出,使资金在使用中发挥更大的使用价值。

5. 信息的反馈职能

内部银行通过以上职能,对各责任中心的生产消耗、资金占用费用、劳动成果等信息进行及时的、系统的收集、整理、分析,并定期编制各类报表,如内部资产负债表、内部利润报表及内部成本报表,把这些企业资金流通状况以报表的形式反馈给各责任部门及企业主管,以便对资金进行计划统筹,定额控制。

(二)内部银行的核算形式

内部银行需要企业划小核算单位,增加核算层次,每一个责任部门都需配备专职的核算人员,建立相对独立的核算制度,并在内部银行开设账户,遵照一定的核算程序进行往来业务的结算和资金运用的核算及控制，通常内部银行的核算形式有“单轨制”形式、“双轨制”形式、单双轨结合的形式以及财务公司形式。在这里主要介绍前两种形式。

1.“单轨制”核算形式

这种核算形式就是将财务会计核算和内部核算融合在一起进行的核算形式。在“单轨制”下，企业只设置一套账，通过增设内部核算科目，在按统一的财务会计制度反映财务状况的同时，也根据管理要求反映内部资金运动的状况和结果。具体地说，企业内部二级单位（车间或分厂）的核算既是以单位为对象的责任会计的核算，又是以产品为对象的产品成本的核算。这种类型的内部银行，其明显特点为核算工作统一和简化，但是核算制度设计比较难，对企业管理水平和财会人员素质的要求都要高一些。实行单轨制核算，需要对原有的成本核算方式进行改革。二级单位实行内部独立核算，以内部结算价格计算产品车间成本，厂部责任中心在汇总各二级责任中心成本的基础上，调整价格差异和成本差异，分析有关费用，然后计算出产品的工厂成本。

2.“双轨制”核算形式

“双轨制”核算形式就是将内部核算与财务核算各自根据核算的不同要求和不同方法进行会计资料的归集和数据的计算。财务核算仍遵循原有的财务会计原则，仍保持原有的账户设置，按原有的记账程序进行记账，仍保留原有的生产费用的归集与分配，成本利润的结转方法不变，按原有的方式和时间及时编制会计报表，向企业外界与企业有利害关系的团体和个人申报；而内部核算则根据企业内部管理的要求进行，向各责任部门提供各种有助于考核控制的数据资料，所设置的会计科目、核算方法不受公认会计原则以及国家有关财经法规的约束，具有较大的自主权。但是在“双轨制”下，必须设置两套账和两套凭证，以及两套核算程序，这就造成了核算工作量大以及数据重复率高的缺点。故企业一般采用“单轨制”的核算形式。

（三）内部银行的作用

（1）将社会的金融机制引入企业内部核算管理，不但使内部核算体系更具规范化、一体化，而且也促进了企业的转轨变型。银行运作机制有一套完整的、规范的操作方法，按此方法设立内部银行，借鉴银行的操作规程，能把内部核算体系引上正规和统一的轨道。此外，由于内部银行是各责任中心的结算中心，各责任中心之间的一切经济往来，都视同商品买卖，通过内部银行进行计价和结算，能使各责任中心的领导及时掌握本责任中心及其他各责任中心的盈亏和成本数据，从而使各责任中心成为相对独立的“经济实体”，由单纯的“生产型”企业转向了“生产经营型”。

（2）设立内部银行，使得内部核算单位之间的往来业务结算简单易行，且能及时结算，能随时集中地反映核算单位间的业务往来状况，有利于企业管理人员及时、全面地掌握企业内部核算的整体状况，把银行的反映、监督促进作用与企业财务会计的反映、监督、控制职能有机地结合起来，强化了会计职能。具体地讲就是内部银行运用内部贷款、内部利息的经济杠杆和内部管理使用计划价格、标准成本、内部利润等经济杠杆结合起来，构成了一套内部经济杠杆体系，对内部各经济责任承包单位的生产经营活动进行管理，对他们的生产经营效果进行评价，加强了会计对各责任中心目标完成情况的调节和促进。同时，建立内部银行，设置相应的会计科目，变厂部集中核算为厂部、车间两级核算，突破了沿袭多年的会计核算体系，加强了基层的会计管理。

(3)内部银行与企业的目标管理相结合,按事先预测的费用限额,利用内部银行的职能加强管理,提高了材料物资的利用率;按统一的内部结算价格办理结算,对多支费用和超支成本起到了控制作用;同时,内部银行能逐笔审核内部核算单位的业务往来;有利于及时揭示出不合理的结算业务,使内部银行有力地控制了企业的资金流向。

(4)内部银行统管企业的资金,就能及时客观地反映、分析企业全部经营资金的周转状况,以促进企业经营资金加速周转,提高资金的使用效率。具体地讲,内部银行把流动资金在储备、生产、销售三个过程紧密地联系起来,通过对企业内部经济活动进行结算、监督、引导、调节,从而使责任中心或责任者减少产品积压,降低产品成本,提高产品质量,生产适销对路的产品;通过控制内部流通券,促使销售部门加速商品销售,从而加速流动资金周转。

(5)在日常的内部往来活动中,凡结算单位之间发生的经济纠纷,可由内部银行向企业仲裁委员会提交申请,要求裁决,以保证结算操作过程的畅通。

(四)内部银行结算规则及简单举例

不论是"单轨制"还是"双轨制"的核算体制,都必须设置统一的内部核算专用会计科目。如"内部银行存款"、"解交内部利润"、"厂拨流动资金"、"内部银行借款"、"内部销售收入"、"内部利润"等。这类内部核算专用会计科目都具有双重性。对企业而言为资产类账户,在各核算单位中都为负债或权益类账户;反之,在各核算单位为资产类账户的,在企业则为负债或权益类账户。一般,内部专用账户核算的结果,反映在企业汇总账上最终结果都为零。

内部银行必须设置一套完整的内部结算账户体系。在内部银行账上,企业拨入的资金列为资产,各核算单位在内部银行的存款列为负债。内部银行本身也是一个核算单位,它通过银行结算和内部银行货币结算,把企业内外所有的资金有机地结合在同一个体系里核算,使得企业内部两级会计核算机制能规范地、有效地进行。

通常,各核算单位之间进行往来业务结算时,内部银行的资产与负债及权益账户之间不发生增减变动,只是将各核算单位在内部银行存款的明细账上数额相互拨转。各核算单位与企业的会计部门进行往来结算时,内部银行的负债及权益账户之间将发生增减变动,如各核算单位向企业会计部门支付款项,则将负债类账户各核算单位在内部银行的存款转为企业拨给的流动资金,为内部银行的权益类账户;各核算单位向会计部门收取款项,则将企业会计部门拨入的流动资金转为各核算单位在内部银行的存款。内部银行调整各核算单位流动资金定额以及超定额贷款的发放与收回时,内部银行资产账户之间与负债及权益类账户之间均发生增减变动。向各核算单位增拨流动资金或发放超定额贷款时,其资产账户中由可拨借资金转为实际拨借资金,其负债及权益账户中由权益转为负债,即企业会计部门拨入内部银行的资金转为各核算单位的存款。反之,则作相反的账户处理。

内部银行根据业务,设置下列有关内部核算的会计账户。

1."内部银行存款"账户

(1)核算内容。该账户核算企业内各核算单位存放在内部银行的存款。

(2)账户性质。该账户在各核算单位属于资产类账户,在内部银行属于负债类账户。

(3)试算平衡。该账户的贷方余额应等于所有各内部开户单位该类账户的借方余额之和。全企业账户汇总后,该账户的余额应等于零。

2."厂拨流动资金"账户

(1)核算内容。该账户核算由企业批准拨款给各核算单位的定额流动资金。

(2)账户性质。该账户在内部银行为资产类账户,在各核算单位为负债类账户。

(3)试算平衡。该账户借方余额应等于各核算单位贷方余额之总和。企业账户汇总后,本账户的余额等于零。

3."内部银行借款"账户

(1)核算内容。该账户核算内部银行借给内部各核算单位的借款。

(2)账户性质。该账户在内部银行属于资产类账户,在各核算单位属于负债类账户。

(3)试算平衡。该账户借方余额应等于各核算单位贷方余额之总和,企业账户汇总后,该账户应无余额。

举例如下:

西安开元集团实行"单轨制"内部核算体制。除核算全厂资金的内部银行外,还设有一分厂、二分厂、销售部、管理部等独立核算单位。各核算单位均在内部银行开立账户,内部银行也以结算部的名义开设账户。

开元集团2013年7月发生的部分业务如下:

(1)收到外厂汇入销售部的货款40 000元,内部银行即予划转。

内部银行的分录:

借:银行存款　　40 000

　贷:内部银行存款——销售部　　40 000

销售部分录:

借:内部银行存款　　40 000

　贷:产品销售收入　　40 000

(2)收到外厂汇款项30 000元,暂未确定划转部门。

内部银行分录:

借:银行存款　　30 000

　贷:内部银行存款——结算款　　30 000

结算部分录:

借:内部银行存款　　30 000

　贷:其他应付款——某单位　　30 000

后经查出,该款项为一分厂销售半成品所有,即予划转。

结算部分录:

借:其他应付款——某单位　　30 000

　贷:内部银行存款——一分厂　　30 000

一分厂分录:

借:内部银行存款　　30 000

　贷:产品销售收入　　30 000

(3)二分厂支付材料80 000元,已由银行付出。

内部银行分录:

借:内部银行存款——二分厂 80 000
贷:银行存款 80 000

二分厂分录:

借:材料采购 80 000
贷:内部银行存款 80 000

(4)企业拨付给一分厂、二分厂流动资金分别为120 000元、160 000元。

结算部分录:

借:厂拨流动资金——一分厂 120 000
二分厂 160 000
贷:内部银行存款 280 000

一分厂、二分厂的分录:

借:内部银行存款——一分厂 120 000
二分厂 160 000
贷:厂拨流动资金 280 000

(5)一分厂提取现金6 000元。

内部银行分录:

借:内部银行存款——一分厂 6 000
贷:银行存款 6 000

一分厂分录:

借:现金 6 000
贷:内部银行存款 6 000

(6)二分厂向厂内银行借款100 000元。

结算部分录:

借:内部银行借款——二分厂 100 000
贷:内部银行存款——二分厂 100 000

二分厂分录:

借:内部银行存款 100 000
贷:内部银行借款 100 000

归还时作相反分录。

(7)收到投资者投入流动资金1 000 000元。

内部银行分录:

借:银行存款 1 000 000
贷:内部银行存款——结算部 1 000 000

结算部的分录:

借:内部银行存款 1 000 000
贷:实收资本 1 000 000

(8)二分厂与销售部互结产成品内部销售款16 000元。内部银行不作分录。

二分厂分录:

借:内部银行存款 16 000

贷:内部销售收入　　16 000

销售部分录:

借:产成品　　16 000

贷:内部银行存款　　16 000

复习思考题

1. 内部转让价格的作用是什么?制定内部转让价格需遵循的原则有哪几条?

2. 内部转让价格有几种类型,各类型制定方法及优缺点是什么?

3. 内部结算通常采用哪几种方式?各种结算方式适用于哪些业务的核算?每种结算方式都有什么特点?

4. 内部银行有哪几项职能?其中最基本的职能是什么?

5. 内部银行的主要核算形式有哪些?每种核算形式有何特点?

6. 企业开设内部银行,在日常的业务处理中要增设哪几个账户?怎样使用这些账户?

练习题

1. 陕西彩色显像管总厂下属的一个分厂系投资中心,每年从日本购进某一电子产品 A 50 万件,其购进单价为 240 元(这种电子产品 A 原价为每件 250 元,由于大量采购可获得购货折扣 10 元)。最近该总厂收购原如意厂生产该电子产品 A 的一个车间作为该总厂的另外一个投资中心。该新的投资中心每年能生产电子产品 A 100 万件,除可供本总厂应用外,还可以向外界市场进行销售。每件电子产品 A 的成本资料如下:

直接材料	90 元
直接人工	70 元
变动制造费用	30 元
固定制造费用	20 元(按产量 100 万件的资料分摊)
单位成本合计 210 元	

现在该总厂在研究制定这两个投资中心的电子产品 A 的内部转让价格问题中,列举以下五种价格:250 元、240 元、215 元、210 元、190 元。

要求:根据以上有关资料,对上述五种价格逐一加以分析,并说明是否适当及其理由。

2. 东风公司实行"单轨制"内部核算体制。除核算全厂资金的内部银行外,还设有 A,B,C,销售部等核算单位。各核算单位均在厂内银行开立账户,厂内的内部银行也以结算部的名义开设账户。2013 年 7 月发生的部分业务如下:

(1)收到外厂汇入销售部的货款 10 000 元,厂内银行即予以划转。

(2)收到外厂汇入款项 7 500 元,暂未确定划转部门。后经查出,该款项为 A 责任中心销售半成品所有,即予划转。

(3)B 责任中心支付材料款 20 000 元,已由银行付出。

(4)企业拨付给 A 责任中心、B 责任中心的流动资金分别为 30 000 元、40 000 元。

(5)A 责任中心提取现金 1 500 元。

(6)B责任中心向厂内银行借款25 000元。

(7)收到投资者投入流动资金5 000 000元。

(8)B责任中心与销售部互结产成品内部销售款4 000元。

要求：参考教材的实例，分别站在内部银行和独立核算单位(责任中心)的角度作出会计分录。

附录一

复利终值系数表(FVIF表)

$n\backslash i(\%)$	1	2	3	4	5	6	7
1	1.010	1.020	1.030	1.040	1.050	1.060	1.070
2	1.020	1.040	1.061	1.082	1.103	1.124	1.145
3	1.030	1.061	1.093	1.125	1.158	1.191	1.225
4	1.041	1.082	1.126	1.170	1.216	1.262	1.311
5	1.051	1.104	1.159	1.217	1.276	1.338	1.403
6	1.062	1.126	1.194	1.265	1.340	1.419	1.501
7	1.072	1.149	1.230	1.316	1.407	1.504	1.606
8	1.083	1.172	1.267	1.369	1.477	1.594	1.718
9	1.094	1.195	1.305	1.423	1.551	1.689	1.838
10	1.105	1.219	1.344	1.480	1.629	1.791	1.967
11	1.116	1.243	1.384	1.539	1.710	1.898	2.105
12	1.127	1.268	1.426	1.601	1.796	2.012	2.252
13	1.138	1.294	1.469	1.665	1.886	2.133	2.410
14	1.149	1.319	1.513	1.732	1.980	2.261	2.579
15	1.161	1.346	1.558	1.801	2.079	2.397	2.759
16	1.173	1.373	1.605	1.873	2.183	2.540	2.952
17	1.184	1.400	1.653	1.948	2.292	2.693	3.159
18	1.196	1.428	1.702	2.206	2.407	2.854	3.380
19	1.208	1.457	1.754	2.107	2.527	3.026	3.617
20	1.220	1.486	1.806	2.191	2.653	3.207	3.870
25	1.282	1.641	2.094	2.666	3.386	4.292	5.427
30	1.348	1.811	2.427	3.243	4.322	5.743	7.612
40	1.489	2.208	3.262	4.801	7.040	10.286	14.974
50	1.645	2.692	4.384	7.107	11.467	18.420	29.457

续前表

$n\backslash i(\%)$	8	9	10	11	12	13	14
1	1.080	1.090	1.100	1.110	1.120	1.130	1.140
2	1.166	1.188	1.210	1.232	1.254	1.277	1.300
3	1.260	1.295	1.331	1.368	1.405	1.443	1.482
4	1.360	1.412	1.464	1.518	1.574	1.630	1.689
5	1.469	1.539	1.611	1.685	1.762	1.842	1.925
6	1.587	1.677	1.772	1.870	1.974	2.082	2.195
7	1.714	1.828	1.949	2.076	2.211	2.353	2.502
8	1.851	1.993	2.144	2.305	2.476	2.658	2.853
9	1.999	2.172	2.358	2.558	2.773	3.004	3.252
10	2.159	2.367	2.594	2.839	3.106	3.395	3.707
11	2.332	2.580	2.853	3.152	3.479	3.836	4.226
12	2.518	2.813	3.138	3.498	3.896	4.335	4.818
13	2.720	3.066	3.452	3.883	4.363	4.898	5.492
14	2.937	3.342	3.797	4.310	4.887	5.535	6.261
15	3.172	3.642	4.177	4.785	5.474	6.254	7.138
16	3.426	3.970	4.595	5.311	6.130	7.067	8.137
17	3.700	4.328	5.054	5.895	6.866	7.986	9.276
18	3.996	4.717	5.560	6.544	7.690	9.024	10.575
19	4.316	5.142	6.116	7.263	8.613	10.197	12.056
20	4.661	5.604	6.727	8.062	9.646	11.523	13.743
25	6.848	8.623	10.835	13.585	17.000	21.231	26.462
30	10.063	13.268	17.449	22.892	29.960	39.116	50.950
40	21.725	31.409	45.259	65.001	93.051	132.78	188.88
50	46.902	74.358	117.39	184.57	289.00	450.74	700.23

续前表

n\i(%)	15	16	17	18	19	20	25	30
1	1.150	1.160	1.170	1.180	1.190	1.200	1.250	1.300
2	1.323	1.346	1.369	1.392	1.416	1.440	1.563	1.690
3	1.521	1.561	1.602	1.643	1.685	1.728	1.953	2.197
4	1.749	1.811	1.874	1.939	2.005	2.074	2.441	2.856
5	2.011	2.100	2.192	2.288	2.386	2.488	3.052	3.713
6	2.313	2.436	2.565	2.700	2.840	2.986	3.815	4.827
7	2.660	2.826	3.001	3.185	3.379	3.583	4.768	6.276
8	3.059	3.278	3.511	3.759	4.021	4.300	5.960	8.157
9	3.518	3.803	4.108	4.435	4.785	5.160	7.451	10.604
10	4.046	4.411	4.807	5.234	5.696	6.192	9.313	13.786
11	4.652	5.117	5.624	6.176	6.777	7.430	11.642	17.922
12	5.350	5.936	6.580	7.288	8.064	8.916	14.552	23.298
13	6.153	6.886	7.699	8.599	9.596	10.699	18.190	30.288
14	7.076	7.988	9.007	10.147	11.420	12.839	22.737	39.374
15	8.137	9.266	10.539	11.974	13.590	15.407	28.422	51.186
16	9.358	10.748	12.330	14.129	16.172	18.488	35.527	66.542
17	10.761	12.468	14.426	16.672	19.244	22.186	44.409	86.504
18	12.375	14.463	16.879	19.673	22.091	26.623	55.511	112.46
19	14.232	16.777	19.748	23.214	27.252	31.948	69.389	146.19
20	16.367	19.461	23.106	27.393	32.429	38.338	86.736	190.05
25	32.919	40.874	50.658	62.669	77.388	95.396	264.70	705.64
30	66.212	85.850	111.07	143.37	184.68	237.38	807.79	2 620.0
40	267.86	378.72	533.87	750.38	1 051.7	1 469.8	7 523.2	36 119
50	1 083.7	1 670.7	2 566.2	3 927.4	5 988.9	9 100.4	70 065	497 929

附录二

复利现值系数表(PVIF 表)

$n\backslash i$(%)	1	2	3	4	5	6	7	8	9
1	0.990	0.980	0.971	0.962	0.952	0.943	0.935	0.926	0.917
2	0.980	0.961	0.943	0.925	0.907	0.890	0.873	0.857	0.842
3	0.971	0.942	0.915	0.889	0.864	0.840	0.816	0.794	0.772
4	0.961	0.924	0.888	0.855	0.823	0.792	0.763	0.735	0.708
5	0.951	0.906	0.863	0.822	0.784	0.747	0.713	0.681	0.650
6	0.942	0.888	0.837	0.790	0.746	0.705	0.666	0.630	0.596
7	0.933	0.871	0.813	0.760	0.711	0.665	0.623	0.583	0.547
8	0.923	0.853	0.789	0.731	0.677	0.627	0.582	0.540	0.502
9	0.914	0.837	0.766	0.703	0.645	0.592	0.544	0.500	0.460
10	0.905	0.820	0.744	0.676	0.614	0.558	0.508	0.463	0.422
11	0.896	0.804	0.722	0.650	0.585	0.527	0.475	0.429	0.388
12	0.887	0.788	0.701	0.625	0.557	0.497	0.444	0.397	0.356
13	0.879	0.773	0.681	0.601	0.530	0.469	0.415	0.368	0.326
14	0.870	0.758	0.661	0.577	0.505	0.442	0.388	0.340	0.299
15	0.861	0.743	0.642	0.555	0.481	0.417	0.362	0.315	0.275
16	0.853	0.728	0.623	0.534	0.458	0.394	0.339	0.292	0.252
17	0.844	0.714	0.605	0.513	0.436	0.371	0.317	0.270	0.231
18	0.836	0.700	0.587	0.494	0.416	0.350	0.296	0.250	0.212
19	0.828	0.686	0.570	0.475	0.396	0.331	0.277	0.232	0.194
20	0.820	0.673	0.554	0.456	0.377	0.312	0.258	0.215	0.178
25	0.780	0.610	0.478	0.375	0.295	0.233	0.184	0.146	0.116
30	0.742	0.552	0.412	0.308	0.231	0.174	0.131	0.099	0.075
40	0.672	0.453	0.307	0.208	0.142	0.097	0.067	0.046	0.032
50	0.608	0.372	0.228	0.141	0.087	0.054	0.034	0.021	0.013

续前表

$n\backslash i$(%)	10	11	12	13	14	15	16	17	18
1	0.909	0.901	0.893	0.885	0.877	0.870	0.862	0.855	0.847
2	0.826	0.812	0.797	0.783	0.769	0.756	0.743	0.731	0.718
3	0.751	0.731	0.712	0.693	0.675	0.658	0.641	0.624	0.609
4	0.683	0.659	0.636	0.613	0.592	0.572	0.552	0.534	0.516
5	0.621	0.593	0.567	0.543	0.519	0.497	0.476	0.456	0.437
6	0.564	0.535	0.507	0.480	0.456	0.432	0.410	0.390	0.370
7	0.513	0.482	0.452	0.425	0.400	0.376	0.354	0.333	0.314
8	0.467	0.434	0.404	0.376	0.351	0.327	0.305	0.285	0.266
9	0.424	0.391	0.361	0.333	0.300	0.284	0.263	0.243	0.225
10	0.386	0.352	0.322	0.295	0.270	0.247	0.227	0.208	0.191
11	0.350	0.317	0.287	0.261	0.237	0.215	0.195	0.178	0.162
12	0.319	0.286	0.257	0.231	0.208	0.187	0.168	0.152	0.137
13	0.290	0.258	0.229	0.204	0.182	0.163	0.145	0.130	0.116
14	0.263	0.232	0.205	0.181	0.160	0.141	0.125	0.111	0.099
15	0.239	0.209	0.183	0.160	0.140	0.123	0.108	0.095	0.084
16	0.218	0.188	0.163	0.141	0.123	0.107	0.093	0.081	0.071
17	0.198	0.170	0.146	0.125	0.108	0.093	0.080	0.069	0.060
18	0.180	0.153	0.130	0.111	0.095	0.081	0.069	0.059	0.051
19	0.164	0.138	0.116	0.098	0.083	0.070	0.060	0.051	0.043
20	0.149	0.124	0.104	0.087	0.073	0.061	0.051	0.043	0.037
25	0.092	0.074	0.059	0.047	0.038	0.030	0.024	0.020	0.016
30	0.057	0.044	0.033	0.026	0.020	0.015	0.012	0.009	0.007
40	0.022	0.015	0.011	0.008	0.005	0.004	0.003	0.002	0.001
50	0.009	0.005	0.003	0.002	0.001	0.001	0.001	0	0

续前表

$n\backslash i$(%)	19	20	25	30	35	40	50
1	0.840	0.833	0.800	0.769	0.741	0.714	0.667
2	0.706	0.694	0.640	0.592	0.549	0.510	0.444
3	0.593	0.579	0.512	0.455	0.406	0.364	0.296
4	0.499	0.482	0.410	0.350	0.301	0.260	0.198
5	0.419	0.402	0.320	0.269	0.223	0.186	0.132
6	0.352	0.335	0.262	0.207	0.165	0.133	0.088
7	0.296	0.279	0.210	0.159	0.122	0.095	0.059
8	0.249	0.233	0.168	0.123	0.091	0.068	0.039
9	0.209	0.194	0.134	0.094	0.067	0.048	0.026
10	0.176	0.162	0.107	0.073	0.050	0.035	0.017
11	0.148	0.135	0.086	0.056	0.037	0.025	0.012
12	0.124	0.112	0.069	0.043	0.027	0.018	0.008
13	0.104	0.093	0.055	0.033	0.020	0.013	0.005
14	0.088	0.078	0.044	0.025	0.015	0.009	0.003
15	0.074	0.065	0.035	0.020	0.011	0.006	0.002
16	0.062	0.054	0.028	0.015	0.008	0.005	0.002
17	0.052	0.045	0.023	0.012	0.006	0.003	0.001
18	0.044	0.038	0.018	0.009	0.005	0.002	0.001
19	0.037	0.031	0.014	0.007	0.003	0.002	0
20	0.031	0.026	0.012	0.005	0.002	0.001	0
25	0.013	0.010	0.004	0.001	0.001	0	0
30	0.005	0.004	0.001	0	0	0	0
40	0.001	0.001	0	0	0	0	0
50	0	0	0	0	0	0	0

附录三

年金终值系数表(FVIFA 表)

n\i(%)	1	2	3	4	5	6	7
1	1.000	1.000	1.000	1.000	1.000	1.000	1.000
2	2.010	2.020	2.030	2.040	2.050	2.060	2.070
3	3.030	3.060	3.091	3.122	3.153	3.184	3.215
4	4.060	4.122	4.184	4.246	4.310	4.375	4.440
5	5.101	5.204	5.309	5.416	5.526	5.637	5.751
6	6.152	6.308	6.468	6.633	6.802	6.975	7.153
7	7.214	7.434	7.662	7.898	8.142	8.394	8.654
8	8.286	8.583	8.892	9.214	9.549	9.897	10.260
9	9.369	9.755	10.159	10.583	11.027	11.491	11.978
10	10.462	10.950	11.464	12.006	12.578	13.181	13.816
11	11.567	12.169	12.808	13.486	14.207	14.972	15.784
12	12.683	13.412	14.192	15.026	15.917	16.870	17.888
13	13.809	14.680	15.618	16.627	17.713	18.882	20.141
14	14.947	15.974	17.086	18.292	19.599	21.015	22.550
15	16.097	17.293	18.599	20.024	21.579	23.276	25.129
16	17.258	18.639	20.157	21.825	23.657	25.673	27.888
17	18.430	20.012	21.762	23.698	25.840	28.213	30.840
18	19.615	21.412	23.414	25.645	28.132	30.906	33.999
19	20.811	22.841	25.117	27.671	30.539	33.760	37.379
20	22.019	24.297	26.870	29.778	33.066	36.786	40.995
25	28.243	32.030	36.459	41.646	47.727	54.865	63.249
30	34.785	40.588	47.575	56.085	66.439	79.058	94.461
40	48.886	60.402	75.401	95.026	120.80	154.76	199.64
50	64.463	84.579	112.80	152.67	209.35	290.34	406.53

续前表

$n\backslash i(\%)$	8	9	10	11	12	13	14	15
1	1.000	1.000	1.000	1.000	1.000	1.000	1.000	1.000
2	2.080	2.090	2.100	2.110	2.120	2.130	2.140	2.150
3	3.246	3.278	3.310	3.342	2.374	3.407	3.440	3.473
4	4.506	4.573	4.641	4.710	4.779	4.850	4.921	4.993
5	5.867	5.985	6.105	6.228	6.353	6.480	6.610	6.742
6	7.336	7.523	7.716	7.913	8.115	8.323	8.536	8.754
7	8.923	9.200	9.487	9.783	10.089	10.405	10.730	11.067
8	10.637	11.028	11.436	11.859	12.300	12.757	13.233	13.727
9	12.488	13.021	13.579	14.164	14.776	15.416	16.085	16.786
10	14.487	15.193	15.937	16.722	17.549	18.420	19.337	20.304
11	16.645	17.560	18.531	19.561	20.655	21.814	23.045	24.349
12	18.977	20.141	21.384	22.713	24.133	25.650	27.271	29.002
13	21.495	22.953	24.523	26.212	28.029	29.985	32.089	34.352
14	24.215	26.019	27.975	30.095	32.393	34.883	37.581	40.505
15	27.152	29.361	31.772	34.405	37.280	40.417	43.842	47.580
16	30.324	33.003	35.950	39.190	42.753	46.672	50.980	55.717
17	33.750	36.974	40.545	44.501	48.884	53.739	59.118	65.075
18	37.450	41.301	45.599	50.396	55.750	61.725	68.394	75.836
19	41.446	46.018	51.159	56.939	63.440	70.749	78.969	88.212
20	45.762	51.160	57.275	64.203	72.052	80.947	91.025	102.44
25	73.106	84.701	98.347	114.41	133.33	155.62	181.87	212.79
30	113.28	136.31	164.49	199.02	241.33	293.20	356.79	434.75
40	259.06	337.89	442.59	581.83	767.09	1 013.7	1 342.0	1 779.1
50	573.77	815.08	1 163.9	1 668.8	2 400.0	3 459.5	4 994.5	7 217.7

续前表

$n\backslash i(\%)$	16	17	18	19	20	25	30
1	1.000	1.000	1.000	1.000	1.000	1.000	1.000
2	2.160	2.170	2.180	2.190	2.200	2.250	2.300
3	3.506	3.539	3.572	3.606	3.640	3.813	3.990
4	5.066	5.141	5.215	5.291	5.368	5.766	6.187
5	6.877	7.014	7.154	7.297	7.442	8.207	9.043
6	8.977	9.207	9.442	9.683	9.930	11.259	12.756
7	11.414	11.772	12.142	12.523	12.916	15.073	17.583
8	14.240	14.773	15.327	15.902	16.499	19.842	23.858
9	17.519	18.285	19.086	19.923	20.799	25.802	32.015
10	21.321	22.393	23.521	24.701	25.959	33.253	42.619
11	25.733	27.200	28.755	30.404	32.150	42.566	56.405
12	30.850	32.824	34.931	37.180	39.581	54.208	74.327
13	36.786	39.404	42.219	45.244	48.497	68.760	97.625
14	43.672	47.103	50.818	54.841	59.196	86.949	127.91
15	51.660	56.110	60.965	66.261	72.035	109.69	167.29
16	60.925	66.649	72.939	79.850	87.442	138.11	218.47
17	71.673	78.979	87.068	96.022	105.93	173.64	285.01
18	84.141	93.406	103.74	115.27	128.12	218.05	371.52
19	98.603	110.29	123.41	138.17	154.74	273.56	483.97
20	115.38	130.03	146.63	165.42	186.69	342.95	630.17
25	249.21	292.11	342.60	402.04	471.98	1 054.8	2 348.8
30	530.31	647.44	790.95	966.7	1 181.9	3 227.2	8 730.0
40	2 360.8	3 134.5	4 163.21	5 519.8	7 343.9	30 089	120 393
50	10 436	15 090	21 813	31 515	45 497	280 256	165 976

附录四

年金现值系数表(PVIFA 表)

$n\backslash i(\%)$	1	2	3	4	5	6	7	8	9
1	0.990	0.980	0.971	0.962	0.952	0.943	0.935	0.926	0.917
2	1.970	1.942	1.913	1.886	1.859	1.833	1.808	1.783	1.759
3	2.941	2.884	2.829	2.775	2.723	2.673	2.624	2.577	2.531
4	3.902	3.808	3.717	3.630	3.546	3.465	3.387	3.312	3.240
5	4.853	4.713	4.580	4.452	4.329	4.212	4.100	3.993	3.890
6	5.795	5.601	5.417	5.242	5.076	4.917	4.767	4.623	4.486
7	6.728	6.472	6.230	6.002	5.786	5.582	5.389	5.206	5.033
8	7.652	7.325	7.020	6.733	6.463	6.210	5.971	5.747	5.535
9	8.566	8.162	7.786	7.435	7.108	6.802	6.515	6.247	5.995
10	9.471	8.983	8.530	8.111	7.722	7.360	7.024	6.710	6.418
11	10.368	9.787	9.253	8.760	8.306	7.887	7.499	7.139	6.805
12	11.255	10.575	9.954	9.385	8.863	8.384	7.943	7.536	7.161
13	12.134	11.348	10.635	9.986	9.394	8.853	8.358	7.904	7.487
14	13.004	12.106	11.296	10.563	9.899	9.295	8.745	8.244	7.786
15	13.865	12.849	11.938	11.118	10.380	9.712	9.108	8.559	8.061
16	14.718	13.578	12.561	11.652	10.838	10.106	9.447	8.851	8.313
17	15.562	14.292	13.166	12.166	11.274	10.477	9.763	9.122	8.544
18	16.398	14.992	13.754	12.659	11.690	10.828	10.059	9.372	8.756
19	17.226	15.678	14.324	13.134	12.085	11.158	10.336	9.604	8.950
20	18.046	16.351	14.877	13.590	12.462	11.470	10.594	9.818	9.129
25	22.023	19.523	17.413	15.622	14.094	12.783	11.654	10.675	9.823
30	25.808	22.396	19.600	17.292	15.372	13.765	12.409	11.258	10.274
40	32.835	27.355	23.115	19.793	17.159	15.046	13.332	11.925	10.757
50	39.196	31.424	25.730	21.482	18.256	15.762	13.801	12.233	10.962

续前表

$n \backslash i(\%)$	10	11	12	13	14	15	16	17	18
1	0.909	0.901	0.893	0.885	0.877	0.870	0.862	0.855	0.847
2	1.736	1.713	1.690	1.668	1.647	1.626	1.605	1.585	1.566
3	2.487	2.444	2.402	2.361	2.322	2.283	2.246	2.210	2.174
4	3.170	3.102	3.037	2.974	2.914	2.855	2.798	2.743	2.690
5	3.791	3.696	3.605	3.517	3.433	3.352	3.274	3.199	3.127
6	4.355	4.231	4.111	3.998	3.889	3.784	3.685	3.589	3.498
7	4.868	4.712	4.564	4.423	4.288	4.160	4.039	3.922	3.812
8	5.335	5.146	4.968	4.799	4.639	4.487	4.344	4.207	4.078
9	5.759	5.537	5.328	5.132	4.946	4.472	4.607	4.451	4.303
10	6.145	5.889	5.650	5.426	5.216	5.019	4.833	4.659	4.494
11	6.495	6.207	5.938	5.687	5.453	5.234	5.029	4.836	4.656
12	6.814	6.492	6.194	5.918	5.660	5.421	5.197	4.988	4.793
13	7.103	6.750	6.424	6.122	5.842	5.583	5.342	5.118	4.910
14	7.367	6.982	6.628	6.302	6.002	5.724	5.468	5.229	5.008
15	7.606	7.191	6.811	6.462	6.142	5.847	5.575	5.324	5.092
16	7.824	7.379	6.974	6.604	6.265	5.954	5.668	5.405	5.162
17	8.022	7.549	7.102	6.729	6.373	6.047	5.749	5.475	5.222
18	8.201	7.702	7.250	6.840	6.467	6.128	5.818	5.534	5.273
19	8.365	7.839	7.366	6.938	6.550	6.198	5.877	5.584	5.316
20	8.514	7.963	7.469	7.025	6.623	6.259	5.929	5.628	5.353
25	9.077	8.422	7.843	7.330	6.873	6.464	6.097	5.766	5.467
30	9.427	8.694	8.055	7.496	7.003	6.566	6.177	5.829	5.517
40	9.779	8.951	8.244	7.634	7.105	6.642	6.233	5.871	5.548
50	9.915	9.042	8.304	7.675	7.133	6.661	6.246	5.880	5.554

续前表

$n\backslash i(\%)$	19	20	25	30	35	40	50
1	0.840	0.833	0.800	0.769	0.741	0.714	0.667
2	1.547	1.528	1.440	1.361	1.289	1.224	1.111
3	2.140	2.106	1.952	1.816	1.696	1.589	1.407
4	2.639	2.589	2.362	2.166	1.997	1.849	1.605
5	3.058	2.991	2.689	2.436	2.220	2.035	1.737
6	3.410	3.326	2.951	2.643	2.385	2.168	1.824
7	3.706	3.605	3.161	2.802	2.508	2.263	1.883
8	3.954	3.837	3.329	2.925	2.598	2.331	1.922
9	4.163	4.031	3.463	3.019	2.665	2.379	1.948
10	4.339	4.192	3.571	3.092	2.715	2.414	1.965
11	4.486	4.327	3.656	3.147	2.752	2.438	1.977
12	4.611	4.439	3.725	3.190	2.779	2.456	1.985
13	4.715	4.533	3.780	3.223	2.799	2.469	1.990
14	4.802	4.611	3.824	3.249	2.814	2.478	1.993
15	4.876	4.675	3.859	3.268	2.825	2.484	1.995
16	4.938	4.730	3.887	3.283	2.834	2.489	1.997
17	4.988	4.775	3.910	3.295	2.840	2.492	1.998
18	5.033	4.812	3.928	3.304	2.844	2.494	1.999
19	5.070	4.843	3.942	3.311	2.848	2.496	1.999
20	5.101	4.870	3.954	3.316	2.850	2.497	1.999
25	5.195	4.948	3.985	3.329	2.856	2.499	2.000
30	5.235	4.979	3.995	3.332	2.857	2.500	2.000
40	5.258	4.997	3.999	3.333	2.857	2.500	2.000
50	5.262	4.999	4.000	3.333	2.857	2.500	2.000

参考文献

[1] 彭韶兵. 管理会计[M]. 成都:西南财经大学出版社,1995.

[2] 李天民. 现代管理会计学[M]. 上海:立信会计出版社,1999.

[3] 全国会计专业技术资格考试领导小组办公室. 管理会计[M]. 大连:东北财经大学出版社,1997.

[4] 中国注册会计师教育教材编审委员会. 成本管理会计[M]. 北京:中国人民大学出版社,1995.

[5] 汪家佑. 管理会计[M]. 北京:经济科学出版社,1987.

[6] 胡玉立. 企业预测与决策[M]. 北京:中国财政经济出版社,1995.

[7] 胡玉明,赖红宁,罗其安. 成本会计[M]. 北京:清华大学出版社,2005.

[8] 石人瑾,林宝环,谢朵. 管理会计[M]. 上海:上海三联书店,1994.

[9] 李天民. 管理会计研究[M]. 上海:立信会计出版社,1994.

[10] 王立彦,刘志远. 成本管理会计[M]. 北京:经济科学出版社,2000.

[11] 毛付根. 管理会计[M]. 北京:高等教育出版社,2001.

[12] [美]罗伯特·S·卡普兰,安东尼·A·阿特金森. 高级管理会计[M]. 吕长江,主译. 大连:东北财经大学出版社,1999.

[13] 胡玉明. 高级管理会计[M]. 2 版. 厦门:厦门大学出版社,2005.

[14] 杨文安. 管理会计原理与个案[M]. 上海:上海财经大学出版社,2002.

[15] 余绪缨. 管理会计学[M],北京:中国人民大学出版社,1999.

[16] 王平心. 作业成本计算理论与应用研究[M]. 大连:东北财经大学出版社,2000.

[17] 朱海芳. 管理会计学[M]. 北京:中国财政经济出版社,1989.

[18] 孙茂竹,文光伟,杨万贵. 管理会计学[M]. 北京:中国人民大学出版社,1999.

[19] 刘运国,梁德荣,黄婷晖. 管理会计前沿[M]. 北京:清华大学出版社,2003.

[20] 余绪缨. 广义管理会计研究[M]. 厦门:厦门大学出版社,1995.

[21] 李军,景致信,等. 价值工程概论[M]. 西安:陕西人民出版社,1989.

[22] 郭晓梅. 环境管理会计研究[M]. 厦门:厦门大学出版社,2003.

[23] [美]西蒙. 管理行为[M]. 扬砾,韩春立,徐立,译. 北京:北京经济学院出版社,1988.

[24] [美]丹尼尔·A·雷恩. 管理思想的演变[M]. 李柱流,赵睿,等,译. 北京:中国社会科学出版社,1997.

[25] 王方华,吕巍. 企业战略管理[M]. 上海:复旦大学出版社,1997.

[26] 龚益鸣. 质量管理学[M]. 上海:复旦大学出版社,2000.

图书在版编目(CIP)数据

现代管理会计/王海民,唐云波主编.—2版.—西安:西安交通大学出版社,2013.8(2016.1重印)
ISBN 978-7-5605-5595-9

Ⅰ.①现… Ⅱ.①王…②唐… Ⅲ.①管理会计-高等学校-教材
Ⅳ.①F234.3

中国版本图书馆CIP数据核字(2013)第196838号

书　　名　现代管理会计(第二版)
主　　编　王海民　唐云波
责任编辑　史菲菲

出版发行　西安交通大学出版社
(西安市兴庆南路10号　邮政编码710049)
网　　址　http://www.xjtupress.com
电　　话　(029)82668357　82667874(发行中心)
(029)82668315(总编办)
传　　真　(029)82668280
印　　刷　陕西元盛印务有限公司

开　　本　787mm×1092mm　1/16　**印张** 16.375　**字数** 396千字
版次印次　2013年8月第2版　2016年1月第3次印刷
书　　号　ISBN 978-7-5605-5595-9/F·364
定　　价　29.80元

读者购书、书店添货、如发现印装质量问题,请与本社发行中心联系、调换。
订购热线:(029)82665248　(029)82665249
投稿热线:(029)82668133
读者信箱:xj_rwjg@126.com